AVERTISSEMENT.

que l'Histoire du Fils de ce fameux Avanturier pourra ne pas déplaire, des Personnes de goût m'ayant assuré qu'ils l'avoient lue avec plaisir.

TABLE

TABLE DES CHAPITRES

Contenus dans ce Volume.

CHAP. I. De la naissance de Gil Blas & de son éducation. pag. 1

CHAP. II. Ingratitude punie. 16

CHAP. III. Suite de l'Histoire de la Comtesse d'Albano & de Don Pédro de Patillos. 64

CHAP. IV. Avanture du Seigneur Scipion. Son voyage à la Véra-Cruz, & de-là au Mexique. Histoire du Comte Pérez & de Don Alphonse. Comment Don Scipion fait connoissance avec eux sur la route. 96

CHAP. V. Que le Lecteur peut lire ou passer à son choix. 123

CHAP. VI. Récit d'une fête extraordinaire, & à laquelle on ne s'attend pas, dans la route du Mexique. 135

CHAP. VII.

LA VIE
DE DON
ALPHONSE BLAS
DE LIRIAS,
FILS DE GIL BLAS
DE SANTILLANE.
AVEC FIGURES.

A AMSTERDAM,
Chez MEYNARD UYTWERF.

M. DCC. LIV.

AVERTISSEMENT
DU
LIBRAIRE.

L'Ouvrage que je donne ici, pourra servir de suite à l'HISTOIRE DE GIL-BLAS DE SANTILLANE, qui, avec raison, a été si bien reçue du Public, & traduite en diverses Langues. Je me flatte

*2   que

TABLE DES CHAPITRES.

CHAP. VII. *Un Bien naît d'un Mal, ou, le Diable fait un Saint.* 157

CHAP. VIII. *Insolence d'un Gueux revêtu. Exemple d'un courage modeste dans l'Histoire de Casa-Blanca.* 175

CHAP. IX. *On veut assassiner le Seigneur Scipion. Le complot est découvert, & les complices sont punis.* 195

CHAP. X. *Mort de l'Evêque de Guaxaca. Son Testament.* 210

CHAP. XI. *Don Sanche tombe malade. Cause & suites de sa maladie.* 240

CHAP. XLI. *Qu'on laisse au choix du Lecteur de lire ou de passer.* 256

CHAP. XLII. *Continuation de l'Histoire de Blas par Muscada. Droit de Gil-Blas sur la Terre de Ximenés.* 286

CHAP. XIV. *La Vie de Don Bernardo, &c.* 305

CHAP. XV. *Suite du précédent.* 333

CHAP. XVI. *Don Sanche délivre le Comte de Leyva d'un grand danger.* 349

CHAP. XVII. *Arrivée de Don Alphonse à Madrid.* 359

LES

LA VIE
DE DON
ALPHONSE BLAS
DE LIRIAS.

CHAPITRE I.

Education d'ALPHONSE. SCIPION *arrive* d'AMÉRIQUE.

APRE'S ce que mon Pere a publié de ses Avantures, je crois absolument nécessaire de donner, comme je vai faire, une idée de notre famille un peu différente de celle qu'on pourroit s'en être formée. Le Public, qui a reçu l'Ouvrage de mon Pere avec un si grand empressement, & qui n'en parle encore qu'en termes qui marquent son aprobation, pourra voir par-là que si mon origine a quelque

A   chose

chose d'ignoble du côté de mon Pere, elle est d'autant plus illustre par une longue suite d'ancêtres les plus distingués du côté de ma Mere. Elle étoit d'une famille où il n'y avoit jamais eu le moindre mélange de sang Maure ni Juif; honneur dont peu de familles, même les plus distinguées parmi la Noblesse, pourroient se glorifier: elle étoit d'ailleurs alliée à la plûpart des principales Maisons d'Espagne. De ce mariage ma Mere n'eut que deux fils, dont je suis le cadet. Dès l'âge de cinq ans je fus élevé chez Don Alphonse mon Parrain, qui n'aïant point d'enfans me demanda à mes Parens. Il leur promit de se charger non-seulement du soin de mon éducation, mais encore de celui de ma fortune & de mon établissement dans le monde.

Peu après la disgrace du Comte d'Olivarès, le Roi jugea à propos de donner à un autre la Viceroyauté d'Arragon qu'avoit mon Patron: cela se fit selon la coutume des Cours, on donna à mon Parrain de grands éloges sur la maniére dont il avoit rempli ses fonctions dans un Poste si éminent; le compliment fut assaisonné d'une pension proportionnée à sa naissance, & à la dignité dont il avoit joui plusieurs années. Il se retira sur ses terres, il menoit dans son château une vie aussi retirée que le pouvoit une personne de son rang & de sa qualité, & qui étoit généralement estimé & considéré tant des Grands, que des autres Gentilshommes du Pays: Il passoit la plus grande partie de son tems dans sa Bibliothéque, ou à s'entretenir avec Dona Séraphina son épouse, qui avoit un goût extraordinaire pour les Mathématiques; ou avec son Chapelain, qui avoit plus de lecture

ture que n'en ont d'ordinaire les personnes de son état, qui tout Prêtre qu'il étoit accompagnoit sa science de beaucoup de modestie, & d'une piété solide. Il y avoit outre cela dans le château un Gentilhomme Allemand, homme de bon sens, & qui outre qu'il se piquoit de Philosophie, possédoit passablement les langues mortes, & parloit assez facilement quelques-unes des principales de l'Europe. Don Alphonse l'avoit prié de se charger du soin de mon éducation. Ce bon Gentilhomme prit une telle affection pour moi, qu'il me tenoit presque continuellement entre ses bras. Comme il ne me parloit jamais que Latin, à peine eus-je atteint ma huitiéme année, que je parlois cette langue presque mieux & avec plus de facilité que l'Espagnole. Mon illustre Patron, qui honoroit toujours mon Pere de sa protection & de sa bienveillance, alloit de tems en tems avec Dona Séraphina passer un mois ou six semaines à Lirias : on y menoit aussi le Chapelain & le Gentilhomme Allemand, & j'étois de la partie.

Les premières années de mon éducation se passèrent ainsi entre les soins, les attentions, & les caresses ; qui pourtant ne passoient pas les justes bornes que la prudence & le discernement leur prescrivoient. A l'âge de treize ans je possédois également bien le Latin, l'Allemand, le François & l'Italien, outre ma langue maternelle. Alors Don Alphonse crut qu'il étoit tems de me mettre dans l'Université de Salamanque. Il m'y envoya sous la direction de Don Juan de Steinbock, c'est le nom du Gentilhomme Allemand qui jusqu'alors avoit été chargé du soin de mon éducation. Il nous donna pour nous servir deux domestiques portant livrée.

Mon Gouverneur qui avoit pour moi une tendresse de Pere, se donna des peines extraordinaires pour m'avancer dans mes études; il ne négligea aussi rien de tout ce qui pouvoit contribuer à me donner de bonne heure des principes solides d'honneur & d'équité; en un mot, il mit toute son attention à me rendre bon Chrétien. Je ne pouvois aller nulle part sans qu'il m'accompagnât. Il ne souffroit point que je reçusse de visites, ni même que j'eusse aucune familiarité avec de jeunes gens dont la conduite lui étoit suspecte, ou dont le mauvais exemple auroit pu me jetter dans la débauche. Comme j'avois pour lui une véritable amitié, & que d'ailleurs ses manières étoient des plus prévenantes, ce genre de vie n'avoit rien de gênant pour moi. J'avois tout autant de plaisir en sa compagnie, que j'aurois pu en avoir en celles des jeunes gens de mon âge. Ce prudent Gouverneur ne me refusoit aucun amusement honnête & convenable; & il s'y prenoit avec moi de telle façon, que l'étude me paroissoit plûtôt un jeu qu'une occupation pénible. Je ne sçaurois dire au juste combien Don Alphonse nous passoit pour notre dépense annuelle; cependant nous avions trois bons chevaux à l'écurie; j'avois toujours la bourse bien fournie, & païois moi-même mes livres, & je fournissois à mes autres besoins. Lorsque je n'avois plus d'argent, Don Juan m'en donnoit de nouveau, sans même me demander compte du vieux: à la vérité il n'ignoroit rien de mes dépenses, & je ne sçaurois encore à présent me reprocher chér d'avoir dépensé un réal mal-à-propos dans l'espace de deux ans que nous restâmes à Salamanque, avant que d'aller faire un tour pour voir Don Alphonse, ou mes Parens.

Comme j'avois un goût décidé pour l'étude; j'y prenois d'autant plus de plaisir, que j'étois toujours secondé par mon aimable Gouverneur, qui de son côté avoit un soin extrême d'en prévenir ou d'en aplanir toutes les difficultés. Aussi ne me suis-je jamais dérangé des heures qui étoient destinées pour mes occupations. J'employois mes heures de loisir à aprendre le Dessein, c'étoit un amusement pour lequel j'avois beaucoup de goût; j'aimois aussi beaucoup à m'aller promener avec mon Gouverneur & un jeune Seigneur nommé Don Joseph de la Zerda. Celui-ci avoit avec lui un Gentilhomme chargé de veiller à son éducation, & qui étoit très-attentif à ne lui laisser faire connoissance qu'avec des personnes dont la conduite & les mœurs fussent sans reproche.

Don Joseph étoit petit-neveu du Duc de Médina Céli. Nous liâmes ensemble une très-étroite amitié, & il étoit rare que nous ne fussions pas ensemble aux heures de recréation. Nos Gouverneurs, qui étoient tous deux de fort honnêtes gens, & d'une profonde érudition, étoient aussi unis entr'eux que leurs Eléves. Nous faisions souvent de petites parties de plaisir; nous mangions presque toujours ensemble, tantôt dans l'appartement de Don Joseph, tantôt dans le mien. Enfin nous fûmes rapellés, Don Juan & moi, par Don Alphonse. Sur ce que Don Juan lui avoit mandé des progrès que j'avois fait dans mes études, il avoit trouvé qu'il

étoit

étoit tems de me faire faire mon tour d'Europe, & de m'envoyer étudier dans le grand livre du Monde.

Nous prîmes congé de Don Joseph & de son Gouverneur. Mon ami me fit l'honneur de me promettre la continuation de son amitié : il m'offrit ses services de la manière la plus obligeante, si je venois jamais à être à même d'en avoir besoin dans la suite. Nous fûmes agréablement surpris en arrivant à Leyva, d'y trouver toute la famille de Lirias & de Jutella, que Don Alphonse & Dona Séraphina avoient invité à venir passer les Fêtes de Pâques à cette maison de campagne.

Je ne m'étendrai pas sur la réception qu'on nous y fit. Il suffira de dire qu'elle fut telle que nous pouvions l'attendre d'un généreux Patron satisfait de ma conduite, & de tendres Parens pour un fils qu'ils n'avoient pas vu depuis deux ans, & qui ne leur avoit jamais donné le moindre mécontentement.

Après les premiers complimens, je demandai d'abord des nouvelles de mon frere : on me dit qu'il étoit allé à la pêche, & quand il étoit une fois sorti dès le matin pour aller à ces sortes de plaisirs, il ne revenoit jamais au logis avant la nuit. Don Juan de Jutella mon Oncle se fit un plaisir de m'instruire de son caractére, il me le donna pour un bon Gentilhomme campagnard, qui possédoit à fond les talens & les ruses de la chasse & de la pêche : quoiqu'il n'eût, me dit-il, qu'un an & demi de plus que moi, il n'y avoit pas selon lui un homme dans toute l'étenduë de la Monarchie qui se connût mieux en chevaux & en chiens, qui pût

mieux

mieux résister à la fatigue, ou qui tuât plus de gibier ; qu'il n'avoit pas son pareil à la pêche ; & qu'à la chasse il étoit également bon au poil & à la plume : que le plus beau concert de musique ne flattoit pas tant ses oreilles, que lorsqu'il est à la piste d'une meute de chiens courans, tant il est versé dans le langage des chiens. Dans la saison de la pêche il fait toutes sortes de mouches artificielles pour pêcher à la ligne ; personne ne connoît mieux que lui toutes les différentes sortes d'apas & d'amorces pour chaque espéce de poisson. Dans le tems des perdrix il ne chasseroit pas avec un chien qu'il n'auroit pas dressé lui-même : il est sur l'article de la chasse d'une délicatesse si grande, qu'il ne voudroit seulement pas se servir d'un filet qui auroit été fait d'une autre main. Enfin, selon mon cher Oncle, Monsieur mon frere étoit un Gentilhomme de campagne accompli ; & je parierois bien, dit mon Oncle, qu'il ne verra jamais la Cour, tant il trouve de plaisir & de charmes dans la vie champêtre. Et de fait, continua-t-il, ce n'est qu'à la campagne qu'on peut trouver le seul & véritable bonheur ; ce qu'il seroit aisé de prouver par les exemples de tant de personnages, qui après avoir long-tems cherché cette félicité au milieu du tumulte & des affaires, ou dans la pompe & les grandeurs de la Cour, ont enfin vu que leur poursuite étoit vaine, & ont pris le sage parti de chercher ce bonheur, & l'ont trouvé dans les amusemens innocens d'une vie champêtre & retirée.

En bonne-foi, dit mon Pere, vous & sa Mere vous m'avez entiérement gâté cet enfant; sans cela j'aurois pu le pousser dans les Sciences, & j'en aurois fait quelque chose de bon : il auroit pu être de quelque utilité à sa Patrie, & donner un certain relief à sa famille, d'autant que de mon côté il faut des vertus bien éclatantes pour cacher la bassesse de ma naissance : mais d'un côté, Madame, selon la louable coutume des Meres, n'a point voulu qu'on le fît étudier, crainte qu'on n'altérât sa santé; & de l'autre, l'indulgence que vous avez eu de flatter sa passion pour la chasse & autres amusemens de cette espéce, l'a entretenu dans sa paresse naturelle, & a pour ainsi dire fortifié & fomenté son aversion pour l'étude, desorte qu'il ne sauroit être propre à autre chose qu'à exercer quelque vil emploi dans un chenil, ou dans quelque écurie. Sainte Vierge reprit ma Mere, le pauvre enfant a toujours été si délicat & si fluet que l'aplication l'auroit tué; & après tout, à quoi lui serviroit la Science ? N'y a-t-il pas dans la générosité de Don Alphonse, & dans ce que vous avez gagné par les services que vous avez rendu à l'Etat, au-delà de ce qu'il en faut pour satisfaire l'ambition de tout homme qui sçaura se contenter du nécessaire pour les besoins de la vie ? Vous pouvez encore y ajouter ma terre de Jutella, dit mon Oncle; car vous voyez que je n'ai point d'enfans. Fort bien, dit mon Pere; mais ma Femme, continua-t-il en s'adressant à ma Mere, songez-vous bien que vous avez encore un autre fils ? je crois en bonne-foi que vous l'avez oublié, car vous avez tout donné à Sanche. Et que vous a donc fait Alphonse ? Ne soyez point inquiet

inquiet sur son compte, reprit mon Parrain & bon Patron, ne me l'avez-vous pas donné? Doña Dorothée me rend justice, en pensant que ses soins pour Alphonse seroient superflus.

A ce discours, je fis une profonde révérence à Don Alphonse, & j'allois lui faire mes très-humbles remercimens, mais mon Gouverneur ne m'en donna pas le tems. Si des sentimens de l'affection la plus tendre & la reconnoissance la plus parfaite, dit-il à mon Oncle, suffisent pour lui mériter la continuation de vos bontés; je suis garant qu'il aura toujours en vous, Monsieur, un Patron des plus généreux & des plus affectionnés. Doña Séraphina ajouta, qu'elle ne doutoit point que Don Alphonse, dont elle connoissoit le bon caractére, avec les sentimens nobles qui lui étoient inspirés par Don Jean de Steinbock, ne donnât toujours à son Patron tout lieu à ne point se repentir de sa générosité : si tant est qu'on puisse apeller ainsi ce qui dans le fond étoit dans les bornes de l'éxacte justice, de payer en la personne du fils, une partie de ce qu'on doit à son Pere.

Pendant que ces complimens se faisoient, on avoit-préparé le souper ; car il se faisoit déja tard lorsque nous arrivâmes à Leyva. Le bon Chapelain arriva sur ces entrefaites, il nous félicita sur notre heureux retour, & nous fit à tous les deux un compliment fort court, mais très-bien tourné, au Gouverneur sur les soins qu'il s'étoit donné pour mon éducation, & à moi sur la maniére dont j'y avois répondu.

A peine étions-nous à table, que mon frere arriva de la chasse. Tout ce que mon Pere avoit dit de lui, m'en avoit donné une telle idée, que si je ne le croyois pas tout-à-fait un Paysan, du moins je m'étois figuré de trouver en lui toute la rusticité d'un Gentilhomme campagnard. Aussi je fus d'autant plus agréablement surpris, quand au lieu d'un rustre Gentillâtre que j'attendois, je trouvai en lui un jeune homme de condition, bien fait, se presentant des mieux, aïant des maniéres & de la politesse; je lui trouvai du bon sens, un esprit vif & prévenant, & le tout accompagné de beaucoup de prudence. Il m'embrassa avec une tendresse qui me charma; il fit aussi à mon Gouverneur un compliment fort court & des mieux tournés. Durant tout le souper je ne fis attention qu'aux discours de mon frere & à ses maniéres, & mon petit amour-propre ne trouva guéres son compte à voir de combien ce Gentilhomme chasseur me surpassoit en tout. Dès l'enfance mon Oncle l'avoit accoutumé à raisonner avec le monde, & il ne faisoit aucune visite chez quelque personne de qualité du voisinage, qu'il ne le menât avec lui. On lui avoit fait faire ses exercices à Jutella, où mon Oncle entretenoit un Maître à danser, & un en fait d'armes; d'ailleurs ce tendre Oncle avoit pris la peine de lui aprendre à monter à cheval. Il n'y avoit pas d'homme dans toute la Monarchie, fut-ce même un Maître, qui entendît mieux le manége que ce bon-homme. Don Juan avoit beaucoup de goût pour l'Histoire, il se la faisoit lire par mon frere tous les soirs, & même pendant le jour, lorsque le tems ne permettoit pas d'aller à la chasse ou à la pêche; il lui faisoit même me écrire dans un repertoire les endroits les plus essentiels & les passages les plus remarquables. Dans ces lectures ils faisoient leurs remarques, ils raisonnoient, ils censuroient ou ils louoient la conduite des Grands-Hommes dont il étoit parlé. De cette manière mon frere s'étoit rendu très familiére l'Histoire de presque toutes les Nations, il avoit la mémoire heureuse; & par-là, sans être Homme d'étude, il ne laissoit pas d'être d'une fort bonne conversation.

Mon frere m'adressant la parole, me dit qu'il avoit senti un plaisir extraordinaire, en voyant le portrait avantageux que mon digne Gouverneur avoit envoyé de moi lorsque nous étions à Salamanque; & cela non seulement, dit-il, par la part sincére que je prens à tout ce qui vous regarde; mais encore par la satisfaction que devoit avoir Don Alphonse notre bon Patron, & à qui nous devons un attachement des plus respectueux, de voir combien vous répondiez à son attente, & sentiez tout le prix de la bienveillance & de la protection dont il vous honoroit. Je repliquai que j'étois pénétré de l'excès de ses bontés, que je connoissois tout ce que notre famille devoit à ce Seigneur, & que je ne pouvois même les reconnoître que foiblement, par une soumission aveugle à ses volontés, & par les sentimens de la plus vive gratitude.

Notre Patron, dont le bon cœur ne s'accommodoit pas de nos complimens, nous interrompit & m'adressant la parole: Alphonse, dit-il, avez-vous jamais vu l'Emblême de la Libéralité? Oui, Seigneur, répondis-je. Eh bien, continua-t-il, vous savez que lorsqu'elle fait quelque présent, elle tourne la tête en arriére, pour marquer qu'elle n'en attend aucune reconnoissance, & qu'on est amplement dédommagé d'un bienfait par le seul plaisir que goûte en le faisant un cœur bien placé. Je loue votre façon de penser de votre frére & de vous ; mais tout votre entretien ne me fait nullement plaisir, & si vous voulez m'obliger, vous m'épargnerez la peine de ne plus rien entendre sur ce sujet. Il dit ces mots d'un ton à nous imposer silence, & changeant lui-même de discours : Sanche, dit-il en s'adressant à mon frere, vous êtes-vous bien amusé aujourd'hui ? à quoi vous êtes-vous diverti ? Seigneur, répondit mon frere, j'ai aporté pour un bon plat de poisson, que votre Seigneurie verra bientôt sur la table.

Il achevoit à peine de parler, qu'un Page vint dire à Don Alphonse que le Seigneur Scipion d'Amérique demandoit la permission de baiser les mains à sa Seigneurie. Cette nouvelle répandit une joïe universelle, que je vis peinte sur les visages de toute la compagnie. Ma Tante, Séraphine de Jutella, ne fit qu'un cri, elle ne put modérer sa joïe : Que le bon Dieu soit loué & la Sainte Vierge de Montferrat, dit-elle d'abord, c'est mon cher Pere ! Tout le monde se leva de table. Don Alphonse alla d'abord embrasser ce bon homme, qu'un Page conduisoit. Dans le même instant ma Tante se jetta à ses genoux, elle les embrassoit tendrement & les baignoit de larmes de joïe. Chacun s'empressoit, & sur-tout mon Pere, à le féliciter sur son heureux re-

tour

tour après une absence de douze ans.

Enfin chacun eut son tour pour lui faire son compliment. Ma Tante de Jutella nous présenta à lui, à notre tour mon frere & moi. Après cela Don Alphonse, lui fit donner un siége à côté de lui. Il lui fit d'abord plusieurs questions, c'étoit à qui lui en feroit davantage : Seigneur, dit Scipion, lorsque votre Seigneurie se trouvera assez de loisir pour s'amuser de mes avantures, j'aurai l'honneur de lui en faire un détail circonstancié. Pour à présent, je me contenterai de lui dire que j'ai sacrifié ma vie à la tendresse que j'ai pour ma fille, & à la reconnoissance que je dois avoir pour mon Patron le Seigneur Gil Blas de Santillane, à qui je suis charmé de voir deux enfans qui paroissent promettre beaucoup. Puis s'adressant à mon Oncle de Jutella, Seigneur Don Juan, lui dit-il, j'aporte de la Nouvelle Espagne assez d'argent pour rejoindre à la terre de Jutella, celle que le bon cœur & la générosité de vos Ancêtres ont pu en aliéner, & même pour y en ajouter de nouvelles. La Seigneurie de Xagua, qui est entre Jutella & Lirias, & qui y est contigue, a été achetée deux ans après son aliénation par le vieux Pédro Rondillas mon Agent à Madrid ; mais le contrat en est en votre nom, je l'ai laissé avec mes gens & mes équipages à Lirias, où je suis arrivé ce matin.

J'étois si empressé de rendre mes respects au Seigneur Don Alphonse, & à Madame Séraphine, de voir mon chére Patron, ma fille & vous, qu'à peine ai-je pu prendre sur moi de me reposer une couple d'heures. J'ai même pris vos chevaux ; Seigneur
Don

Don Gil Blas, dit-il en s'adreſſant à mon Pere, tant j'étois impatiente de venir à Leyva. L'acquiſition dont j'ai parlé m'a coûté cent mille écus ; je vous en fais préſent, dit-il à Don Juan, pour vous dédommager en quelque ſorte de ce qui peut manquer à ma fille du côté de la nobleſſe. J'ai d'ailleurs par devers moi deux cens mille piaſtres en bonnes eſpéces ſonnantes, outre un petit préſent d'un collier des plus belles émeraudes de l'Amérique, que j'eſpére que la Comteſſe de Leyva voudra bien accepter. J'ai un autre collier de groſſes perles parfaitement rondes & de la plus belle eau que j'offre à Dona Dorothée, & quelques rares tentures de tapiſſeries travaillées en plumes pour le Seigneur Dôn Alphonſe. Pour mon cher Patron, le Seigneur Don Gil Blas, je n'ai qu'un cœur pénétré de la plus tendre affection & de la plus vive reconnoiſſance; mais je deſtine au cadet de ſes fils un fort beau domaine, dont j'ai fait l'acquiſition pour lui dans le Mexique : j'ai auſſi quelque choſe, que j'eſpére que l'aîné ne dédaignera pas, & pour moi je me reſerve des Lettres de Nobleſſe, que j'ai acquis au prix de mon ſang, & une extrême caducité, & les infirmités qui en ſont inſéparables ; en quoi l'on voyoit bien que le bon-homme ne diſoit que trop vrai.

Voilà, dit-il, un petit abrégé, en attendant l'occaſion d'entrer dans un détail plus circonſtancié. Je n'ai à préſent qu'une grace à vous demander, qui eſt que chacun s'épargne les complimens que ſon bon cœur pourroit lui ſuggérer, mon inclination en tout ce que j'ai déclaré, n'aïant fait que
ſuivre

suivre mon devoir, & au surplus qu'on veuille bien ne se point déranger ; continuez, je vous prie, votre souper, & me laissez tranquilement aller dans la chambre qu'on m'aura préparée, chercher un repos dont j'ai grand besoin, car je suis extrêmement fatigué du voyage.

Là-dessus Don Alphonse ordonna aussi-tôt à un valet de chambre de conduire le bon-homme Scipion à l'apartement qui lui étoit destiné, puisqu'il ne vouloit absolument pas que personne quittât sa table pour l'accompagner. Cependant, quelque instance qu'il pût faire, il n'empêcha point mon Pere de le suivre jusqu'à sa chambre : à la vérité il le quitta & bien-tôt pour le laisser reposer, & s'en vint rejoindre la compagnie.

Le retour du Seigneur Scipion dans le tems où la compagnie étoit si nombreuse, fut un véritable sujet de joïe pour nous tous, quoiqu'à la vérité elle ne laissât pas d'être un peu altérée par la peine où l'on étoit de le voir si accablé de vieillesse & d'infirmités, qu'on ne doutoit pas qu'il ne fût bien près de la fin de sa carrière. Je n'étois guéres au fait de ce qui le regardoit : seulement j'avois oui parler de lui quelquefois à mon Pere & à ma Tante, & je savois qu'il étoit en Amérique. Je souhaitai d'être un peu mieux instruit ; le souper fini, la conversation ne fut pas longue, chacun se retira dans sa chambre ; & comme j'étois plus étranger que mon frere, il voulut faire les honneurs de la maison ; il vint m'accompagner dans ma chambre ; je le priai, s'il savoit quelque chose de la vie de ce galant-
homme

homme, de vouloir bien m'en instruire.

Je n'ai rien à vous refuser ; me dit ce cher frère ; mais il est déja tard, vous devez avoir besoin de repos : d'ailleurs, comme son histoire est un peu longue, croyez-moi, suspendez votre curiosité jusqu'à ce que nous soyons à Lirias. Là je pourrai vous montrer un Manuscrit que notre Pere a fait de toute sa vie jusqu'à votre naissance. Comme les avantures du Seigneur Scipion sont fort liées avec les siennes, elles y sont tout du long, & vous les y verrez mieux détaillées. Je cédai à ces raisons, il resta encore un peu dans ma chambre, pour voir s'il ne me manquoit rien ; ensuite il me souhaita le bon soir, & se retira dans son appartement.

CHAPITRE II.

Ingratitude punie.

LE lendemain matin, je vis à peine la petite pointe du jour que je me levai, suivant l'habitude que j'en avois prise au Collége. Dès que je fus habillé, voyant qu'il n'y avoit encore personne de levé, je passai dans le cabinet de livres de Don Alphonse, où je m'amusai à lire jusqu'à ce que j'aperçus que tout le monde étoit debout. Alors je vins dans la sale, j'y trouvai Don Alphonse, Don Juan, & mon Pere : il me parut qu'ils parloient entr'eux d'affaires sérieuses, je me contentai de les saluer en passant ; de-là j'allai dans la grande cour du
châ-

château, où je rencontrai mon frere monté sur un beau cheval Turc, qu'il dreſſoit avec beaucoup de grace. D'abord que mon frere m'aperçut, il avança vers moi, & après m'avoir ſouhaité le bon jour, il me demanda comment j'avois paſſé la nuit, ſi le changement de lit n'avoit pas interrrompu mon ſommeil ; il me dit même, avec un air d'amitié qui me charma, qu'il n'avoit pas voulu paſſer à ma chambre crainte de m'incommoder, ne comptant pas que j'aurois été éveillé ſi matin. Il fut tout étonné quand je lui dis qu'il y avoit long-tems que j'étois levé ; j'ajoutai même que c'avoit été auſſi la crainte de l'éveiller qui m'avoit empêché d'aller lui donner le bon jour dans ſa chambre. Il me demanda ſi je voulois monter à cheval, & aller faire un petit tour pour prendre l'air, afin de revenir déjeûner enſuite de meilleur apétit. Je répondis que j'étois fort ſenſible à ſes attentions, que j'accepterois la partie avec beaucoup d'empreſſement ; mais que je n'avois pas encore rendu mes devoirs à Don Alphonſe ; outre que je craignois que ce ne fût un manque d'égards envers le Seigneur Scipion, de ne pas attendre qu'il fût deſcendu.

Vous avez raiſon, reprit mon frere, c'eſt à quoi je n'avois en vérité pas fait attention. J'avois même formé le deſſein de déjeûner avec vous, & ſi vous me l'aviez permis, d'aller joindre Don Pédro de Patillos, avec qui j'avois fait la partie d'aller ce matin jetter quelques filets dans un endroit de la riviére où nous comptions faire une pêche des plus abondantes. Mais je vai lui envoyer un un laquais pour le prier de m'excuser; en attendant donnez-vous la peine de m'aller attendre dans la sale à manger, voici à peu près l'heure où toute la maison s'y trouve pour déjeûner.

Au nom de Don Pédro de Patillos, il me paroit, lui dis-je, l'avoir ouï quelquefois nommer à notre Mere, & je suis bien trompé s'il n'est pas de nos parens. Il l'est effectivement, reprit mon frere; il est issu de germain de Dona Dorothéa; il nous fait quelquefois l'honneur de venir nous voir à Lirias; j'ose dire même qu'il m'honore de sa protection; car enfin, tout parent qu'il est, je crois devoir me servir de ce terme pour nommer ce qu'un Seigneur de son rang & si fort au-dessus de nous, veut bien apeller amitié. Il revint de ses voyages peu après votre départ pour Salamanque. Il amena avec lui son épouse, qu'il avoit prise à Rome. Cette Dame est, de l'aveu de tout le monde, la beauté la plus parfaite qu'il y ait dans toute l'Espagne. Elle lui a aporté une dot dont bien des Princes Souverains se feroient fort accommodés; & pour son mérite personnel, en vérité il donneroit encore du lustre au premier Trône de l'Europe; & malgré tout cela, je puis vous dire sans exagération, que Don Pédro est bien digne de l'avoir pour épouse, & même à tous égards. D'abord pour sa personne, il est fait au tour; il a les traits du visage les plus beaux & les plus réguliers qui se puissent, & la physionomie la plus heureuse & la plus prévenante. Sa naissance est des plus illustres du Royaume, une longue suite d'ayeux tant du côté du

Pere que de la Mere qui ont occupé les premières Charges de l'Etat, ou qui ont été décorés des principaux Ordre de Chevalerie, & même des Commanderies : ses manières seules suffisent pour faire voir qu'il est homme de la meilleure naissance, son esprit est très orné tant par l'étude que par les voyages : les sentimens de son cœur se font aimer de tous ceux qui le connoissent : sa conversation est des plus aimables, sa douceur, sa complaisance, & ses attentions sont le modèle des bons maris.

Vous m'en faites un portrait trop avantageux, dis-je à mon frere, pour que je ne sois pas très-empressé d'avoir l'honneur de sa connoissance. Je serai charmé que vous profitiez de la premiére occasion que vous trouverez, ou que je vous prie de faire naître pour me la procurer, & me présenter à lui. Vous sentez bien, dit mon frere avec beaucoup de cordialité, que par les sentimens que j'ai pour vous, je n'ai garde de ne pas penser comme vous : je suis même fâché que vous m'aïez prévenu : outre que sa constance vous fera plaisir, c'est qu'elle pourroit par la suite ne vous être pas inutile, d'autant que par sa Mere il est neveu du Duc d'Ossone dont elle est sœur. Vous savez que ce Seigneur est au-dessus de presque tous les autres par sa naissance, par ses titres par ses biens, & par la figure qu'il fait à la Cour. Oui, dis-je, je le sai. Hé bien, reprit mon frere, il est encore au-dessus de tout cela par ses vertus & par son mérite personnel.

C'est peu dire que ce Seigneur est des Grands de la premiére classe, quand tout le monde d'un commun aveu le met à la tête de la premiére classe des gens de probité. S'il est grand par sa naissance, il l'est plus encore par l'éclat de ses vertus. Celles-ci n'empruntent aucun lustre de celle-là ; nôtre naissance n'est point l'effet de notre choix : mais pour le Duc, la gloire qu'il tire de ses vertus, est toute à lui il la tire de son propre fond ; il n'en doit rien au rang de ses ancêtres, ni à la faveur de la Cour. Ses dépenses répondent parfaitement au rang qu'il tient dans le monde, il fait grande figure ; mais en cela il ne suit pas la mode de tant d'autres ; le Marchand, l'Ouvrier, l'Artisan n'en païent pas leur quote part : l'Orfévre, le Tailleur, le Marchand de galons, le Bourrelier, n'ont pas besoin de faire leur cour à un Valet de chambre, un Intendant, un Comprador pour trouver moyen d'être païés. Tout est réglé chez lui, tout y est dans l'ordre : il paye ce qu'il doit avec une exactitude aussi scrupuleuse, qu'un Marchand qui roule sur son crédit, fait honneur au jour marqué à ses Lettres de change.

Enfin pour vous faire son portrait en peu de mots, il a tout autant d'amis qu'il y a de personnes qui le connoissent ; & si tant est qu'il ait un ennemi, ce que j'aurois bien de la peine à croire, il faut que ce soit un homme dont tous les honnêtes-gens se feroient une honte d'avoir l'amitié. Don Pédro me fit un jour l'honneur de me prendre avec lui pour aller à la maison de campagne du Duc ; j'y restai près de six semaines ; j'y vis régner cette maniére noble de recevoir ses hôtes, sans blesser l'économie ; la véritable grandeur, du pair avec une cordialité

lité sans affectation; le faste & la splendeur réglés par une affabilité qui lui gagne tous les cœurs; enfin une charité des plus étendues, sans la moindre tache d'ostentation.

Pour son fils, si l'on en croit les flateurs, car il a aussi les siens, & où est-ce que manque cette vermine? il est d'une humeur enjouée, d'un naturel gai, généreux, brave & intrépide, de bonne compagnie. Mais ceux qui préferent la vérité à une basse flaterie, le peignent comme un homme qui n'a que le nom & l'aparence de ces vertus; ils le taxent d'être libertin, extravagant, prodigue, querelleur, enfin comme plongé dans la débauche la plus outrée. Selon eux, on diroit qu'il a moins voyagé pour s'instruire, que pour se gâter l'imagination; qu'il a moins cherché à connoître le Monde, & les intérêts des différens Etats, qu'à recueillir pour ainsi dire & aporter en général avec soi les défauts qui sont particuliers à chaque Nation; qu'il est par exemple aussi hautain qu'un Vénitien, vindicatif comme un Romain, petit-maître plus qu'un François, ivrogne comme un Allemand, fier & plein de bonne opinion de soi-même comme un Anglois.

N'allez pas vous imaginer que ce soit par aucun penchant à dire du mal de qui que ce soit, que je vous fais de ce jeune Seigneur un portrait, qui malheureusement pour lui n'est que trop ressemblant. Comme je sçai que Don Alphonse compte de vous envoyer à la Cour, & que je ne doute pas qu'entre les recommandations qu'on aura soin de vous donner, il n'y en ait pour vous procurer la protection du

Du

Duc d'Oſtone, j'ai cru qu'il étoit bon de vous mettre au fait de ce qu'on penſe, & même de ce qu'on dit dans le monde & du Pere & du fils.

Ce cher frere prenoit tant de plaiſir à s'entretenir avec moi, qu'il avoit preſque oublié de renvoyer ſon cheval. Il alloit pouſſer plus loin la converſation, lorſqu'un Page vint nous avertir que Dona Séraphina étoit viſible & qu'elle étoit même deſcenduë dans la ſale. Mon frere remit ſon cheval à un palfrenier, nous allâmes joindre la compagnie, nous trouvâmes qu'on prenoit déja le chocolat: c'étoit alors un régal très recherché, parce qu'il s'en falloit de beaucoup qu'il fût ſi commun qu'il l'eſt devenu dans la ſuite, on n'en prenoit encore que dans les maiſons de qualité. Le Seigneur Scipion demanda des nouvelles de la plupart des familles du voiſinage, & entr'autres du Comte de Fuentebuena. Don Alphonſe lui répondit que ce bon Seigneur étoit encore vivant & en bonne ſanté; mais qu'il avoit quitté le Royaume de Valence, qu'il s'étoit retiré dans une belle terre qu'il avoit dans le Royaume de Murcie, qu'il faiſoit ſa réſidence dans une maiſon de campagne des plus agréables: c'eſt, dit-il, un château qui donne d'un côté ſur la Méditerranée; de l'autre il offre le plus beau coup d'œil qu'on puiſſe imaginer, par le mélange agréable d'un payſage garni de bois, de boccages, de prés, de vergers, de champs, de plaines & de collines, le tout extrêmement diverſifié, enrichi de vergers à perte de vue, où l'on voit tantôt des oliviers, tantôt des orangers, où la Nature paroit l'emporter ſur

l'Art

l'Art pour rendre ce séjour enhanté, sans parler des ruisseaux d'une eau claire & argentine, dont les bords émaillés de fleurs vous offrent un printems perpétuel. Pour ce qui est du château & de la terre qu'il avoit ici dans notre voisinage, il les a cédés à son fils Don Pédro de Patillos, qui pouvoit avoir douze à treize ans lorsque vous partîtes pour l'Amérique. C'est un très aimable Cavalier, digne certainement du tresor qu'il possède en la personne de son épouse. Je vous dirai seulement en passant, qu'il l'a amenée de Rome où il l'a épousée, elle est de très-bonne famille, c'est ce qu'on peut apeller une beauté parfaite, joignez à cela un mérite extraordinaire, & par dessus le tout une dot considérable, je veux dire une bagatelle de soixante mille écus de rente. Notre ami Sancho pourra vous raconter son histoire ; je ne doute pas que le récit ne vous en fasse beaucoup de plaisir. Il est parfaitement bien auprès de cette Dame, parce qu'il a trouvé le secret de gagner les bonnes graces de Don Pédro, de qui il en a apris toutes les particularités, leur liaison est d'autant plus étroite, que Don Pédro est aussi grand chasseur, & entend parfaitement toutes les ruses de la campagne, tant pour la pêche que pour la chasse aux oiseaux. J'ai trouvé cette histoire si curieuse & si fort à mon gré, que je l'ai engagé à l'écrire. Lui de son côté a montré à cette Dame ce qu'il en avoit couché sur le papier ; elle l'a reçu avec une bonté & une politesse qui donnent encore un grand relief à toutes ses autres belles qualités, elle a même eu la complaisance de lui fournir copie des

deux

deux seules lettres qui ayent été écrites entr'elle & Don Pédro lorsque celui-ci la recherchoit. Il les avoit copiés sur l'original Italien, & le Révérend Don Géronimo notre digne Curé a eu la bonté de les traduire en Espagnol. Je ne doute nullement, continua-t-il en s'adressant à mon frere, que vous n'obligiez infiniment le Seigneur Scipion & quelques autres de la compagnie, en les régalant de la lecture de votre ouvrage. Je vous assure, dit-il à la compagnie, que notre ami Sancho n'écrit pas si mal, quoiqu'il n'ait pas été élevé dans l'Université. Le Seigneur Scipion ne manqua pas de dire qu'il seroit charmé de l'entendre lire ; mon frere à l'instant ne fit qu'un saut jusqu'à sa chambre, d'où il revint à l'instant, tenant en main un rouleau de papier écrit. Alors Don Alphonse dit avec un air de bonté, tandis que notre auteur amusera par sa lecture ceux qui ne sont pas encore au fait de cette histoire, nous autres qui la sçavons, nous irons faire un tour dans le bosquet. Fort bien, dit la Comtesse de Leyva, & nous irons Doña Séraphina de Jurella & moi nous asseoir à notre toilette.

De cette façon il ne resta à mon frere d'autres auditeurs, que le Seigneur Scipion. Il ouvrit son manuscrit, & pour se donner en riant un certain air d'auteur, il nous fit un petit préambule, ou plutôt un compliment sur ce que nous ne trouverions point dans son ouvrage ce stile suivi & châtié qu'on pourroit souhaiter. Mon Gouverneur alloit lui répondre par un autre compliment; mais le Seigneur Scipion qui n'y entendoit pas tant de finesse, le pria de commencer

sans

Blas de Lirias.

fans cérémonie. La-dessus mon frere se mit à lire cette histoire, telle qu'elle est ici, & que je l'ai copiée sur l'original.

» Le Comte d'Albano & le Marquis Cas-
» truccio étoient de jeunes Seigneurs issus
» de deux illustres Maisons. Le premier,
» tout jeune qu'il étoit, jouissoit d'un riche
» & considérable patrimoine; l'autre, fils
» d'un Pere qui s'étoit ruiné par le jeu & les
» autres folles dépenses dans lesquelles don-
» nent la plûpart des Gens de qualité, qui
» faute d'éducation ne sçavent ce que c'est
» que d'avoir seulement l'ombre des senti-
» mens qui forment l'honnête-homme, ne
» se trouvoit pas de quoi vivre même en
» petit Gentilhomme, loin de pouvoir fai-
» re une certaine figure qui répondît à sa
» naissance. Une bonne Tante eut pitié de
» lui, & eut la générosité de se charger de
» son éducation. La bonne Comtesse de
» Spizza, c'est le nom de cette Tante, avoit
» à peine elle-même de quoi faire à Rome
» une figure convenable à son rang; de sor-
» te que pour avoir de quoi subvenir aux
» besoins de son neveu, elle prit le parti
» de se retirer sur ses terres, où à l'aide
» d'une économie bien entendue, la bonne
» Dame trouvoit le moyen de donner une
» éducation convenable à ce neveu, qu'elle
» regardoit comme son héritier.

» Dès qu'il fut en âge d'être placé dans
» une Université, elle l'envoya à Padoue,
» pour y finir ses études. Elle avoit, en choi-
» sissant cette Université, une double vue,
» sçavoir de le faire instruire dans les Scien-
» ces sous les habiles Maîtres dont cette
» Université est toujours pourvue, & de me

B   „ me

» mettre à même de faire des habitudes avec
» les Seigneurs Vénitiens ; outre qu'il lui se-
» roit plus aisé de cultiver le Sérénissime
» Doge de la République, & un Procura-
» teur de Saint Marc, tous deux alliés de la
» famille des Castruccio, & auxquels elle
» l'avoit particuliérement recommandé, pour
» lui obtenir dans la suite de l'emploi au ser-
» vice de cette République. Dès les premiers
» jours que le Marquis fut à Padoue, il eut
» occasion de faire des connoissances. Celles
» qui se font dans les Colléges sont ordinai-
» rement les plus solides & les plus durables ;
» il se lia sur-tout avec le Comte d'Albano :
» ils étoient à peu près de même âge, tous
» deux d'illustre famille ; & comme il se trou-
» voit une grande uniformité dans leurs
» humeurs, ils ne tardérent pas de lier en-
» semble une amitié, qui dans la suite de-
» vint très-étroite ; on auroit dit qu'on la
» voyoit s'accroître chaque jour ; ils étoient
« rarement l'un sans l'autre, tant que le Mar-
» quis avoit de l'argent. Comme la petite pen-
» sion que sa Tante lui faisoit n'étoit pas suffi-
» sante pour fournir à toutes les parties où il se
» trouvoit invité par le Comte, il prenoit quel-
« quefois des prétextes pour s'en dispenser.

» Les premiéres fois que cela arriva, le
» Comte lui reprochoit obligeamment qu'il
» n'avoit pas assez d'amitié pour lui ; il se
» défendoit de son mieux de ses reproches :
» mais comme à la fin les prétextes venoient
» plus souvent, le Comte crut réellement
» qu'il y avoit quelque refroidissement de la
» part du Marquis ; desorte qu'il fit plusieurs
» parties sur la Brenta & ailleurs avec ses au-
» tres camarades, sans y inviter le Marquis.
» Un

»Un tel procédé ne laissa pas d'être très-
» sensible au Marquis ; cependant son petit
» amour-propre ne lui permettroit pas de dé-
» clarer au Comte le véritable motif qui lui
» avoit fait refuser de se rendre à ses invi-
» tations précédentes. D'Albano, qui avoit
» réellement un fond d'amitié pour le Mar-
» quis, sentoit toujours qu'il lui manquoit
» quelque chose quand il n'étoit pas avec
» lui : il fit tant que par adresse il sçut par
» le laquais de Castruccio le vrai motif des
» excuses de son Maître : il fut tiré par-là
» de l'erreur où il avoit été, & vit que c'é-
» toit bien moins le défaut d'amitié, que le
» manque d'argent qui avoit porté son ami
» à chercher des prétextes pour éluder de
» se trouver dans toutes ses parties de plai-
» sir. Cette découverte le jetta cependant dans
» un nouvel embarras : il connoissoit sa fa-
» çon de penser, il sçavoit qu'il avoit l'ame
» haute & qu'un certain point d'honneur ne
» lui permettroit jamais d'être redevable de
» ce côté-là à un étranger, & qu'il ne vou-
» droit pas qu'il fût dit qu'il se fut jamais trou-
» vé à quelque partie où il n'auroit pas payé
» son écot.

» Il étoit certainement bien en état de lui
» fournir sans se déranger de quoi faire fi-
» gure, & jouer son rôle aussi-bien que les
» autres dans ces sortes de parties : il en
» avoit aussi la volonté : il ne croyoit ja-
» mais trop cher le plaisir de la compagnie
» d'un ami pour qui il avoit une amitié si
» forte : la seule chose qui l'embarrassoit,
» c'étoit de sçavoir comment s'y prendre pour
» lui faire ce présent, sans qu'il pût même
» se douter de qui il venoit. Après avoir long-
»tems

» long-tems ruminé, tant une parfaite amitié
» est industrieuse ; il trouva un expédient,
» dont il ne tarda pas de faire usage. Il s'em-
» barqua sur la Brenta, qui fait un canal
» charmant bordé de côté & d'autre de jar-
» dins les plus superbes, & fut bien-tôt à
» Venise, qui n'est pas loin de Padoue. Il
» manda son Banquier, dont il recevoit tous
» les ans, par ordre de ses Tuteurs, une
» somme de plus de cinq mille sequins ; il
» lui ordonna d'en faire toucher deux mille
» à Castruccio ; mais il l'avertit de s'arran-
» ger avec le Banquier de celui-ci, qui lui en
» fournissoit tous les ans mille par ordre de sa
» Tante ; & de prendre si bien ses mesures,
» que son ami en fût payé régulièrement tous
» les trois mois, sans qu'absolument il pût
» découvrir d'où lui venoit cette augmenta-
» tion : de cette façon il mettoit son ami
» de pair avec lui, & en état par-là même
» d'être de toutes ses parties, puisqu'il lui
» ôtoit la seule cause de ses prétextes sous
» lesquels il s'en étoit auparavant défendu.

» Le Banquier fut exact à s'acquitter des
» ordres du Comte, il ne lui fut pas mal-
» aisé de s'entendre avec le Banquier du Mar-
» quis ; le secret fut gardé, la pension païée ;
» le Comte de son côté retrancha de ses dé-
» penses, le Marquis se vit en état d'aug-
» menter les siennes ; les deux amis se trou-
» vèrent au niveau, & bien-tôt devinrent
» inséparables. A la vérité Castruccio étoit
» surpris lorsqu'il recevoit son quartier, de
» le voir ainsi augmenté ; mais il ne se don-
» na pas de grands mouvemens pour en dé-
» couvrir la raison. Il s'en seroit donné sans
» doute davantage, s'il étoit survenu de la
» diminution

» diminution ; ainsi il ne sçut point d'où lui
» venoit cette aubaine. Quelquefois il son-
» geoit que sa Tante, qui se retranchoit sur
» bien des choses pour subvenir à son entre-
» tien, ne pouvoit point lui avoir fait tout
» d'un coup une telle augmentation ; il ne
» pouvoit jetter ses soupçons sur le Doge,
» quoique son parent, parce qu'il étoit char-
» gé de famille ; outre qu'il étoit tout récem-
» ment revêtu de cette Image de Dignité
» chimérique, qui bien loin d'être lucrative,
» est plûtôt à charge, du moins dans les pre-
» miéres années. Pour son parent le Procura-
» teur de Saint Marc, il connoissoit trop son
» avarice, pour le croire capable d'une telle
» générosité.

» Il tâcha en vain de tirer quelque éclair-
» cissement du Banquier de Padoue qui lui
» comptoit son argent. Il n'en eut d'autre
» réponse, si ce n'est que son Correspondant
» de Venise qui tiroit son argent de Rome,
» lui ordonnoit de payer au Marquis Castruc-
» cio la somme de tant, qu'il lui remettoit
» tous les trois mois.

» Voilà donc nos deux amis dans l'union
» la plus parfaite ; le Marquis n'étoit plus
» dans le cas de chercher des échapatoires ;
» plus de parties l'un sans l'autre, chacun
» payoit son écot. Trois ans s'écoulérent,
» pendant lesquels ces deux amis vécurent
» ensemble d'une maniére qui fit l'admira-
» tion de tous ceux qui les connoissoient.
» Enfin le Comte aïant fini le cours de ses
» études, il fut tems de songer à commen-
» cer ses voyages. Ses Tuteurs lui envoyé-
» rent une Lettre de crédit, pour prendre
» chez son Banquier à Venise tout l'argent

» dont

« dont il croiroit avoir besoin ; ils lui ré-
» glérent le cours de ses voyages ; ils lui re-
» commandérent en quittant Venise de voir
» Milan, Turin, Gênes, & de revenir par Flo-
» rence, pour se rendre à Rome; & de-là il
» devoit voir Naples avant de quitter l'Italie.
» A peine le Comte eut-il reçu ces lettres,
» qu'il se rendit chez son ami, & les lui
» donna à lire. Après avoir remarqué la con-
» tenance qu'il tenoit, & l'avoir vu sensible
» à son départ, il ne lui donna pas le tems
» de parler ; il le prévint, & lui dit : Je
» vois bien, mon cher Marquis, que la For-
» tune aveugle ne rend pas toujours justice
» au mérite, & que souvent elle répand ses
» faveurs avec profusion sur ceux qui en sont
» les moins dignes. Si elle étoit moins aveu-
» gle, je pourrois à présent recevoir de vous
» les preuves d'une amitié sincére que je viens
» vous offrir : vous me voyez à la veille de
» quitter Padoue, il ne dépend pas de moi
» d'y faire un plus long séjour, & l'état de
» mes affaires ne le permet pas : mais je ne
» puis songer à me séparer de mon cher ami ;
» oui mon cher, je sens tout ce qu'il m'en
» coutera si je vous quitte ; ce sera pour moi
» le coup le plus accablant; je ne doute point,
» connoissant votre bon cœur, que notre sé-
» paration ne vous soit aussi très-sensible :
» voilà vos études finies, vos exercices le sont
» autant que les miens ; les voyages que je
» vai faire vous seroient tout aussi avanta-
» geux qu'à moi, & peut-être en profiteriez-
» vous mieux que moi. Je sçai le seul motif
» qui pourroit vous empêcher d'être de la
» partie, parce que je sçai la situation de vos
» affaires ; mais vous n'ignorez pas l'état des
» miennes,

» miennes. Vous sçavez que par la grace de
» Dieu je jouis d'un bien considérable, cer-
» tainement il y en auroit bien assez pour
» vous & moi. Maître de la moitié de mon
» cœur, vous feriez-vous scrupule de l'être
» aussi de la moitié de mon bien, ou du moins
» que nous le dépensassions en commun ? Vous
» accepterez sûrement ce parti, & je ne fais
» nul doute que ce projet ne soit de votre goût,
» si vous sentez réellement pour moi cette
» tendre amitié dont vous m'avez si souvent
» donné les assurances les plus solemnelles.
» Et pour que vous ne doutiez point de la
» cordialité & de la sincérité de l'offre que
» je vous fais, je vai vous aprendre un se-
» cret, qui jusqu'à présent a échapé à toutes
» les recherches que vous avez pu faire pour
» le découvrir. Je ne vous le communique-
» rois pas même encore actuellement, si ce
» n'étoit pour vous prouver qu'il n'y a rien
» de nouveau dans l'offre que je vous fais,
» & que ce n'est ni grimace ni compliment,
» puisque voilà près de trois ans que je par-
» tage ma pension avec vous, sans que vous
» vous ayez jamais pu sçavoir d'où vous
» venoit l'augmentation de la vôtre. Où
» trouverai-je des expressions, s'écria le
» Marquis tout transporté des sentimens
» qu'excitoit en lui une telle générosité,
» pour vous marquer à quel point je suis
» touché de cet excès de bonté, & jusqu'où
» va ma reconnoissance ? Je n'en demande
» pas d'autre mon cher, dit le Comte, si
» ce n'est que vous me continuyiez une ami-
» tié, à laquelle mon cœur croit avoir quel-
» que droit par les sentimens qu'il a pour
» vous, & dont je fais infiniment plus de

» cas

» cas que de tous les biens du monde. Vous
» pouvez aussi compter, reprit le Comte,
» sur les mêmes sentimens de ma part ; rien
» au monde ne sçauroit me consoler, si je
» devois me séparer de vous ; quoique de
» petits génies, qui ne sentent pas tout le
» prix d'une parfaite amitié, pourroient
» donner une mauvaise interprétation à mon
» empressement à vous accompagner, &
» l'attribuer à une avidité intéressée de m'at-
» tacher à vous plûtôt pour vos grands
» biens, & pour mon propre avantage, qu'à
» des sentimens nobles & desintéressés, tels
» que je les ai pour votre mérite personnel ; &
» à la plus vive reconnoissance, que je ne
» sçaurois refuser à une générosité d'autant
» plus noble, qu'elle est rare & peut-être
» sans exemple. Et où sont les actions & les
» intentions auxquelles on ne sçauroit don-
» ner un mauvais tour, reprit le Comte ?
» Non, mon cher Marquis, dès qu'un hon-
» nête-homme sent en lui-même qu'il n'a
» rien à se reprocher, & que sa conscience
» rend témoignage à sa propre droiture,
» il se met peu en peine de la fausse opinion
» des autres : le monde a toujours été ainsi ;
» & lorsqu'en faisant bien on ne peut empê-
» cher les autres de penser mal, il vaut mieux
» souffrir le mal auquel on ne sçauroit apor-
» ter de remède. Il se passa encore quelques
» complimens entr'eux, ensuite ils convin-
» rent de leurs faits : le Marquis céda aux
» offres généreuses de son ami ; il en écrivit
» à sa Tante, il lui mandoit tout ce que le
» Comte vouloit faire pour lui : le Comte
» écrivit aussi à la Comtesse de Pizza, il lui
» confirmoit ce que son neveu lui écrivoit,

» &

» & tous deux de concert marquoient à
» la bonne Tante, qu'elle pourroit se dis-
» penser dans la suite de se déranger pour
» envoyer des remises à son neveu, qui seroit
» en état de s'en passer, par la générosité de
» son ami. Après avoir tout disposé pour
» leur voyage, ils quittérent l'Université,
» & s'en allérent à Venise, où ils logérent
» chez leur Banquier, qui se fit un plaisir
» de leur procurer tous les amusemens qu'on
» trouve dans cette grande Ville. Ils y sé-
» journérent jusqu'à l'arrivée d'un Gentil-
» homme, qui devoit y joindre le Comte
» pour l'accompagner dans ses voyages.

» Après avoir mis ordre à tout pour le
» voyage, ils prirent la route de Rome. Là
» les Tuteurs du Comte fixérent sa pension
» annuelle à vingt mille écus Romains pen-
» dant ses voyages. Je ne m'arrêterai point
» à donner un détail de leurs voyages, ni une
» description des pays & des Villes où ils
» ont passé ou séjourné ; on en lit assez, &
» souvent plus qu'on n'en voudroit, dans la
» plupart des Livres de Voyages. Je remar-
» querai seulement, que nos deux amis vé-
» curent dans une parfaite union, & que
» leur amitié, loin de souffrir la moindre
» altération, vint à un point qu'elle ne sçau-
» roit être plus forte entre deux bons freres.

» A leur retour à Rome, ils continuérent
» sur le même pié ; même logement, même
» table, mêmes compagnies ; ils partageoient
» leurs plaisirs & même les contre-tems ou
» les desagrémens de l'un touchoient l'autre
» également.

» Ainsi se passérent leurs beaux jours, jus-
» qu'à ce qu'étant parvenus à un âge où l'on
» se

» se dégoûte de la vie de garçon, le Mar-
» quis representa un jour au Comte qu'il
» feroit bien de se marier : il lui offrit même
» son bien dont il étoit devenu maître, pour
» augmenter la dot de l'épouse qu'il pren-
» droit, & d'assurer tout ce qu'il possédoit
» aux enfans qu'il pourroit avoir. Enfin le
» Comte, bien persuadé que le Marquis ne
» vouloit pas se marier, songea à s'établir,
» consultant en tout son ami, & ne fai-
» sant rien que d'intelligence avec lui. Il
» n'accepta pas les offres qu'il lui avoit fai-
» tes, il n'en avoit que faire. Il épousa une
» Demoiselle de très-bonne famille, qui lui
» aporta une dot considérable. A peine dix
» ou onze mois s'étoient-ils écoulés depuis
» son mariage, que la Comtesse accoucha
» d'une fille ; les couches paroissoient heureu-
» ses ; le Comte étoit au comble de la satis-
» faction, de voir sa chére épouse se rétablir
» à vue d'œil, lorsque tout-à-coup une fiévre
» de lait, suivie de quelques autres acci-
» dens, l'enleva au Comte, qui en sentit
» une douleur inexprimable. Son ami n'en
» fut pas moins touché. Comme il parta-
» geoit absolument tout ce qui pouvoit re-
» garder le Comte, & que cette Dame,
» d'ailleurs très-estimable, avoit toujours eu
» pour lui beaucoup d'attention, tant par
» cette politesse qui lui étoit si naturelle,
» que parce qu'il étoit l'ami de son époux,
» il fut si affligé de sa mort, qu'on n'auroit
» sçu dire lequel avoit plus besoin de con-
» solation, de l'époux ou de l'ami.

» La fille dont la défunte étoit accouchée,
» fut nommée Marie sur les fonds de Baptê-
» me ; c'est la même qui fait à présent toute
» la

» la félicité de Don Pédro, qui en est devenu
» l'époux. Elle fut élevée avec tous les soins
» & toute la tendresse imaginables ; c'étoit
» à qui lui marqueroit plus d'affection, du
» Comte ou de son ami ; on auroit eu de la
» peine à dire leque' des deux étoit son Pe-
» re ; enfin on auroit dit qu'elle avoit deux
» Peres en ces deux amis. A la vérité, elle en
» sentit bien la différence dans la suite. Cette
» pauvre enfant n'avoit que dix ans, que son
» Pére tomba dangereusement malade. Son
» ami ne négligea aucun soin pour son réta-
» blissement, il lui rendit tous les services
» dont il fut capable, il fit apeller les plus habi-
» les Médecins, les remédes ne furent point
» épargnés, on fit consultation sur consul-
» tation, mais tout fut inutile. Il sentit lui-
» même qu'il touchoit à son dernier instant ;
» quelque accablé qu'il fût par sa maladie,
» il avoit conservé tout son bon sens ; il or-
» donna qu'on lui aportât sa petite fille. Son
» ami étoit au chevet de son lit, il n'en avoit
» pour ainsi dire bougé dans tout le cours
» de la maladie du Comte, jusques-là que
» lorsqu'il étoit accablé de sommeil, il dor-
» moit dans un fauteuil à côté du lit de son
» ami ; enfin il avoit donné toutes les marques
» les plus sensibles de la plus vive douleur,
» son affliction étoit si marquée qu'on auroit
» cru que jamais il ne survivroit à son cher
» ami. Le Comte fit un effort pour se lever
» tant soit peu, & s'adressant à son ami :
» Mon cher Castruccio, ayez, je vous prie,
» soin de votre santé, lui dit-il ; ménagez-
» la pour l'amour de moi ; voyez combien
» elle m'est nécessaire ; cette pauvre enfant
» est avec vous tout ce qui peut m'attacher

B. 6. » la

» la vie ; je me vois à ma fin , toute ma con-
» solation est qu'elle trouvera en vous un
» autre Pere ; recevez-la , je vous conjure,
» comme le gage le plus précieux que je puis-
» se vous laisser de mon amitié ; je la con-
» fie à vos soins & à votre tendresse ; faites
» passer à elle cette amitié qui n'a jamais eu
» entre nous la moindre altération tant que
» j'ai vécu ; souvenez-vous qu'elle est ma
» fille , la fille de votre cher ami Albano ;
» ce motif seul doit être plus que suffisant
» pour lui mériter tous vos soins , & toute
» votre tendresse. Alors les yeux baignés de
» larmes il remit ce précieux dépôt entre les
» bras de son ami. Celui-ci étoit si atten-
» dri qu'il n'eut la force de répondre que par
» des sanglots , & par une inclination de
» tête , la désolation où il étoit , attira la
» compassion & l'admiration de tous ceux
» qui étoient dans la chambre.

» Ensuite le Comte apella son valet de
» chambre , lui donna la clef de son bureau,
» & lui ordonna de lui aporter un tiroir qu'il
» lui désigna. Dès qu'il l'eut aporté, le Comte
» en tira un paquet cacheté , il avoit fait rester
» le Curé qui venoit de lui administrer les
» derniers Sacremens ; il y avoit aussi un
» Notaire dans la chambre : C'est ici , dit-
» il , mon testament ; j'y ai partagé mon bien
» entre ma fille & mon ami Castruccio ; je
» me repose sur ce fidèle ami du soin de
» l'éducation de cette enfant , & je remets
» à son choix & à son discernement de la
» marier selon son rang , & de lui donner
» un parti à son gré ; je lui remets toute
» l'autorité que j'ai sur elle , & en cas qu'elle
» vienne à lui désobéir , & à se marier sans

» son

» son aprobation & contre sa volonté, je la
» déclare déchue de sa part de mon bien, &
» la réduis à la plus simple légitime, don-
» nant & transférant le surplus en pleine
» propriété au Marquis.

» En cas que l'un ou l'autre vienne à mou-
» rir sans laisser d'enfans, je lui substitue le
» survivant, qui par ce moyen joüira de
» toute ma succession. Et si ma fille vient à
» avoir de la vocation pour le Couvent &
» qu'elle veuille se faire Religieuse, le
» Marquis joüira de plein droit de l'autre
» part de mon bien, en payant à ma fille
» une dot proportionnée à sa naissance &
» aux régles du monastére où elle entrera.

» J'ai jugé à propos, dit-il au Curé, de dé-
» clarer de bouche ma derniére volonté en
» votre présence & devant ces témoins, du
» moins par raport à l'essentiel qui est l'Institu-
» tion pour que ceci vaille en cas de besoin
» & en tant que de raison ; quoique j'aye pris
» toutes mes précautions pour qu'il ne man-
» que rien au testament qui est ici écrit, &
» qu'il puisse sortir son plein en entier effet
» tant pour le fond, que pour la forme.

» Il remit ce testament écrit au Marquis, & de
» là se tournant vers son enfant, il lui parla se-
» lon son âge, & lui recommanda d'être bien
» obéïssante au Marquis, de suivre en tout ses
» bons avis, de s'en raporter entiérement à
» tout ce qu'il régleroit pour elle, lui represen-
» tant que quand elle seroit même en âge de
» raison, le Marquis étoit bien plus capable
» qu'elle de juger de ce qui lui conviendroit.
» Là il s'attendrit si fort, qu'il ne put soutenir
» plus long-tems la vuë de cette chére fille ;
» il l'embrassa, & la serra entre ses bras
» sans

» sans pouvoir plus parler ; il fit signe aux
» femmes d'emporter la pauvre enfant qui
» fondoit en larmes, quoiqu'elle ne sentît
» pas encore tout ce qu'elle alloit perdre.
» On se hâta de l'emporter, & en se reti-
» rant, la pauvre petite répétoit en pleurant,
» mon cher Papa ! mon cher Papa ! Tout
» le monde étoit attendri à ce spectacle. Le
» Comte fit un dernier effort pour proférer
» encore quelques paroles, qu'il adressa d'une
» voix mourante à son cher ami : Voici la
» première fois, dit-il, mon cher Castruc-
» cio que je préfére ma satisfaction à la
» vôtre, & que je puis voir votre affliction
» sans en être moi-même infiniment touché.
» Je sens, je vous l'avoue, un certain plaisir
» de voir que l'état où je suis en sortant
» de ce monde avant vous, m'évite les dou-
» leurs qui m'auroient été plus sensibles que
» la mort même, si j'avois eu le malheur
» de vous survivre, & de vous voir en
» l'état où vous me voyez. Pardonnez mon
» cher cette petite partialité, c'est la seule
» que j'aye à me reprocher dans tout le cours
» de notre longue amitié ; elle est d'autant
» plus pardonnable, qu'elle part de l'excès
» de ma tendresse pour vous. Je cesse à la
» vérité de vivre, mais....Ici la voix lui man-
» qua, il jetta un soupir, & ferma les yeux
» pour ne les plus ouvrir, que lorsque la
» trompette apellera tous les habitans du
» tombeau, & les retirera des bras de la mort.

» La douleur du Marquis ne fut point
» tempérée par la riche succession qui lui
» venoit de la mort de son ami. Il hé-
» ritoit de la moitié de son bien, mais il
» n'y avoit rien-là de plus que ce qu'il avoit
» eu

» cu durant fa vie ; car quoique le Comte
» eût à la vérité seul le titre de ses terres,
» cependant l'usage en étoit dans le fond
» commun entre lui & le Marquis.

» Il n'y eut jamais d'amitié plus parfaite
» & plus sincére que celle du Comte, &
» jamais on ne vit de plus grandes démons-
» trations d'amitié & de reconnoissance que
» de la part du Marquis.

» Dès que l'excès de la douleur lui per-
» mit de se reconnoître, il fit venir l'Inten-
» dant de la maison, il le chargea du soin du
» domestique, & des funérailles de son dé-
» funt Maître, il lui enjoignit sur-tout de ne
» rien épargner pour que la pompe funébre
» répondît & au rang du Comte, & à la
» tendre amitié qui avoit régné entr'eux
» deux, & dont il honoroit la mémoire.
» Après s'être ainsi débarrassé de ce soin
» qu'il vouloit donner aux cendres de son
» ami, il se retira dans son apartement, &
» s'y tint enfermé de façon qu'il ne voulut
» voir personne. A peine ses domestiques
» purent-ils obtenir de lui qu'il prît quelque
» nourriture ; il n'en prit pendant quelques
» jours qu'autant qu'il en falloit absolument
» pour soutenir la nature, & encore étoit-ce
» avec la plus grande répugnance. Enfin,
» s'il n'eût été retenu par un principe de Re-
» ligion ; & par le besoin qu'il sentoit que
» devoit avoir de lui la petite Marie, en qui il
» voyoit revivre son cher ami, on auroit dit
» que le desespoir le portoit à cesser de vivre
» en refusant tout aliment, pour finir avec
» ses jours une douleur qu'il ne croyoit pas
» pouvoir surmonter autrement.

Tandis que le Marquis étoit ainsi retiré,
» &

» & qu'il se livroit à toute l'étendue de sa
» douleur, l'Intendant donnoit de son côté
» tous ses soins à exécuter ses ordres. Il fit
» embaumer le corps de ce cher Maître,
» au service duquel il avoit été près de trente
» ans ; il le mit sur le lit de parade, dans
» une chambre toute tendue de noir ; rien
» ne fut épargné selon l'usage ; les Religieux
» Mendians se relevoient d'heure en heure
» pour faire les priéres, & donner de l'eau
» benite ; on y célébra des Messes sur deux
» Autels dressés pour cela, sans celles qu'il
» fit dire par toute la Ville. Après que le
» corps eut resté exposé selon la coutume,
» on le transporta à l'Eglise avec tout
» l'apareil imaginable ; on y avoit fait apel-
» ler toutes les différentes Confrairies de
» Pénitens ; elles étoient suivies de Religieux
» des Ordres Mendians, des Moines, des
» Religieux rentés, & des différens Chapitres ;
» on y voyoit des Religieux de tout ordre &
» de toute couleur ; il n'y manquoit que les
» Jésuites, parce que ces Péres n'ont pas encore
» décidé s'ils seront du Clergé Séculier ou du
» Régulier ; outre qu'on ne sçait s'ils sont
» Mendians ou rentés, quoiqu'on sçache
» qu'ils ont des rentes. Tous ceux qui pré-
» cédoient le corps tant des Hôpitaux, que
» des Orphelins, des Religieux, des Moines
» & des Chapitres, avoient chacun un cierge
» allumé ; chaque Corps avoit sa Musique,
» qui entonnoit d'un ton lugubre selon le
» Rituel Romain quelque Pseaume de l'Of-
» fice des Morts ; après venoit le corps avec
» ses écussons, où étoient ses armoiries & les
» autres marques de sa dignité. La pompe
» funébre étoit continuée par des espéces de
» Hérauts

» Hérauts ou Pleureurs à gage en long man-
» teau noir & en crêpe, qui précédoient
» les Parens, & toute la principale Noblef-
» se de Rome qui y avoit été invitée. Cha-
» que carosse étoit tout drapé, les chevaux ca-
» paraçonnés en noir jufqu'à terre ; ils étoient
» tous efcortés de leurs eftaffiers auffi en
» manteau & en crêpe, portant chacun un
» flambeau allumé. Dès que le convoi fut
» à la porte de l'Eglife, il y fut reçu par le
» Curé, & de-là introduit dans l'Eglife où
» il fut placé au milieu du chœur. L'enter-
» rement fe fit avec toute la pompe ufitée
» dans la Capitale du Monde Chrétien, où
» réfide le Chef vifible de l'Eglife, Vicaire
» d'un Dieu qui nous a prêché & enfeigné
» la pauvreté & l'humilité. On fit la neu-
» vaine accoûtumée, non-feulement dans
» l'Eglife où il avoit été enterré, mais dans
» toutes les Eglifes Paroiffiales de Rome :
» & dans toutes celles des Ordres Mendians,
» on y célébra une infinité de Meffes de
» *Requiem* : Enfin, fi le Comte avoit été
» neveu du Pape, on n'auroit pas pu faire
» mieux pour les honneurs de fon cadavre,
» ni pour le repos de fon ame.

» Le tems eft un grand remède aux cha-
» grins même les plus vifs. Le Marquis fut
» à la vérité plus de deux mois abandonné
» à la plus profonde trifteffe ; cependant au
» bout de ce terme il commença peu-à-peu
» à voir le monde. Un jour il fit apeller les
» Parens du feu Comte d'Albano, le Curé,
» le Notaire, & les autres qui avoient figné
» au teftament : on l'ouvrit dans les formes,
» & on trouva que les principaux articles,
» fur-tout celui touchant l'Inftitution des
» Héritie-

» Héritiers, ou Légataires universels, étoient
» conformes à ce que le défunt en avoit dit
» de bouche dans son lit de mort : les autres
» articles étoient pour des legs pieux, &
» pour des récompenses à ses domestiques.
» Castruccio commença d'agir en Héritier &
» en Maître : il ordonna au Receveur du
» du Comte de payer tous ces legs particu-
» liers. Le tout se trouva monter, y com-
» pris les frais des funerailles, à près de
» trente mille écus Romains, & il s'en fal-
» loit de beaucoup que ce fût la moitié de
» ce qui étoit en espéces dans la caisse.

» Après avoir fait tous ces arrangemens,
» il remit la jeune Pupille entre les mains
» d'une Dame de qualité & de beaucoup de
» mérite qui s'étoit chargée du soin de son
» éducation ; il lui fit sa maison, lui donna
» un domestique selon sa naissance & son
» bien ; il congédia tous les domestiques du
» défunt, & leur donna même généreuse-
» ment à chacun une année de leurs gages.
» Il ne retint pour lui qu'un valet de cham-
» bre & deux laquais ; avec cette suite il par-
» tit pour les terres dont il étoit devenu Sei-
» gneur, & alla en prendre possession.

» Ces respects qu'on lui rendit dans sa
» nouvelle Comté, le changement d'air &
» de lieu, la vuë d'un beau domaine, l'idée
» qu'il étoit maître absolu de la moitié d'une
» grosse succession, & même, si vous vou-
» lez, que tous les hommes doivent mou-
» rir un jour, tout cela ne contribua pas
» peu à adoucir son chagrin. Que dis-je,
» adoucir ! il le dissipa si bien, qu'avec le
» tems il oublia même l'obligation qu'il en
» avoit à son ami, & enfin il parvint à ne
» plus

» plus se ressouvenir qu'il y eût jamais eu
» un autre Comte d'Albano que lui.

» Tout est sujet au changement dans la
» Nature, & peut-être n'y a-t-il pas sous la
» voute des Cieux de créature plus sujette
» au changement que l'homme. Une saison
» ne diffère pas tant d'une autre saison, un
» jour ne diffère pas tant d'un autre jour,
» que le même homme diffère de lui-même
» d'un instant à l'autre. Chaque âge de la
» vie aporte quelque altération dans nos
» corps. Il y a une si grande relation entre
» notre corps & notre âme, que souvent l'un
» s'altére, & se change du blanc au noir, selon
» l'âge, les vues, les dispositions ou les incli-
» nations de l'autre, tant ils influent l'un sur
» l'autre. Ajoûtez à cela que les sens & les
» passions ont un si grand ascendant sur la
» raison pour peu qu'on leur lâche la bride,
» que souvent nous regardons avec indiffé-
» rence, & sans le moindre scrupule, telle
» démarche, ou telle action, dont la seule
» pensée en toute autre tems nous auroit fait
» frémir d'horreur.

» Souvent le changement de fortune fait
» une entiére métamorphose dans un hom-
» me, & le rend tout autre qu'il n'étoit au-
» paravant : nous en voyons tous les jours
» des exemples. Tel dans un état médiocre
» bornoit toute son ambition au seul néces-
» saire, qui, s'il parvient par quelque hazard
» à posséder tout d'un coup de grands biens,
» formera des projets à proportion, peut-être
» même au-delà.

» Tout cela ne se trouva que trop vrai dans
» le pauvre Marquis. Lorsqu'il n'avoit rien
» en propre, il ne souhaitoit rien ; il s'esti-
» moit

» moit trop heureux de jouir des bienfaits
» de son ami : mais à peine se vit-il proprié-
» taire de la moitié de sa riche succession,
» que peu à peu il trouva que c'étoit peu
» que la moitié, il commença à rêver aux
» moyens de devenir maître du tout.

» Lorsque Castruccio fit faire l'ouverture
» du testament de son ami en présence des
» témoins, il avoit déclaré solemnellement
» qu'il auroit tout le soin possible de la jeune
» Dona Maria ; que tant qu'il auroit un sou-
» fle de vie il feroit voir à tout le monde
» qu'elle n'avoit pour ainsi dire que changé
» de Pere, & qu'elle en avoit en lui un qui
» n'avoit pas moins de tendresse pour elle
» que le précédent ; que la justice & la re-
» connoissance seroient toujours la régle qu'il
» auroit devant les yeux par raport à elle,
» & qu'il préféreroit en tout le bonheur &
» les avantages de sa Pupille aux siens pro-
» pres ; qu'à la vérité, par une générosité sans
» exemple, son ami avoit bien voulu lui don-
» ner la propriété de la moitié de son bien,
» mais que pour lui il ne se regarderoit ja-
» mais que comme le simple Tenancier, &
» l'Administrateur du tout ; que comme il
» ne vouloit jamais se marier, il remettroit
» le tout, même amélioré, comme il l'espé-
» roit, & amplifié de beaucoup, à sa chére
» Pupille, comme à l'unique & légitime
» héritiere du Comte d'Albano. Mais hélas !
» que les projets des hommes sont vains !
» que nous connoissons peu nos propres for-
» ces ! combien nos actions ne différent-elles
» pas des projets que nous avons formés
» vingt fois !

» Le tems avoit déja effacé de l'esprit du

» Marquis le souvenir de son ami & de son
» bienfaiteur. Peu à peu il se considéra lui-
» même, ou plûtôt il ne considéra que lui-
» même ; il se rapella la grandeur de sa propre
» naissance ; cette idée l'occupa tout entier.

» Maître & paisible possesseur de plus de
» bien qu'il ne lui en falloit pour soutenir
» son rang & faire une figure proportion-
» née à sa naissance, déja il rêvoit aux moyens
» d'enlever à la fille de son bienfaiteur l'au-
» tre moitié du bien de son Pere ; il forma
» le projet de faire revivre son nom, & de
» ne pas laisser éteindre en lui la race & le
» nom de Castruccio, & il ne songea qu'à
» épouser quelque personne de qualité qui
» pût lui donner des enfans.

» Dans cette idée, il s'ouvrit à une vieil-
» le Dame de ses parentes, & lui fit part
» de la résolution où il étoit de se marier :
» Pourvu, disoit-il, que je trouve une per-
» sonne qui soit de bonne famille, qui ait
» de la vertu ; qui soit jeune, dont l'hu-
» meur & la personne me conviennent, &
» que je puisse compter qui me donnera des
» enfans, je ne m'embarrasserai pas qu'elle
» soit riche, je n'y regarderai pas de si près
» pour la dot.

» Dona Margarita, c'est ainsi que s'ap-
» pelloit la vieille Dame, lui dit qu'elle avoit
» justement dans sa maison une personne qui
» étoit son fait, qu'il trouveroit en elle tou-
» tes les conditions qu'il cherchoit. C'étoit
» une jeune veuve, parente du défunt mari
» de Dona Margarita ; elle n'avoit guéres
» plus de vingt-quatre ans, elle étoit de très
» bonne famille, & n'avoit qu'un fils qui
» avoit près de six ans ; son mari étoit mort

» au

„ au bout de deux ans de mariage. C'étoit
„ une Dame d'une prudence consommée;
„ elle avoit de la beauté sans paroître le
„ sçavoir ; elle étoit gaïe sans-étourderie,
„ complaisante sans adulation ; avec les
„ Grands polie sans bassesse, avec les petits
„ obligeante sans se familiariser, & d'une
„ humeur égale & prévenante. Elle étoit si
„ rangée dans son particulier, qu'avec un
„ bien médiocre elle ne laissoit pas de faire
„ une fort jolie figure selon son rang : &
„ pour sa vertu, elle étoit si solide, que
„ l'envie ni la médisance n'y auroient pu trou-
„ ver la moindre chose à dire.

„ Ce portrait ne manqua pas de faire sur
„ l'esprit du Marquis une impression des
„ plus vives. Il s'informa d'abord du nom
„ de la veuve, de sa qualité & de son bien.
„ Dona Margarita lui dit que c'étoit la Com-
„ tesse de Spinéda : elle est, dit-elle au Mar-
„ quis, fille du Marquis del Campo que
„ vous avez connu, & dont les terres sont
„ à près de vingt milles de Rome, sur le
„ chemin de Civita-Vecchia. C'est à peu
„ près à moitié chemin, y ayant la même
„ distance de-là à ce port de mer : c'est le
„ frere de la veuve qui en est à présent Sei-
„ gneur. Le feu Comte de Spinéda son époux
„ étoit Véronois ; son douaire n'est que de
„ deux mille écus Romains par an. Lorsqu'el-
„ le vient à Rome, elle me fait ordinaire-
„ ment l'honneur de loger chez moi, &
„ de vivre avec moi en famille & sans façon.

„ Après ces éclaircissemens, le Marquis
„ pria Dona Margarita de vouloir bien lui
„ procurer une occasion de voir la Comtesse.
„ L'obligeante Dame se chargea avec plai-
„ sir

» fit de la commission ; elle dit au Marquis
» qu'il n'avoit pour cela qu'à revenir chez
» elle le lendemain à la même heure. Il n'y
» manqua pas, il vit la veuve, elle lui plut.
» On ne tarda pas de parler d'affaire, il ne
» leur fut pas difficile de convenir de leurs
» faits. Le Marquis trouvoit la veuve à son
» gré : celle-ci savoit que le Marquis étoit
» riche : l'espérance de marier son fils avec
» la Pupille du Marquis dès que ces deux
» enfans seroient en âge, lui faisoit fermer
» les yeux sur la grande disparité d'âge qui
» étoit entr'elle & lui. Enfin le mariage se
» conclut, & on n'en différa la cérémonie
» qu'autant de tems qu'il en falloit pour
» garder les bienséances, & pour tous les
» préparatifs nécessaires.

» Après le mariage, le Marquis fit sa mai-
» son. Il prit chez lui la jeune Comtesse
» d'Albano sa Pupille. Dans les commence-
» mens, cette enfant étoit extrêmement
» chérie & fêtée, tant par le Marquis, que
» par la nouvelle Marquise. Celle-ci la re-
» gardoit comme devant un jour être sa bru,
» elle avoit pour elle une tendresse de Mere,
» & ne négligeoit aucuns soins pour lui don-
» ner une belle éducation.

» Deux années n'étoient pas encore écou-
» lées depuis le mariage, que le Marquis
» se voyant déja un fils, qui lui étoit né
» depuis près de dix mois, songea tout de
» bon aux moyens de venir à bout d'un pro-
» jet qu'il rouloit déja depuis long-tems dan
» sa tête : c'étoit de se voir seul maître de
» toute la succession de son défunt ami, &
» reconnoître ainsi le bienfait le plus signalé
» par le plus noir des forfaits, en dépouil-
» lan

» lant de son bien une orpheline abandonnée,
» dont on lui avoit confié le soin.

» Pour en venir plus aisément à bout, il
» tâcha peu à peu de détourner l'amitié de
» la Marquise pour son fils du premier lit:
» cela lui fut d'autant plus aisé, que quel-
» que tems après la Marquise aïant accou-
» ché d'un second fils, elle mit si bien sa
» tendresse sur ces deux enfans du second
» lit, (comme cela n'arrive que trop sou-
» vent) qu'enfin le petit Spinéda lui devint
» tout-à-fait indifférent. Il ne fut plus ques-
» tion de lui faire un établissement solide en
» le mariant avec la jeune pupille, ce qui
» avoit pourtant été un des principaux mo-
» tifs du mariage de la Marquise : au con-
« traire, de concert avec son mari, elle
» travailloit uniquement à bâtir la fortune
» de ses derniers fils sur les ruïnes de celle de la
» jeune Comtesse d'Albano.

» On employa tous les artifices imagina-
» bles pour y réussir. La jeune Dona Maria
» pouvoit avoir alors près de quatorze ans.
» On débuta pour la sevrer de tous les pe-
» tits amusemens qu'on lui avoit permis jus-
» qu'alors, après cela on lui retrancha les
» compagnies de ses camarades & de ses
» amies. D'un côté la Marquise prenoit avec
» elle des manières dures & altières, elle
» ne lui parloit jamais que d'un ton ai-
» gre, elle désaprouvoit tout ce qu'elle fai-
» soit, enfin elle la traitoit comme on dit
» en marâtre. Tandis que de l'autre côté le
» Marquis lui lâchoit continuellement des
» gens attitrés, qui sous l'ombre de la com-
» passion & sous le masque de la dévotion,
» lui soufloient perpétuellement aux oreilles,

„ qu'il

» qu'il n'y avoit qu'un Couvent qui pût la
» mettre à l'abri des duretés dont elle se
» plaignoit. Ces gens lui vantoient le bon-
» heur qu'ils prétendoient être inféparable de
» la Vie Religieuse ; ils la peignoient com-
» me un état où l'on est à l'abri des soins,
» des malheurs & des chagrins attachés à la
» Vie Mondaine ; ils la lui repréfentoient
» comme une route infaillible qui conduit
» ceux qui sont assez heureux pour la sui-
» vre, au travers d'un océan de douceurs
» qu'aucun orage ne peut agiter, aux ha-
» bitations céleftes où l'ame doit goûter des
» plaisirs qui n'auront jamais de fin, & qui
» ne sont destinés qu'à ceux qui auront eu
» assez de vertu & de fermeté pour résister
» aux attraits trompeurs de cette vie mor-
» telle & passagére ; à ceux qui par une gra-
» ce particuliere du Ciel auront eu la pru-
» dence de préférer des richesses éternelles,
» aux biens temporels de ce bas monde.

» En même-tems ces pieux conseillers
» avoient un soin extrême de déclamer con-
» tre la folie de ces créatures insensées, de
» ces foibles mondains, qui sont assez aveu-
» glés pour s'attacher à des biens & à des
» richesses, dont ils ne sont pas assurés de
» pouvoir jouir une heure, tandis qu'ils ris-
» quent de perdre des tresors inépuisables que
» rien ne sçauroit leur enlever.

» Toute cette belle morale n'étoit nulle-
» ment du goût de la jeune Dona Maria ;
» elle savoit à quoi s'en tenir sur la préten-
» due amitié de ces beaux faiseurs de ser-
» mons, & toute jeune qu'elle étoit, elle
» voyoit parfaitement quel étoit leur dessein.

„ Le

» Le Marquis vit bien que tous ces sermons
» n'avoient pas tout l'effet qu'il s'en étoit
» promis ; que ces belles exhortations de ses
» émissaires ne faisoient aucune impression
» sur l'esprit de sa jeune pupille, & qu'il
» n'y avoit pas moyen de lui inspirer la
» tentation de prendre le Voile. D'ailleurs,
» les parens de la jeune Comtesse avoient
» déja eu soin de proposer quelques partis
» très avantageux, mais qu'il avoit eu l'a-
» dresse de rejetter sous divers prétextes,
» tantôt par la grande jeunesse de la Demoi-
» selle, tantôt par raport à quelques défauts
» personnels qu'il lui suposoit ; d'autres fois
» il disoit qu'elle avoit une si forte vocation
» pour la Vie Religieuse, qu'il n'osoit pas
» même lui parler de mariage. Cependant,
» comme il vit que toutes ses ruses étoient
» inutiles, il jugea qu'il falloit changer de
« batterie. La Marquise augmenta de sévé-
» rité, on voulut essayer si le chagrin & le
» desespoir ne produiroient point ce qu'on
» avoit inutilement tenté par la voie des
» conseils & des représentations. On lui ôta
» tous ses bijoux ; on ne lui laissa plus voir
» aucun de ses parens, dont auparavant elle
» recevoit les visites en présence de la Mar-
» quise ; on ne lui permit plus de sortir que
» pour aller à l'Eglise, encore étoit-ce dans
» le carosse du Marquis, avec les rideaux
» tirés, & en compagnie d'une vieille Doué-
» gne, qui avoit de si bons ordres qu'il étoit
» impossible à qui que ce fût d'en aprocher.

« Le Duc d'Ossune étoit alors Ambassa-
„ deur auprès du Saint Pere de la part du
„ Roi d'Espagne. Il avoit avec lui un ne-
„ veu

,, veu nommé Don Pédro de Patillos. Ce
,, Seigneur avoit vû souvent la jeune Com-
,, teffe lorsqu'elle alloit faire ses dévotions,
,, & la vigilance de la Douégne, ne lui
,, avoit pas échapé. Les charmes de cette
,, Beauté naissante l'avoient frapé, il en étoit
,, devenu éperdument amoureux. Il avoit
,, épié long-tems l'occasion de pouvoir lui
,, glisser un billet dans la main, sans que la
,, vieille s'en aperçût. Il ne savoit pas com-
,, ment s'y prendre pour lui faire connoître
,, qu'il l'adoroit. Après avoir rêvé à plu-
,, sieurs moyens de lui faire parvenir un bil-
,, let, & avoit trouvé par tout des obstacles
,, insurmontables, il s'avisa d'employer à ce
,, ce dessein deux gaillards déterminés & aler-
,, tes, domestiques du Duc son Oncle. Il
,, les trouva disposés à exécuter ses ordres,
,, il leur dit même comment il faudroit s'y
,, prendre. Ils ne manquérent pas le lende-
,, main de se charger du billet, & voici ce
,, qu'ils firent. Ils attendirent que la jeune
,, Comtesse fût à l'Eglise. Pendant qu'elle
,, entendoit la Messe sous les yeux de sa
,, Douégne, un d'eux arracha l'esse d'une
,, des roues du carosse ; ensuite, comme
,, Dona Maria s'en retournoit, un deux en
,, habit bourgeois cria au cocher d'arrêter,
,, & lui dit que le carosse alloit verser, qu'il
,, manquoit une cheville à l'essieu. Il fit
,, l'empressé pour aider à retenir le carosse,
,, le cocher fit descendre l'estaffier qui étoit
,, derriere, afin qu'il eût soin des chevaux,
,, tandis qu'il iroit chercher une esse chez
,, le maréchal le plus proche. Tout cela ne
,, se passa point sans que la vieille fut un

„ peu allarmée ; elle mit la tête hors de la
„ portiére du carosse pour voir ce qui man-
„ quoit, & fit des remercimens à l'obligeant
„ Citadin qui avoit eu la bonté d'avertir
„ le cocher. Pendant que cela se passoit, l'au-
„ tre valet de pié du Duc trouva le moyen
„ de glisser le billet dans la main de la jeu-
„ ne pupille, en lui faisant signe de ne pas
„ parler, & de le cacher soigneusement. Il
„ avoit gardé sa livrée, afin que la Com-
„ tesse pût le reconnoître plus aisément pour
„ lui remettre la réponse. Elle prit le billet,
„ & le cacha dans son sein ; elle regarda
„ fort attentivement celui qui le lui avoit
„ remis, & à sa livrée elle connut qu'il étoit
„ à l'Ambassadeur d'Espagne.

„ Le cocher ne tarda pas de revenir avec
„ une esse neuve : dès qu'il l'eut remise, il
„ continua son chemin, & reconduisit les
„ Dames au logis, sans que le vieil Argus
„ eût rien vu ni même se doutât de rien
„ de ce qui s'étoit passé par raport au billet:
„ elle entretenoit sa jeune pupille du danger
„ qu'elles avoient couru, & ne manqua pas
„ d'en attribuer la faveur à quelque miracle,
„ qui ne pouvoit être que l'ouvrage de la
„ Madona qu'elles avoient priées pendant la
„ Messe. La jeune Demoiselle étoit bien plus
„ occupée du Saint qui pouvoit lui avoir
„ écrit le billet. A peine fut-elle à l'hôtel,
„ qu'elle trouva bien-tôt un prétexte pour
„ être laissée seule. Elle ouvrit le billet, &
„ y lut ce qui suit.

A LA COMTESSE D'ALBANO.

MADAME,

J'ai souvent eu l'honneur de vous voir dans l'Eglise. Pouvois-je ne pas céder à vos charmes? Leur effet est au-dessus de toute résistance. Je reconnois l'étendue de leur pouvoir, & je sens que depuis le premier jour qu'ils ont excité mon admiration, mon bonheur dépend entiérement de celle à qui la Nature les a prodigués. Ma passion pour vous, Madame, est égale aux graces qui l'ont fait naître. Il n'est point de termes qui puissent vous la bien exprimer; & sans doute elle feroit injustice à vos charmes, s'il étoit possible d'en donner une juste idée. J'espére pourtant que mes soins & mon respect pourront vous convaincre de la sincérité de ma tendresse, & de la pureté de mon amour, personne ne souhaitant plus ardemment d'être à vous que

DON PEDRO DE PATILLOS.

,, Après la lecture du billet, elle ne dou-
,, ta pas que ce Don Pédro de Patillos ne
,, fût le même Cavalier qu'elle avoit déja
,, remarqué qui n'ôtoit pas les yeux de des-
,, sus elle tant qu'elle étoit à l'Eglise; elle
,, étoit même déja assez prévenue en faveur
,, de sa personne; il ne lui restoit plus que
,, de sçavoir s'il étoit homme de condition:
,, la difficulté étoit de sçavoir comment s'y
,, prendre pour le découvrir; car elle n'au-
,, roit osé s'en informer d'aucun des gens
,, qui étoient auprès d'elle; & pour des
,, per-

,, perſonnes de dehors, elle n'en voyoit qu'en
,, préſence de la Marquiſe.

,, Après avoir un peu ruminé, elle s'a-
,, viſa d'un expédient qu'elle crut bien qui
,, lui réuſſiroit. Elle attendit que les domeſ-
,, tiques fuſſent retirés à l'iſſue du dîner, &
,, qu'il n'y eut perſonne dans la chambre à
,, manger, que le Marquis & la Marquiſe.
,, Elle demanda à ſon Tuteur s'il connoiſſoit
,, un certain Don Pédro de Patillos, & quel
,, homme c'étoit. Le Marquis fut du dernier
,, étonnement à ce diſcours, & lui demanda à
,, ſon tour d'où pouvoit provenir une telle cu-
,, rioſité? La jeune Comteſſe ſans ſe déconcer-
,, ter lui dit avec un certain ſourire, commen-
,, cez par ſatisfaire ma curioſité, & je vous en
,, donnerai enſuite la raiſon, qui certainement
,, aura quelque choſe qui vous ſur prendra.
,, Là-deſſus le Marquis lui dit. Ce Don Pédro
,, eſt neveu du Duc d'Oſſune, Ambaſſadeur
,, d'Eſpagne; c'eſt un jeune homme perdu de
,, débauche, la honte & l'oprobre de ſa fa-
,, mille, & qui fait à préſent ſes voyages. Il
,, en fit ce beau portrait d'un ton ſi embar-
,, raſſé & d'un air ſi troublé, que Dona Maria,
,, qui étoit dans ſa ſeiziéme année, & dont
,, l'eſprit étoit déja pour ſon âge égal à ſa
,, beauté, n'eut pas de peine à s'apercevoir
,, des motifs de crainte qui avoient porté
,, le Marquis à faire de Don Pédro un ſi
,, affreux portrait. Auſſi ne prit-elle pas le
,, change; elle s'en forma juſtement une
,, idée toute opoſée à celle que le Marquis
,, avoit voulu lui en donner.

,, A préſent, dit le Marquis, dites-moi,
,, je vous prie, comment ſavez-vous le nom
,, de

,, de cet Etranger, & à quel propos vous
,, êtes-vous informée de lui? Tenez, ré-
,, pondit la jeune Comtesse, vous trouverez
,, de quoi satisfaire amplement votre curio-
,, sité dans ce billet romanesque; en même-
,, tems lui remit la lettre même, qu'elle
,, avoit reçue de Don Pédro. Cette drogue,
,, continua-t-elle, s'est trouvée dans un ti-
,, roir de ma toilette; mais comment elle
,, y a été fourée? c'est ce que je ne saurois
,, imaginer. Je crois pourtant que cela
,, ne s'est pas fait par miracle: à la vérité
,, ce Don Pédro setoit peut-être assez scélé-
,, rat pour avoir quelque commerce avec
,, le diable.

,, Pendant que le Marquis lisoit la lettre,
,, la Comtesse examinoit attentivement tous
,, les mouvemens de son visage, & elle s'ap-
,, perçut aisément à sa mine, & à tous ses
,, changemens de couleur, que cette lecture
,, lui causoit de terribles inquiétudes. Il fit
,, pourtant tous ses efforts pour cacher ce
,, qui se passoit en son ame. Il donna la
,, lettre à lire à la Marquise; & après avoir
,, un peu pensé, il s'adressa à la Comtesse:
,, ma chére Dona Maria, lui dit-il, je ne
,, sçaurois assez admirer ni louer votre pru-
,, dence dans une affaire de la nature de
,, celle-ci. Seigneur, reprit-elle, j'étois à la
,, vérité bien jeune à la mort de mon Pere;
,, mais je ne l'étois pas assez pour ne pou-
,, voir pas me ressouvenir qu'il m'ordonna de
,, vous regarder comme mon Pere, & de
,, vous obéir comme à lui-même : ses der-
,, niéres paroles ont toujours été profon-
,, dément gravées dans ma mémoire & com-

„ me Dieu merci, je ne me suis point en-
„ core écartée de ses ordres jusqu'à présent,
„ je prétens continuer à vivre de même, je
„ ne veux rien avoir de caché pour vous
„ & en tout ce qui pourra regarder mes in-
„ térêts, je me soumettrai exactement à vos
„ lumieres & à vos volontés. Je suis plus
„ que persuadée, par la longue & solide
„ amitié qu'il y a eu entre vous & feu mon
„ Pere, que vous ne cherchez que mon
„ bien ; que mes intétêts vous sont aussi
„ chers que les vôtres propres, & c'est pour
„ cela que je ne crois pas pouvoir mieux
„ faire, que de m'en raporter entiérement
„ à votre jugement & à votre expérience.

„ La Marquise n'eut garde de se taire dans
„ une conjoncture de cette importance, elle
„ se mêla aussi de la conversation. Je suis
„ charmée, dit-elle, autant que surprise,
„ de voir que l'esprit & le bon sens le dis-
„ putent à la beauté dans l'aimable Dona
„ Maria. Vous pensez, on ne peut pas plus
„ juste, du Marquis, continua-t-elle en
„ s'adressant à la jeune Comtesse. Il ne se-
„ roit pas possible qu'il eût pour ses pro-
„ pres enfans un attachement plus tendre
„ ni même qu'il cherchât leur avantage avec
„ plus de desintéressement qu'il ne fait pour
„ sa chére pupille : & croyez-moi, ma
„ chére enfant, je ne lui céde en rien dans
„ les bons sentimens qu'il a pour vous, &
„ & je ne sçaurois avoir de plus grande sa-
„ tisfaction, que de vous voir jouir d'un
„ bonheur fixe & durable, que rien ne...

„ On en étoit-là de la conversation. Déja
„ la jeune Comtesse se disposoit à répondre

„ à

„à un discours si obligeant, & dont elle
„connoissoit le peu de sincérité, lorsque
„le Comte de Paruta, Gentilhomme Véni-
„tien qui étoit à Rome pour affaires, entra,
„& empêcha par-là la Comtesse de répon-
„dre. Elle sortit de la chambre avec la
„Marquise. Celle-ci lui proposa d'aller faire
„un tour de jardin, elles y furent ensem-
„ble. La bonne Dame n'épargna ni caresses,
„ni protestations de l'amitié la plus tendre
„& la plus sincére. Aprés cela elle en vint
„à donner à la Comtesse des avis. qu'elle
„eut grand soin d'accompagner ou d'entre-
„mêler des peintures les plus odieuses de
„la vie débordée des jeunes gens de qua-
„lité. Comme elle avoit un intérêt réel à
„persuader la Comtesse de la vérité de
„ce qu'elle disoit, le zèle l'emportoit quel-
„quefois un peu trop loin ; aussi ne man-
„quoit-elle pas de s'en excuser sur la part
„solide qu'elle prenoit aux intérêts de la
„jeune Comtesse, qui, à ce qu'elle disoit,
„ne lui permettoit pas de s'écouter si fort,
„ni de mesurer ses termes. Dona Maria
„écoutoit tout cela avec beaucoup d'atten-
„tion, elle sçavoit à quoi s'en tenir ; il ne
„lui échapa pas un mot, ni même un ges-
„te ou un ton de voix qui pût faire soup-
„çonner à la Marquise, qu'elle ne croyoit
„rien de ce qu'elle disoit. Au contraire, la
„jeune Dame paroissoit être saisie d'horreur
„aux différens portraits qu'on lui faisoit
„des jeunes Seigneurs de Rome & des en-
„virons, sur-tout à celui de Don Pédro,
„que la charitable Marquise n'avoit pas
„manqué d'accommoder de toutes piéces

„ Insensiblement l'après-diné se passa dans
„ le jardin. Comme il commençoit à se faire
„ tard, nos deux Dames rentrérent au logis,
„ toutes deux très contentes d'elles-mêmes.
„ La Marquise s'aplaudissoit d'avoir si bien
„ persuadé la Comtesse, & celle-ci étoit dans
„ la joie de son cœur d'avoir si bien réussi
„ à la duper aussi-bien que le Marquis, &
„ d'avoir cependant trouvé le moyen d'a-
„ prendre par ceux-mêmes à qui il impor-
„ toit le plus d'empêcher qu'elle ne le sçût,
„ qui étoit Don Pédro, pour qui elle s'étoit
„ déja senti beaucoup de panchant avant
„ d'être instruite de sa qualité. Et certaine-
„ ment le portrait odieux qu'on lui en avoit
„ tracé, n'avoit fait aucune impression sur
„ son esprit, & n'avoit rien diminué des
„ bons sentimens qu'elle avoit pour lui.

„ Après soupé, le Marquis, qui ne per-
„ doit pas de vue son principal objet, re-
„ noua la conversation qui avoit été inter-
„ rompue l'après-diné par la visite du Mar-
„ quis de Paruta. Il étoit déja instruit de
„ tout ce qui s'étoit dit dans le jardin, il
„ s'étendit beaucoup à louer la prudence &
„ la délicatesse d'esprit de sa pupille, & de-
„ là il fit tomber la conversation sur Don Pé-
„ dro : il le representa comme un de ces
„ débauchés pour qui rien n'est sacré, à
„ qui le crime ne coute rien ; rapt, meurtre,
„ assassinat, poison, sacrilége, selon lui ce
„ jeune Seigneur oseroit tout pour assouvir
„ sa passion. Le Duc d'Ossune son Oncle
„ en étoit si entêté, & il en avoit si bonne
„ opinion, qu'il n'étoit pas possible de lui
„ faire rien accroire à son desavantage. Ce

„jeune

„jeune libertin faifoit fi bien, qu'il trouvoit
„moyen d'écarter tous ceux qui oferoient
„tenter de porter à fon Oncle quelques
„plaintes de fes débauches & de fes excès;
„il n'y avoit pas dans la maifon un feul
„domeftique qui ne lui fût vendu & dé-
„voué; ainfi ma chére Enfant, continua
„le Marquis, en s'adreffant à fa jeune pu-
„pille, comme je fçai que ce jeune Seigneur
„eft extrêmement bouillant & emporté, je
„fuis d'avis qu'il vaut beaucoup mieux pré-
„venir toute infulte de fa part, que de
„l'attendre, & en courir le rifque à l'om-
„bre de notre rang ou de notre crédit. Ce
„Don Pédro feroit capable de vous faire
„enlever en plein jour & à la vue de toute
„cette grande ville, par une troupe de ces
„Braves dont on a ici tant qu'on en veut
„pour de l'argent.
„Il eft conftant, ajouta la Marquife,
„qu'on parle par-tout de lui comme d'un
„vrai déterminé; & fi j'avois un confeil à
„donner à la Comteffe d'Albano, ce feroit
„de chercher une retraite dans quelque
„Couvent, jufqu'à ce que ce dangereux
„Seigneur eût quitté Rome, ou du moins
„jufqu'à ce qu'on eût pris des mefures fo-
„lides pour la mettre à couvert de tout
„attentat de la part de l'Efpagnol. C'étoit
„juftement ma penfée, interrompit le Mar-
„quis. Et tout le contraire de la mienne,
„repliqua modeftement la Comteffe, car
„je me fens pour le Couvent une répu-
„gnance invincible. Vos bontés pour moi
„vous font paroître le danger plus grand
„qu'il ne l'eft en effet. Pour moi, je pen-
„fe

,, se que les hommes se rebutent bien-tôt,
,, dès qu'ils voïent que toutes leurs pour-
,, suites sont vaines, & que rien n'est plus
,, propre à les rebuter, que de ne faire au-
,, cune attention à eux. D'ailleurs les loix
,, sont trop précises, pour que Don Pédro
,, osât seulement tenter de faire la moindre
,, violence à une fille de mon rang. Et dans
,, le fond, ai-je la moindre chose à crain-
,, dre ? est-ce que vos attentions officieuses,
,, & les bons exemples de Madame ne sont
,, pas plus que suffisans pour me maintenir
,, dans les bornes du devoir, si par hazard
,, mon âge ne paroît pas assez mûr pour
,, qu'on s'en fie à moi de ma conduite? Je
,, ne vois pas pourquoi je dois être mise en
,, prison, parce qu'il plaît à votre Monsieur
,, Don Pédro d'être un libertin. Enfermez
,, plutôt les coupables que les innocens. La
,, Justice ne me garantit-elle pas suffisam-
,, ment? qu'ai-je que faire d'une autre pro-
,, tection ? Si j'avois eu le moindre soupçon
,, qu'un cachot dût être la récompense de
,, la confiance que j'ai en vos bontés, je me
,, serois bien gardée de vous parler de cette
,, fatale lettre, & j'aurois pris le parti de me
,, reposer sur la sévérité des Loix, plutôt
,, que de m'ouvrir à vous d'un secret que je
,, regarde avec tant d'indifférence.

» La Comtesse parla à la fin avec une fer-
» meté, & une émotion dont ses Tuteurs
» ne s'aperçurent que trop pour leur repos;
» ils commencérent à s'allarmer de cette ré-
» sistance, qui leur paroissoit nouvelle; &
» ils jugérent à propos de changer de ton.

» Le Marquis reprit la parole. Tranquili-
sez-

» fez-vous ma chere Enfant dit-il à la Com-
» tesse : si l'excès de notre tendresse pour
» vous, nous porte à chercher les moyens
» les plus convenables pour mettre votre ver-
» tu à couvert de tout danger, quoiqu'ils
» ne soient pas de votre goût faute de les
» avoir murement examinés, & d'avoir ré-
» fléchi sur le danger même, il ne faut pas
» pour cela vous altérer. Puisque vous avez
» une si grande répugnance pour le Cou-
» vent, il nous faut songer à quelque autre
» moyen de vous délivrer des importunités
» de ce dangereux Espagnol. Je n'en vois
» pourtant pas de plus sûr, dit la Marquise,
» que celui que nous lui avons proposé, &
» je ne doute pas que la vertueuse Comtesse
» ne soit demain de notre avis, quand elle
» en aura consulté avec son oreiller.

» Et moi je suis bien sûre, repartit la Com-
» tesse, qu'il n'est aucun danger qui puisse
» me porter à chercher un azile dans le Cloî-
» tre. Il se faisoit tard, le Marquis sentit
» que la Comtesse n'en démordroit pas, il
» aima mieux rompre la conversation, il
» apella ses gens pour éclairer ; on se souhaita
» le bon soir, & on se separe avec beau-
» coup de politesse, comme font des per-
» sonnes bien nées, quoique dans le fond
» très-peu satisfaites les unes des autres. Une
» femme de chambre, reçue de ce jour mê-
» me, prit les bougies, & conduisit la Com-
» tesse, dans sa chambre. Elle y fut reçue par
» une vieille femme, dont le visage lui étoit
» aussi neuf que celui de la servante, à qui la
» vieille ordonna de se retirer, en lui disant
» qu'elle serviroit elle-même la Comtesse à

» sa

» sa toilette, & qu'elle lui aideroit à se des-
» habiller & à se coucher.

„ La Comtesse fut un peu surprise de ce
„ changement ; mais dans le fond elle ne fut
„ pas fâchée de se voir défaite de son an-
„ cienne grogneuse de Gouvernante. Elle al-
„ loit pourtant demander où elle étoit,
„ lorsque la nouvelle Douègne, faisant une
„ profonde révérence, lui dit : Madame, je
„ suis ici par ordre de Monsieur le Marquis,
„ pour avoir l'honneur de vous rendre mes
„ petits services, à la place de celle qui a
„ été soupçonnée d'avoir glissé un billet
„ dans votre toilette. Mais je vous suplie de
„ ne prendre aucun ombrage d'un change-
„ ment si subit parmi vos domestiques. Sou-
„ vent les choses tournent à une toute au-
„ tre fin que celle où on les avoit destinées.
„ De quelques bontés que vous puissiez
„ avoir honoré celle dont je viens occuper
„ la place, j'ose vous assurer qu'elle n'a
„ jamais mérité un tel bonheur par plus de
„ zèle & plus d'attentions, que vous n'en
„ trouverez de ma part : & si vous voulez
„ bien que je vous fasse une premiére con-
„ fidence, c'est que, quoique j'aye été
„ mise auprès de vous pour épier pour
„ ainsi dire vos actions, vous pouvez comp-
„ ter que je suis incapable d'une telle
„ bassesse, & je vous proteste que dès ce mo-
„ ment je me dévoue entiérement à vos vo-
„ lontés. En disant ces mots, elle fit une autre
„ révérence des plus profondes, & fit une pe-
„ tite pause pour attendre quelque réponse.

„ La Comtesse n'eut garde de donner dans
„ le paneau. Elle se douta à merveille du but

de

„ de la nouvelle Suivante. Elle répondit
„ avec beaucoup d'indifférence, qu'il lui
„ importoit peu qu'on lui eût ôté ou laissé
„ celle qu'elle avoit auparavant ; que n'ayant
„ aucun secret, elle n'avoit aucun besoin
„ de confidente ; & qu'en tout cas, si celle
„ qui avoit été congédiée avoit réellement
„ commis la faute dont on l'accusoit, elle
„ n'avoit rien que ce qu'elle avoit bien mé-
„ rité. Madame, reprit le nouvel Argus,
„ eh ! quand elle auroit été réellement cou-
„ pable, si vous connoissiez Don Pédro,
„ vous ne sçauriez lui refuser son pardon ;
„ car vous pouvez compter qu'il n'y a pas
„ dans tout le Patrimoine de Saint Pierre,
„ un Cavalier aussi accompli, ni qui ait au-
„ tant de mérite que lui. C'est bien le Sei-
„ gneur le mieux fait, le plus poli, & du
„ caractére le plus doux & le plus aimable
„ qui se puisse. Il est d'ailleurs recomman-
„ dable par sa bonne conduite, par son es-
„ prit, & par tous les plus beaux talens.
„ Enfin Madame, depuis que cet Étranger
„ est dans Rome, il s'y est acquis une ré-
„ putation & une estime universelle.
„ Je le veux croire, dit froidement la
„ Comtesse ; mais Monsieur le Marquis m'en
„ a fait un portrait bien différent. Après
„ tout il ne m'importe guéres qui de vous
„ deux a raison, je ne me soucie pas d'en
„ être éclaircie. En disant ceci, elle se mit à
„ sa toilette, & se disposa à se mettre au
„ lit. La bonne Suivante alloit entrepren-
„ dre de justifier le Seigneur Don Pédro ;
„ mais la Comtesse ne lui en donna pas le
„ tems, elle lui imposa silence, se coucha,
„ & la renvoya.

CHAPITRE

CHAPITRE III.

Suite de l'Histoire de la Comtesse d'Albano & de Don Pédro de Patillos.

LE lendemain la Comtesse se leva dès qu'elle vit la pointe du jour, & se hâta de jetter sur le papier un détail circonstancié, quoiqu'abregé de l'état où elle se trouvoit. Après cela elle écrivit une lettre à Don Pédro ; elle plia le tout dans une envelope, & le cacha soigneusement. La lettre étoit en ces termes.

A DON PEDRO DE PATILLOS.

La cruauté avec laquelle on veut me forcer de me faire Religieuse, pour usurper sans obstacle des biens qui n'apartiennent qu'à moi, ne me permet pas de déguiser mes véritables sentimens. La conjonêture me force à fouler aux pieds les bienséances qui défendent à une femme de se déterminer si promptement. Je n'ai que le tems de réfléchir sur votre naissance & sur votre caractére ; & mon cœur forcé de vous rendre justice à tous égards, n'hésite pas à vous déclarer que je me croirai la plus heureuse personne du monde d'être l'épouse de Don Pedro, dès qu'il aura tiré de prison

La Comtesse d'ALBANO.

Après avoir caché le billet, elle se remit au lit, pour ôter tout soupçon. Elle y étoit à peine rentrée, que ses nouvelles servantes vinrent dans sa chambre. Elle fit bien l'endormié, & toutes les mines d'une personne qui s'éveille d'un profond sommeil. Elle s'habilla, & descendit pour prendre le chocolat. On étoit trop peu satisfait de part & d'autre de la conversation du soir précédent pour la renouveller si-tôt. Tout se passa d'un grand sérieux. On vint avertir que le carosse étoit prêt. La Marquise alla à l'Eglise avec la jeune Comtesse, qui étoit bien moins attentive à la dévotion dont elle faisoit pourtant toutes les grimaces, qu'à chercher des yeux le domestique qui lui avoit remis le billet de Don Pédro. Elle ne fut pas long-tems à le chercher. Celui-ci de son côté eut bien-tôt découvert qu'on avoit quelque réponse à lui remettre. Pareils messagers entendent parfaitement le langage des yeux. Il sçut si bien s'aprocher dans la foule, à la sortie de l'Eglise, que la jeune Comtesse trouva aisément le moyen, en faisant semblant de relever sa robe, de glisser derriére elle la main dont elle tenoit le papier. Le domestique adroit le prit sans être aperçu de personne, & se retira presque aussi content d'en être le porteur, que la Comtesse l'étoit d'avoir si bien joué son jeu.

Vous n'attendez pas sans doute que je vous exprime l'excès de joye que cause à Don Pédro la lecture du billet. Il n'y a pas de caresses qu'il ne fit à son fidéle Mercure; la plus solide fut une bourse de sequins qu'il lui mit dans la main, où le bon matois trouva bien pour le moins autant de solidité, que dans les caresses d'un Grand-Seigneur

gneur ; le present étoit plus que suffisant pour le convaincre de l'importance du service qu'il avoit rendu à Don Pédro. Ce Seigneur n'eut pas plûtôt parcouru le mémoire qui étoit avec la lettre, & vu l'état où étoit son aimable Comtesse, qu'il se sentit pénétré de tous les mouvemens que pouvoient lui inspirer son amour, & l'indignation contre laquelle toute ame bien placée ne sauroit tenir en pareil cas. Outré à l'extrême contre l'ingratitude & la noirceur du Marquis, il songea d'abord à consulter les plus habiles Avocats de Rome. Il se livra cependant à des soins plus pressans, qui étoient de détourner le danger où étoit la belle Comtesse d'être mise de force dans un Couvent, d'où il lui auroit été sans doute plus difficile de la tirer, suposé même qu'il eût pu le découvrir.

Le Duc son Oncle n'étoit pas au logis, il étoit allé pour des affaires de sa Cour à l'audience du Cardinal Neveu, il l'attendit avec impatience. A peine fut-il rentré, que l'amoureux Don Pédro se rendit auprès de lui : il lui rendit compte de sa passion pour la Comtesse : il n'eut pas de peine à la lui faire aprouver, parce que l'Ambassadeur sçavoit qui elle étoit ; il connoissoit sa famille, & ses grands biens. Dès que Don Pédro vit que son Oncle l'aprouvoit, il le suplia de le diriger, & de lui dire comment il devroit s'y prendre pour rompre au plûtôt les mesures de l'indigne Tuteur, dont Son Excellence voyoit les noirs desseins par le mémoire de la Comtesse, que Don Pédro lui montra avec la lettre.

Je

Je vous félicite, mon cher neveu, dit le Duc à Don Pédro, je suis charmé de votre bonne fortune : mais je dois vous avertir d'une chose, c'est qu'il vous importe infiniment de garder plus de mesures qu'un autre, & d'agir avec beaucoup plus de circonspection : vous devez bien vous garder de faire la moindre démarche qui pût commettre mon caractère, & mettre en compromis la gloire du Roi mon Seigneur, que Dieu garde, en vous flâtant mal à propos de trouver de ma part une protection que je ne sçaurois vous accorder, quelles que puissent être les suites de mon refus ; car vous sçavez que l'honneur de Sa Majesté m'est infiniment plus cher que la vie. Mais faites une chose, envoyez sur le champ un de mes gens dire au Signor Léontino que je souhaite de lui parler. C'est un des plus fameux Avocats de la ville, nous lui demanderons son avis, & nous concerterons avec lui sur les moyens les plus promts & les plus sûrs de mettre la Comtesse à couvert de la violence & de l'injustice de son ingrat Tuteur, & en même-tems de couronner votre flâme.

Don Pédro ne perdit point de tems, il donna de si bons ordres que le Signor Léontino ne tarda pas de venir. La promptitude avec laquelle cet Avocat se rendit au palais de l'Ambassadeur, fut même pour l'amoureux Don Pédro d'un très bon augure.

L'Ambassadeur dit en peu de mots à l'Avocat de quoi il étoit question ; il fit lire le mémoire écrit de la propre main de la Comtesse, avec la lettre qu'elle avoit écrite à

Don

Don Pédro. Le Seigneur Léontino donna son fentiment, qui fut que le Duc allât fans perdre de tems faire une vifite au Gouverneur de Rome; offrant d'y accompagner Son Excellence, ajoutant même qu'il ne doutoit pas que quand on auroit informé le Gouverneur de la fituation affreufe où fe trouvoit la jeune Comteffe, il ne manqueroit pas de mander le Marquis & fa pupille, & de donner jour pour entendre les raifons de part & d'autre, & qu'en attendant on pouvoit compter qu'il prendroit la Comteffe fous fa protection. Ce fentiment eut l'aprobation du grave Ambaffadeur, & de l'impatient Don Pédro; ils montérent tous trois en caroffe, & fe rendirent au palais du Gouverneur qui étoit encore chez lui, & même en converfation avec le Marquis qui étoit fort de fes amis, lorfqu'on annonça l'Ambaffadeur d'Efpagne, fon neveu, & l'Avocat Léontino. Le Marquis, qui fe fentoit la confcience verreufe, & qui n'avoit que fon affaire en tête, s'imagina d'abord que cette vifite pourroit bien avoir pour objet les affaires de la Comteffe, quoiqu'il n'eût pas le moindre foupçon qu'elle eût fait, ni pu faire aucune réponfe à la lettre de Don Pédro.

Comme le Marquis étoit affez familier avec le Gouverneur, il lui dit qu'il alloit paffer dans une autre chambre jufqu'à ce que le Duc fût forti. Il y alla effectivement, & le Gouverneur s'en s'en fut au-devant de l'Ambaffadeur. Dès qu'ils furent entrés & affis, & qu'on eut fait les premiers complimens de politeffe, le Duc dit en peu de mots.

mots le sujet de sa visite, & pria le Gouverneur de vouloir bien permettre que le Signor Léontino le mît mieux au fait, & lui expliquât le cas plus au long. Celui-ci parla avec son éloquence ordinaire; il remonta d'abord à la première situation où étoit le Marquis, lorsqu'il ne joüissoit que de son mince patrimoine; delà il en vint aux éloges de l'incomparable amitié du Comte, de la confiance extraordinaire qu'il avoit eu en la probité du Marquis; il démontra combien le Marquis étoit obligé par honneur & par reconnoissance à soutenir cette confiance, & à y répondre à tous égards; delà il fit voir, comment par une noirceur inoüie le Marquis agissoit directement contre tout ce qu'il devoit à son ami défunt; combien son procédé étoit dénué de toute ombre de gratitude, d'honneur, & de justice. Enfin, il conclut par prier le Gouverneur de prendre la Comtesse sous sa protection, d'ordonner par provision qu'elle fût tirée de la maison du Marquis, & de faire citer celui-ci à comparoître, & à répondre à tout ce que lui Avocat avançoit à sa charge; & même il demanda au Gouverneur, de fixer le jour auquel il lui plairoit d'entendre les raisons des deux parties par leurs Avocats.

Le Gouverneur ne fut pas peu surpris de tout ce qu'il venoit d'entendre. Il répondit avec beaucoup de gravité, qu'il avoit toujours regardé le Marquis Castruccio comme un homme qu'on auroit pu proposer pour un d'honneur, de justice, & de reconnoissance. Il est vrai, dit-il, que son bien de patrimoine ne répondoit ni à sa naissance ni à
son

son mérite ; aussi crois-je que tous les gens de bien ont été charmés de voir sa vertu récompensée par un effet du juste discernement du Comte d'Albano ; & si ce Seigneur n'avoit pas connu à fond le bon caractére du Marquis, son amitié pour lui n'auroit pas été si solide, ni de si longue durée pendant sa vie, & il se seroit bien gardé de lui léguer en mourant une portion de son bien égale à celle de sa fille, & même de lui laisser un pouvoir aussi ample, & une autorité aussi absolue sur elle, jusqu'à ce qu'elle entrât dans un Couvent si elle étoit apellée à la Vie Religieuse, ou qu'elle se mariât avec l'aprobation & par le choix de ce généreux ami. Quelque grande que puissent être mon autorité, elle ne va point jusqu'à enfreindre la volonté du défunt, ni à casser son testament. Les derniéres dispositions d'un mourant sont des loix qui doivent s'exécuter au pied de la lettre, ainsi il ne m'est pas permis de tirer la Comtesse des mains de celui à qui son Pere l'a confiée. Cependant si vous voulez bien me désigner la personne qui intente l'accusation contre le Marquis, j'aurai soin d'en écrire un mot à ce Seigneur, je fixerai même un jour pour écouter l'un & l'autre, & je me persuade qu'il se justifiera si bien qu'il couvrira son accusateur de honte & de confusion. Don Pédro, qu'un tel discours n'accommodoit pas, prit la parole, & dit au Gouverneur : C'est moi, Monsieur, qui forme l'accusation, & je m'engage sur ma tête à prouver tout ce que le Signor Léontino vient d'avancer. Il se pourroit bien, reprit le Gouverneur,

verneur, que le Seigneur Don Pédro fût mal informé, je suis même perſuadé & j'eſ-pére qu'il l'eſt; enfin je ferai citer le Marquis pour après demain matin, le Signor Léontino aura la bonté de s'y trouver. Là-deſſus le Duc prit congé, & ſe retira avec ſon neveu & l'Avocat.

Le Gouverneur, qui étoit allé conduire l'Ambaſſadeur, trouva en rentrant le Marquis qui l'attendoit dans ſa chambre. Vous allez être bien ſurpris, mon ami, lui dit-il, quand vous ſçaurez que le motif de cette viſite étoit de me..... Vous pouvez vous épargner la peine de me le dire, interrompit le Marquis; j'ai tout entendu, & j'aurai ſoin de me rendre ici au tems marqué, pour avoir le plaiſir de confondre une malice & une calomnie, qui malgré toute leur fauſ-ſeté ne laiſſeroient pas de me donner quelque inquiétude, ſi je n'eſpérois que le témoignage de la Comteſſe elle-même me juſtifiera pleinement auprès de vous, & que cependant cette fable ne fera ſur vous aucune impreſſion qui me ſoit deſavantageuſe.

Le Gouverneur répondit au Marquis, que ce ſeroit une affaire bien difficile, que d'altérer le moins du monde la bonne opinion qu'il avoit depuis ſi long-tems de ſon honneur & de ſa probité.

Le Marquis prit enſuite congé, & ſe retira chez lui dans une agitation qu'on peut aiſément imaginer. Il paſſa le reſte de la journée ſans voir perſonne, on ſervit le ſoupé: il étoit ſeul à table avec la Comteſſe, la Marquiſe étoit demeurée à ſouper dehors: il ſe contraignit beaucoup pour cacher ſes
inquiétudes,

inquiétudes, mais un morne silence ne marquoit que trop le trouble où il étoit. Après qu'on eut desservi, & que les domestiques furent retirés, il rompit le silence, & demanda à la Comtesse avec une indifférence affectée, si elle n'avoit plus ouï parler de Don Pédro. Elle répondit que non, & qu'elle suposoit que la sage précaution qu'on avoit prise de congédier les femmes qui la servoient, avoit aparemment fermé à ce téméraire les voyes dont il avoit pu se servir pour lui faire parvenir son billet romanesque. Non, non, reprit le Marquis, ce billet n'est pas encore si romanesque que que ses actions. Il s'est établi lui-même votre Gouverneur & votre Tuteur. Il a été aujourd'hui chez le Gouverneur de la Ville, & par le ministére de l'Avocat Léontino il s'est emporté en invectives contre moi. Le pourriez-vous croire ? il a voulu me faire passer pour l'ami du monde le plus infidéle & le plus ingrat, & pour un Tuteur injuste autant que cruel. Il a fait plus ; il a eu la hardiesse de demander qu'on vous tirât de chez moi, & qu'on m'assignât pour comparoître juridiquement, & pour répondre à tous les chefs d'accusation qu'il prétend intenter contre moi à votre égard. Eh ! de quelle autorité ? reprit la Comtesse. C'est ce que nous verrons après demain, dit le Marquis. Le téméraire ! Peut-on pousser l'insolence jusqu'à ce point ! s'écria la Comtesse. J'espére Seigneur que je serai presente, d'autant plus que personne ne peut mieux que moi couvrir de confusion Monsieur mon Tuteur, dont Monsieur Don
Pédro

Pédro veut bien s'arroger la qualité à ce que vous dites, & lui faire voir que je ne suis plus un enfant qui se laisse mener par le nez. J'espére aussi que le Gouverneur m'en fera bonne justice, & qu'il aura quelque égard à mon témoignage. Ils en étoient-là de la conversation lorsque la Marquise rentra.

Le Marquis étoit si agité, qu'il avoit pris le contrepied de ce que la Comtesse venoit de dire, & qu'il étoit bien éloigné d'en prendre le véritable sens. Au contraire, il lui répondit qu'il ne doutoit nullement de sa prudence & de son affection pour lui. Pour de la prudence, reprit-elle, je ne répons de rien; mais pour mon affection, vous pouvez compter que rien ne la pourroit altérer. Après cela, comme il se faisoit tard, elle prit congé de la Marquise, & se retira dans son apartement, très-satisfaite des procédés du Seigneur Don Pédro.

Dès que le Marquis se vit seul avec la Marquise, il lui rendit compte de tout, & voulut tourner l'affaire en plaisanterie: mais elle le prit sur tout un autre ton, & dit que pour elle, elle la regardoit comme une affaire de la derniére conséquence, & qu'elle ne sçauroit s'imaginer que Don Pédro se fût hazardé à une telle démarche, s'il n'y avoit été poussé par quelques-uns des parens de la Comtesse, qui sans doute avoient bien leurs vûës en cherchant à la soustraire à son autorité, & à la tirer de ses mains; que peut-être avoient-ils déja quelque projet formé de

D la

la marier avec Don Pédro, sçachant combien le Duc son Oncle avoit de crédit auprès du Saint Pere; & que même, si elle n'étoit pas convaincuë comme elle l'étoit qu'il avoit été absolument impossible à la Comtesse de s'entendre ou de pouvoir communiquer avec qui que ce fût à son insçu, elle seroit portée à la croire du complot, & regarderoit cet air naturel avec lequel elle leur avoit montré le billet de Don Pédro, comme une démarche faite pour leur jetter de la poudre aux yeux, & les éblouïr sur toute cette intrigue. Ah bon! dit le Marquis, ne venez-vous pas d'entendre vous-même les protestations qu'elle m'a faites d'une affection que rien ne sçauroit altérer. C'est-là précisément ce qui me donne le plus à penser, reprit la Marquise. Vous sçavez entre vous & moi, comment nous l'avons traitée. Sçavez-vous bien que vous jouez gros jeu, & qu'il y va pour vous du tout au tout? Il n'y a point à balancer, le seul parti est de se défaire de Don Pédro. Par-là vous coupez l'arbre par la racine. Par-là ceux qui peuvent être du complot, se verront dénués de la protection du Duc. Celui qui vous accuse étant une fois éloigné, il n'y aura plus personne qui se mêle d'examiner votre conduite, ni rechercher comment vous avez administré la tutelle & les biens de la Comtesse; & si par hazard elle avoit quelque part dans toute cette intrigue, ce que je regarde cependant comme moralement impossible, elle se verra par là déchue de toutes ses espérances.

Le

Le Marquis sentit d'abord quelque répugnance à prendre le parti que lui conseilloit la Marquise ; il dit même qu'il ne sçauroit se résoudre à une action si lâche, quand même il n'y auroit pas d'autre moyen de se tirer d'affaire. Que vous êtes peu d'accord avec vous-même, reprit la rusée Dame ! Vous hésitez sur une mort nécessaire d'un ennemi déclaré, tandis que de gayeté de cœur vous la donnez à la fille de votre ami & de votre bienfaiteur. Comment ! reprit le Marquis ; à Dieu ne plaise que j'en aye jamais eu la pensée ! Eh ! qu'apellez-vous donc, reprit-elle, le le dessein de la mettre par force dans un Couvent ? N'est-ce pas la plus cruelle de toutes les morts ? Ne seroit-ce pas l'enterrer toute vivante ? Non, il n'y a point à balancer, il n'y a pas deux chemins à prendre ! il faut ou que Don Pédro périsse, ou bien vous résoudre à vous voir couvert de honte le reste de vos jours, & qui plus est réduit à la derniére misére, vous & vos enfans. Si vous n'avez pas plus de cœur que cela dans une affaire qui vous touche de si près, je vous ferai voir que je suis plus courageuse, moi qui ne suis qu'une femme. Je connois un certain Brave, qui moyennant une petite somme vous expédiera un passeport à Don Pédro pour l'autre monde, & assurera votre tranquilité pour celui-ci, avant qu'il soit deux fois vingt-quatre heures.

Le Marquis commença à ouvrir les yeux, il comprit le risque qu'il couroit si l'on venoit à faire des recherches sur sa conduite, & vit toutes les fâcheuses conséquences qui en pourroient résulter. Il se rendit au sentiment de sa femme, & se fit mettre au fait touchant le Brave qui se trouvoit être marié à une femme qui avoit anciennement servi la Marquise.

Le lendemain matin, le Marquis se rendit de bonne heure chez l'honnête donneur de passeports que la Marquise lui avoit indiqué, qu'elle trouva encore au lit, parce qu'il étoit sans doute rentré tard au logis. Sa femme ouvrit la porte, & introduisit le Marquis, qui étoit envelopé d'un manteau. Elle le pria d'attendre un moment, & apella son mari qui ne tarda pas. Le Marquis lui dit en peu de mots, qu'il avoit besoin de son ministére, & qu'il falloit que Don Pédro fût expédié en moins de vingt-quatre heures. Le Brave demanda d'abord au Marquis quel affront il en avoit reçu, & en quoi Don Pédro lui avoit fait tort. Je m'imagine, dit le Marquis, que c'est-là le moindre de vos soucis, pourvu que je vous paye bien. Comment Monsieur, reprit l'honnête-homme, le moindre de mes soucis ! Pour qui me prenez-vous ? Sçachez que je suis un homme d'honneur, & que j'ai de la conscience. Non, Monsieur, à moins que je ne sois bien sûr que ce Don Pédro mérite la mort, & que je n'aye aucun reproche à me faire d'avoir ainsi prononcé sa sentence, toutes les richesses que vous pourriez m'offrir ne seroient pas capables de me corrompre. J'ai l'ame délicate, & j'aime que tout aille selon la plus exacte
justice.

justice. Juge intégre de tout ce qui peût être de mon reffort, j'en fuis en mêmetems l'exécuteur. Ainfi je ne voudrois pas pour tout au monde, que le fang d'un innocent pût crier vengeance contre moi. Il y a un autre Monde, Monfieur, après celui-ci, & j'ai une ame à fauver. Le Marquis n'avoit guéres envie de rire, & à peine pouvoit-il s'en abftenir: Tenez, mon ami, dit-il, vous pouvez fur ma parole..... Parole tant qu'il vous plaira, interrompit le Brave, je ne m'en fie à la parole de qui que ce foit au monde: il y va de la vie d'un homme, & il faut que je fois pleinement convaincu, & en confcience, que le crime mérite la mort. Eh bien, dit le Marquis, puifque cela eft ainfi, je vai vous dire de quoi il s'agit. Là-deffus il lui conta le tout, & lui dit: Que vous en femble à prefent? êtes-vous convaincu? Ah! Monfieur, dit le Brave, je n'ai pas perdu une fyllabe de votre difcours, & je trouve que ce Don Pédro s'avife, fans que vous lui en ayez donné le moindre motif, de flétrir votre réputation, qui eft infiniment plus chére que la vie à un honnête-homme, & par conféquent qu'il tend à vous porter un coup mortel, un coup plus funefte que ne pourroit l'être un meurtre même, car enfin, celui qui nous ôte l'honneur, nous tue encore pour ainfi dire après la mort. Un tel attentat eft cent fois plus affreux, que celui auquel il vous force. Notre propre confervation eft la premiére loi de Nature. D'ailleurs, Monfieur, il me paroît que cet homme eft un

D 3 intrigant

intrigant, qui s'ingére de choses dont il n'a que faire, & qui se mêle mal-à-propos d'affaires qui ne le regardent point; & tout en iroit bien mieux dans ce Monde, s'il étoit une fois purgé de ces sortes de gens. Enfin, Monsieur, tout compté, tout rabattu, mon sentiment est que vous ne devez pas lui laisser le tems de venir à bout de son infâme dessein. Tenez, Monsieur, touchez-là, dit-il en lui tendant la main, je vous le garantis absolument hors d'état de vous faire la moindre peine avant qu'il soit demain matin. Quelles sont ses allures, quels domestiques a-t-il, où peut-on le trouver la nuit ? Il a ordinairement, dit le Marquis, trois laquais derriére son carosse. il court le Bal, il va à toutes les Assemblées, il ne manque ni Opéra ni Concert, & il ne se fait pas de partie dans Rome qu'il n'y soit des premiers. Eh bien, Monsieur, vous pouvez compter votre affaire faite, nous ne sçaurions le manquer ce soir; la plûpart de la principale Noblesse doit se trouver chez la Comtesse Fénicie, où il y a répétition particuliére d'un nouvel Opéra; nous le guetterons si bien à la sortie de-là, & nous prendrons des mesures si justes, qu'avant qu'il soit demain matin nous vous en rendrons bon compte. Il faut que je prenne avec moi trois camarades qui sont d'honnêtes-gens, & ils se contenteront bien de deux cens écus chacun. Vous sçavez, Monsieur, que dans ces sortes d'affaires l'argent doit être payé d'avance. Fort bien, dit le Marquis; mais si vous
manquez

manquez votre coup ,. & que l'affaire ne se fasse pas ? Ah ! Monsieur, reprit l'autre, en ce cas vous avez affaire à des gens pleins d'honneur ; vous auriez du vous en convaincre, en voyant que je ne vous ai point demandé qui vous êtes , & que j'ai bien voulu écouter votre histoire sous des noms empruntés , à ce que vous avez dit vous même. Laissez-moi seulement neuf cens écus , & je vous donne ma parole que si votre homme n'est pas dépêché cette nuit, vous pouvez venir demain à pareille heure , & votre argent vous sera fidèlement rendu , à moins qu'il n'y en ait quelqu'un de nous de tué ou de blessé : car en ce cas , la part du mort doit être pour la veuve ; ou s'il y en a de blessé , ou retient seulement le double du compte du Chirurgien, par manière de gratification : mais ceux qui s'en tirent bague sauve, s'en raportent ordinairement à la générosité du Patron pour la perte de leur tems.

Cela suffit , dit le Marquis , avant que vous soyez habillé je serai ici avec votre argent , je compte sur parole. Là-dessus il s'en retourna chez lui , & raconta le tout à la Marquise , dont il calma beaucoup les craintes.

La femme du Brave , qui avoit ouvert la porte au Marquis qu'elle connoissoit, avoit eu la curiosité de sçavoir ce qui pouvoit amener ce Seigneur de si bonne heure chez son mari ; elle avoit écouté à la porte , & n'avoit pas perdu un mot de la conversation.

Le hazard voulut que cette femme avoit

un parent, valet de chambre de Don Pédro : elle avoit été élevée dans sa jeunesse, après la mort de son Pere & de sa Mere, par la Mere de ce parent ; & elle avoit toujours conservé pour lui une véritable amitié. Elle craignit que par la mort de Don Pédro ce cousin ne perdit sa fortune, parce qu'outre qu'il étoit domestique de ce Seigneur, il en étoit encore le favori, & recevoit souvent des marques de sa générosité. Elle se souvenoit d'ailleurs des obligations qu'elle avoit à sa Tante, qui étoit la Mere du valet de chambre. Elle attendit le retour du Marquis, qui ne tarda pas de revenir avec l'argent. Dès qu'il fut retiré, le Brave sortit pour aller prendre ses arrangemens avec ses camarades. Il ne fut pas plutôt dehors, que sa femme courut chez son cousin, & lui raconta tout ce qu'elle avoit vu & entendu. Le cousin la pria d'attendre un moment, pour la faire parler à son Maître, qui étoit encore endormi. Il entra dans sa chambre, & l'eut bien-tôt éveillé. Vos jours sont en danger, dit-il à son Maître en ouvrant le rideau du lit, levez-vous vîte. Il sortit sur le champ & rentra l'instant après avec sa cousine, à qui il fit répéter mot pour mot tout ce qu'elle lui avoit dit. La pauvre femme débuta par faire son marché, & prier Don Pédro de prendre si bien ses mesures, que son mari ne courût aucun risque, & qu'outre cela il ne pût jamais découvrir que ce fût elle qui avoit révélé l'affaire à Don Pédro. Ensuite elle lui ré-

répéta tout ce qu'elle avoit dit à son cousin, elle compta sur l'amitié de ce parent & se retira vite chez elle sans attendre de réponse. Elle eut le bonheur de rentrer avant lui, & se remit en son deshabillé; ce qui fit que quand le mari fut de retour, il ne se douta de rien, la voyant occupée selon sa coutume, aux soins du ménage. Il lui donna quelques paules, & lui ordonna de préparer un bon dîner, parce qu'il avoit invité trois amis. Il lui dit de plus, qu'il avoit à parler d'affaires avec eux, & qu'ainsi, quand elle auroit servi le dîner, & mis les flacons sur la table, elle pouvoit sortir, & aller faire visite à quelque amie, & qu'on n'auroit plus besoin d'elle. Elle obéit ponctuellement. Les compagnons se trouvérent tous trois au rendez-vous, le dîner fut prêt, elle servit & se retira après leur avoir donné du vin. Dès qu'elle fut sortie, le mari ferma la porte au verrouil; & elle, au lieu d'aller faire une visite, s'en fut en droiture chez son cousin, pour l'informer de tout ce qui se passoit.

Don Pédro avoit déja pris soin de raconter au Duc d'Ossune tout ce que la femme lui avoit dit. L'Ambassadeur ne douta point que le Gouverneur ne fût ami du Marquis, & que ce ne fût lui qui avoit averti ce Seigneur. Il ne jugea pas à propos de s'adresser à lui pour cette nouvelle affaire. Il étoit déjà convenu avec son neveu d'aller droit au Vatican, demander d'être admis à l'audience du S. Pere.

Com-

Comme le Duc descendoit l'escalier, Don Pédro qui l'accompagnoit, aperçut la femme dans le vestibule, il le dit à son Oncle, qui rentra sur le champ dans son apartement, & ordonna qu'on lui amenât cette femme. Elle répéta à l'Ambassadeur tout ce qu'elle avoit dit à son neveu, & ajouta de plus que les trois Braves étoient actuellement chez elle avec son mari. Son Excellence lui donna une bourse de sequins, & lui dit de ne rien craindre, qu'on auroit soin d'elle. Elle le remercia, & s'en alla effectivement en droiture faire visite à une amie, pour ne se point rendre suspecte à son mari. Dès qu'elle fut retirée, le Duc envoya d'abord quelques-uns de ses gens autour de la maison où étoient les drôles, avec ordre de les bien considérer lorsqu'ils sortiroient, & d'en laisser quelques-uns pour les suivre, tandis que les autres reviendroient au palais lui rendre compte de leurs découvertes. Après avoir donné de si bons ordres, l'Ambassadeur alla droit au Vatican. Il fut d'abord admis à l'audience, & dit au Pape de quoi il s'agissoit. Le S. Pere ne fut pas moins scandalisé que surpris au récit d'un si noir attentat. Il dit au Duc qu'il vouloit lui-même ordonner de cette affaire. En conséquence il manda le Capitaine des Gardes, & lui déclara ses intentions.

Après que les ordres furent donnés, & qu'on eut pris les arrangemens, Don Pédro fit pendant le jour ses visites à l'ordinaire. Quand il vint sur le tard, il alla
chez

chez la Comtesse Fénicie. Il y avoit déja près de la porte cochere de l'hôtel de la Comtesse deux Braves, qui faisoient semblant de s'entretenir de choses sérieuses. Les gens envoyées pour les suivre ne les avoient pas perdu de vue, dès qu'ils étoient sortis du lieu où ils avoient dîné. Dès que Don Pédro fut entré, un d'eux s'aprocha du cocher, & lui dit, comme par maniére d'acquit, voilà un bel équipage, peut-on sçavoir à qui il est ? Un des valets de pié de l'Ambassadeur se trouva-là fort à propos, & savoit fort bien pourquoi l'autre faisoit cette question. Il lui dit, il est à Don Pédro de Patillos, neveu de l'Ambassadeur d'Espagne. Ce Seigneur qui vient d'entrer chez la Comtesse Fénicie ? dit le Brave. Le même, répondit le domestique. Là-dessus les deux Braves firent semblant de se séparer, & de prendre congé l'un de l'autre. Ils étoient tous les deux suivis par des domestiques de l'Ambassadeur, qui à la vérité ne leur faisoient pas l'honneur de les suivre en habits de livrée. Ils entrérent l'un après l'autre dans un cabaret voisin. Peu après ils furent joints par leurs deux autres camarades, qui étoient aussi suivis chacun de son laquais. Dès qu'on les sçut tous quatre dans le cabaret, on en donna part au Capitaine des Gardes, & on lui rendit compte de tout ce qu'on avoit vu. Comme il étoit nuit, & qu'il n'étoit pas fort éloigné, il s'envelopa d'un manteau, & alla avec deux Officiers demander à l'hôte de lui donner une chambre d'où il pût voir & entendre les quatre

per-

personnes qui étoient entrées depuis peu dans l'hôtellerie, & qu'il lui dépeignit; & afin que le Maître du logis n'ignorât pas à qui il parloit, le Capitaine ouvrit son manteau, & en même-tems ordonna à cet hôte de garder un profond secret; & ajouta que si ces gens venoient à lui manquer par sa faute, ou par sa connivence, il lui en répondroit sur sa tête.

L'hôte vit bien-tôt de quoi il pouvoit être question, & qu'il ne falloit pas badiner. Il les plaça dans une chambre qui n'étoit séparée de l'autre que d'une simple cloison de planches. Ils voulurent être quelque-tems sans lumière, & ils se placèrent si bien qu'ils pouvoient voir les conspirateurs par une fente de la cloison, & entendre tout ce qu'ils disoient. Ceux-ci consultèrent long-tems avant de se déterminer sur le lieu qui leur seroit le plus commode pour faire leur coup. Enfin ils se décidèrent, & convinrent unanimement d'un endroit qui leur parut à tous le plus propre. Ce point une fois décidé, l'un deux se détacha pour aller prendre langue, sçavoir à peu près l'heure à laquelle la compagnie se retireroit de chez la Comtesse, & même s'assurer si le carosse de Don Pédro étoit encore devant la maison. Il ne tarda pas à revenir; il rendit compte de sa mission; il dit à ses camarades, que le carosse attendoit encore, qu'au reste ils avoient bien encore le tems de boire une autre bouteille de vin; que la répétition ne faisoit que commencer, & qu'ainsi il s'écouleroit bien une couple d'heures avant

que

que la compagnie se séparât. Les Officiers qui avoient tout entendu, descendirent, & demandérent une chambre avec du vin & des lumiéres. Deux d'entr'eux restérent dans le cabaret, le troisiéme alla donner les ordres à la Garde; on en disposa si bien les hommes depuis le cabaret jusqu'à l'endroit marqué pour faire le coup, qu'on étoit bien assuré que ces coquins ne sçauroient échaper à la Justice, & qu'on les empêcheroit de venir à bout de leur dessein. En attendant, les Officiers rapellérent l'hôte, & lui répétérent ce qu'ils lui avoient déja dit, qu'il prit bien garde qu'aucun de ces quatre hommes n'eut le moindre vent de ce qui se passoit, & que si par sa faute un seul d'eux venoit à échaper, il pouvoit compter qu'il en répondroit sur sa tête. L'hôte répondit, qu'il n'en connoissoit aucun ni en blanc ni en noir (peut-être disoit-il, vrai) & que si même ils étoient de sa connoissance, il avoit encore plus d'amitié pour soi-même & pour sa famille, que pour le plus proche parent ou le meilleur ami qu'il eût.

Insensiblement le tems aprochoit. Les Braves demandérent le compte, ils payérent leur écot, & se retirérent. Les Officiers les suivoient à certaine distance. Les quatre compagnons arrivérent comme la répétition venoit de finir. Plusieurs carosses étoient déja partis, lorsqu'on apella le cocher de Don Pédro. Alors les assassins firent ce qu'ils purent pour percer la foule & aprocher, afin de le voir entrer dans son carosse; mais ses domestiques & ceux
du

du Duc d'Offune les empêchérent de venir assez près. Dès que nos Braves virent Don Pédro prêt à monter en carosse, ils se crurent assurés de leur proie, ils se hâtérent d'aller à leur porte, les Officiers ne manquérent pas de les suivre. Don Pédro n'eut pas plutôt apris que les assassins étoient allés se poster, qu'il entra dans le carosse du Comte de Tripalda, qui le conduisit au Palais d'Espagne. Son carosse alla à vuide avec les rideaux fermés, & deux de ses laquais derriere, comme s'il eût été dedans. A peine le carosse fut-il au lieu où les assassins étoient postés, qu'un d'eux ordonna au cocher d'arrêter. En même-tems ils s'aprochérent tous quatre du carosse, deux à une portiére, & deux à l'autre : mais à peine y furent-ils, que les soldats les saisirent tous quatre, & les menérent sans bruit à la Garde. La plûpart des soldats qui attendoient le coup étoient cachés dans le voisinage, chez quelques bourgeois à qui ils avoient dit qu'ils étoient là pour arrêter quelques personnes suspectes à la Cour, & qu'ils avoient eu soin d'avertir de ne rien dire, au péril de leur vie, afin qu'on en pût encore arrêter d'autres. Ces bourgeois qui soupçonnoient que ce pourroit être quelque affaire qui regardât le S. Office, n'eurent garde de parler ; de maniére que la chose ne fut point rendue publique dans Rome, & qu'elle ne fut sçue que de ceux qui étoient du complot.

Le lendemain matin le bruit se répandit que Don Pédro avoit été assassiné la nuit précédente, sans qu'on sçût par qui. On eut soin que la nouvelle en fut portée de bonne heure chez le Marquis. On ne sauroit exprimer la joie qu'il en eut. La Marquise sur-tout ne se possédoit pas. Elle conseilla à son mari de faire semblant de n'en rien savoir, & d'aller comme si de rien n'étoit chez le Gouverneur ; & pour elle, elle dit qu'elle l'y suivroit, ce qu'elle fit effectivement tôt après. Elle prit avec elle la Comtesse d'Albano dans son carosse sans lui rien dire de la prétendue mort de Don Pédro, ensorte que ces deux femmes alloient fort contentes; mais leur joie avoit une cause bien différente. A peine le Marquis eut-il été quelque tems chez le Gouverneur avec la Marquise & la Comtesse, que l'Avocat Léontino arriva. Il dit en leur présence au Gouverneur, que Don Pédro avoit été assassiné la veille, qu'ainsi le principal accusateur manquant, le Marquis & la Marquise n'avoient plus que faire de comparoître, & qu'on pouvoit les décharger de l'action intentée contr'eux. Ils parurent extrêmement surpris d'aprendre cette nouvelle, ils se contrefirent à merveille ; mais la pauvre Comtesse eut toutes les peines du monde à se contraindre, & à ne pas mourir de douleur. L'Avocat s'aprocha d'elle, & trouva moyen de lui dire à l'oreille, que c'étoit un faux bruit répandu à dessein. Malgré cela il se fit en elle une révolution dont elle ne fut pas la maîtresse, l'agitation étoit trop grande ; elle demanda un verre d'eau ; elle ne l'eut pas plutôt

tôt bue qu'elle se remit un peu. La Marquise qui jouïssoit avec plaisir de la peine où elle voyoit la Comtesse, lui dit : Je ne sçaurois assez m'étonner, Madame, de vous voir si touchée à la nouvelle de la mort d'un homme qui vous est entiérement inconnu : croyez-moi, nous ferons mieux de nous en retourner au logis, pour ne pas incommoder plus long-tems Monsieur le Gouverneur : il seroit d'ailleurs à craindre qu'il ne vous prit quelque nouvel accident, vous ne ferez pas mal de vous faire tirer un peu de sang. L'Avocat, l'interrompant, lui dit : Madame, voici un ordre de Sa Sainteté, par où la Comtesse doit rester auprès de M. le Gouverneur ; effectivement il remit cet ordre au Gouverneur. Pour vous, Madame, continua-t-il, vous pouvez vous en retourner quand il vous plaira. Cet ordre fut pour la Marquise & pour son malheureux époux, comme un coup de foudre, qui les jetta dans la derniére consternation. Le Gouverneur dit qu'il devoit obéir à la lettre aux Decrets du Saint Pere, & s'adressant à la jeune Comtesse, il dit : Que quoique selon la relation qu'il tenoit en main on lui imputât l'assassinat de Don Pédro, la Gouvernante son épouse auroit soin de lui adoucir les peines de son arrêt. Le Marquis & la Marquise, qui ne comprenoient rien à tout cela, prirent congé du Gouverneur, & lui dirent qu'ils attendroient avec soumission les ordres de Sa Sainteté par raport à la Comtesse.

Ils montérent en carosse & retournérent
en

en droiture chez eux, pour parler plus commodément de leurs affaires. Mais leur étonnement fut bien plus grand, lorsqu'en arrivant au logis, ils trouvérent tous leurs domeſtiques dans le veſtibule avec une troupe de ſoldats, & le ſcellé mis aux portes de toutes les chambres. L'Officier qui commandoit l'eſcouade, ne leur donna pas même le tems de revenir de leur ſurpriſe; il dit au Marquis, qu'il avoit ordre de s'aſſurer de ſa perſonne, de mettre le ſcellé à la porte de l'hôtel, & d'y laiſſer une Garde; & qu'il eſpéroit que Madame voudroit bien l'excuſer, ſi en vertu des ordres dont il étoit porteur, il ne la laiſſoit pas aller plus avant; qu'elle pouvoit ſe retirer où bon lui ſembleroit, & ſe ſervir du caroſſe dans lequel elle étoit venue; mais qu'il devoit envoyer des ſoldats, pour faire revenir le caroſſe & les chevaux après qu'elle s'en ſeroit ſervie. Qu'eſt-ce que c'eſt donc que cela, s'écria la Marquiſe, & que ſignifie un procédé ſi étrange & ſi hors des régles? J'ai bien peur, Madame, reprit l'Officier, que vous ne le trouviez que trop dans les regles pour votre malheur. Mais je n'ai pas le tems de m'amuſer; ſi M. le Marquis veut bien ſe donner la peine d'entrer dans mon caroſſe, j'aurai ſoin de lui faire bonne compagnie; pour vous, Madame, vous pouvez aller où il vous plaira. Elle répondit qu'elle ne quitteroit point ſon mari, & qu'elle vouloit l'accompagner. On lui refuſa encore cette grace. Le Marquis à demi-mort fut mis dans le caroſſe avec trois Officiers,

&

& reconduit au palais du Gouverneur. Dans cet intervale les quatre assassins avoient été amenés au Gouverneur, avec les fers aux piés & aux mains, & sous une bonne escorte ; ils étoient dans l'antichambre, au passage du Marquis. Dès qu'il eut jetté les yeux sur le chef des assassins à qui il avoit donné l'argent, on eut toutes les peines du monde à l'empêcher de s'évanouir, on eut dit qu'il alloit expirer. A peine fut-il en presence du Gouverneur, qu'il s'écria : Ne me demandez rien, Monseigneur, ne me faites aucune question, je suis un malheureux, je ne saurois éviter la justice la plus rigoureuse. Je bénis le Ciel de ce que cet homme m'a accusé, je n'ai plus rien à souhaiter que la mort la plus prompte. Là-dessus le Gouverneur lui fit faire une ample confession, qu'il signa.

Dès qu'il fut retiré, on conduisit les quatre assassins devant le Gouverneur. Ils ne voulurent rien avouer, leur chef même protesta qu'il ne connoissoit point le Marquis. Enfin, pour abréger, ils furent tous quatre condamnés aux Galéres pour le reste de leurs jours. On fit cependant grace à leur chef en considération de sa femme, mais on exigea de lui des suretés pour sa conduite à l'avenir. Tous les biens & tous les effets du Marquis furent confisqués au profit de la Comtesse d'Albano, & il fut condamné lui-même à perdre la tête. Mais la généreuse Comtesse se donna tant de mouvemens, & suplia tant, que par le canal même du Duc d'Ossune, fume, elle obtint que le S. Pere lui feroit grace de la vie, & la peine de mort fut commuée en une prison perpétuelle. A la vérité sa prison ne fut pas longue, car il mourut au bout de trois ou quatre mois. Pour la Marquise, elle se tint cachée, durant la vie de son mari, dans une maison de son fils. Après sa mort, elle se retira dans un Couvent des Pauvres Clarittes. Leurs enfans auroient été réduits à une extrême misére; mais la vertueuse Comtesse eut la bonté d'y pourvoir, en leur faisant une pension honorable, ayant été d'abord mise en possession, non-seulement de tout ce que le Marquis avoit hérité des bienfaits du Comte d'Albano, mais encore de tout ce qu'il avoit amassé dans l'administration de la tutelle de la fille de ce généreux ami. La Comtesse ne tarda pas d'être mariée avec Don Pédro son libérateur, & Sa Sainteté voulut même faire l'honneur de leur donner la Bénédiction Nuptiale. Elle vécut avec son mari à Rome, jusqu'à ce que le Duc ayant demandé son rapel, elle le suivit en Espagne. Depuis ce tems-là, elle a été quelque tems à la Cour, & est ensuite venue demeurer ici, où elle est estimée, chérie, & admirée de tous ceux qui ont l'honneur de la connoître.

Mon frere ayant fini son récit, on ne manqua pas de l'en remercier, & de lui donner quelques aplaudissemens. Nous nous entretînmes ensuite de diverses maniéres indifférentes, en attendant le retour du reste de la compagnie; mais voyant
qu'ils

qu'ils ne revenoient point, nous allâmes les chercher dans le jardin.

Avant que nous les eussions joints, nous aperçûmes de la terrasse un carosse à six mules, suivi de quantité de domestiques à cheval & bien armés dans le fond de la grande avenue. A peine en avions-nous fait la découverte, qu'il s'en détacha un homme à cheval, & qui piquoit des deux pour venir avertir au château. Nous dîmes d'abord à Don Alphonse, qu'il lui venoit quelque visite de distinction. Là-dessus nous reprîmes tous la route de la maison, où à peine fûmes-nous rentrés, qu'un laquais vint dire à mon bon Patron que la Comtesse de Ximenès arrivoit pour lui faire visite. Nous nous hâtâmes de lui aller au devant. Nous fûmes encore assez-tôt à la porte, pour que Don Alphonse pût lui aider à descendre de carosse. Mon frere offrit la main à la fille de la Comtesse : c'étoit une Beauté d'environ treize ou quatorze ans, il la conduisit jusques dans la maison.

On fit d'abord avertir la Comtesse de Leyva, qui étoit en haut avec ma Tante & ma Mere : elles descendirent, & vinrent faire leurs complimens à leurs nouvelles hôtesses. Cette Dame étoit veuve depuis quelques années, quoiqu'elle n'eut encore que vingt-huit ans. Elle étoit proche parente de ma Mere, ainsi que le Comte son défunt mari, à qui elle n'avoit été mariée qu'avec dispense, à cause de la parenté qui étoit entr'elle & lui. Elle venoit de Madrid, où elle avoit été pour

sol-

solliciter quelques prétentions. Elle s'en retournoit à Xativa, où elle devoit passer quelque tems. Elle & sa fille avoient des biens considérables dans le voisinage de cette ville. Elle s'étoit détournée du grand chemin pour venir voir Don Alphonse; & elle comptoit de passer ensuite à Xativa pour voir mon Oncle & ma Mere, si elle n'avoit pas eû, comme il lui plut de le dire, le bonheur de les rencontrer à Leyva.

Cette jeune Veuve étoit certainement aimable à tous égards, quoiqu'on ne pût pas dire que ce fût une Beauté. Elle avoit le jugement solide, l'esprit vif, la conversation des plus amusantes. Elle avoit passé quelque tems en France avec feu son époux qui y avoit été en Ambassade, & par-là la vivacité Françoise servoit en elle de correctif à la gravité Espagnole.

Ses ancêtres avoient été en possession de la Seigneurie & du Château de Ximenés, qui fut détruit avant l'irruption que firent les Maures en Espagne, à la persuasion du Comte Julien en 713. sous le régne de Rodéric XIII. dernier Roi des Goths. Les Maures aïant remporté une victoire signalée dans une bataille générale entre Xérés & Médina Sidonia en Andalousie où les Goths & les Castillans furent totalement défaits, ils ne trouvérent plus rien qui s'oposât à leurs conquêtes. La Noblesse à la tête de ce qui échapa de la bataille, se retira vers les Asturies & la Biscaye, & chercha un azile dans les Pyrénées & autres lieux circonvoisins. Suinza, de qui la Comtesse

tesse & son mari descendoient en ligne directe, étoit pour lors Seigneur de Ximenés. Il ramassa comme il pût une poignée des débris de l'armée, & se retira dans les montagnes voisines de Segura. Il s'y joignit à quelques autres, qui avoient cherché un azile dans ces quartiers. Ils s'y défendirent avec tant de bravoure, que leur exemple a été depuis toujours suivi par leurs descendans, de telle façon que les Maures n'ont jamais pu venir à bout de les subjuguer. Quand les affaires des Espagnols ont commencé à prendre une meilleure face, & que celles des Maures alloient en déclinant, les descendans de Suinza se sont remis en possession de leur ancien patrimoine, & s'y sont fait jour à la pointe de l'épée; ils s'y sont ensuite maintenus sans difficulté. La ligne masculine étant à présent éteinte par la mort du Pere de la jeune Comtesse, elle réünit en sa personne les droits de son Pere & de sa Mere; & se voit seule héritière des biens & des titres de cette illustre famille.

Elle pouvoit avoir alors près de treize ans; elle étoit assez gentille, mais extrêmement enfant, & de la dernière simplicité pour son âge. Il est vrai qu'elle sortoit du Couvent, ce qui la rendoit de beaucoup moins aimable à mes yeux. Cette même simplicité fit tout un autre effet sur l'esprit de mon frere. Il trouva qu'au contraire elle ajoutoit aux charmes de la beauté dont il avoit d'abord été frapé. Il en fut charmé dès le premier instant qu'il la vit. Enfin il en devint si éperdument amou-

amoureux, que pendant le peu de séjour que la Comtesse fit avec nous, tout le monde s'aperçut qu'il changeoit à vue d'œil sans qu'on pût en pénétrer la cause.

Un soir avant mon départ de Leyva, la Comtesse Séraphina dit au Seigneur Scipion, qu'elle attendoit toujours avec beaucoup d'impatience qu'il voulut bien tenir la promesse qu'il lui avoit faite de lui raconter les avantures qu'il avoit eues en Amérique, & qu'elle ne doutoit pas que la Comtesse de Ximenés ne se fît aussi un vrai plaisir de les entendre.

Le Seigneur Scipion répondit qu'il étoit tout disposé à lui obéir, & à lui donner cette satisfaction; mais qu'il craignoit fort qu'elle ne trouvât que l'attention dont elle l'auroit honoré, ne fût en pure perte.

Bien au contraire, reprit la Dame, & je suis persuadée que ce sera du tems très utilement employé. C'est bien assez pour moi, repliqua le Seigneur Scipion, de l'honneur d'obéir à vos ordres, sans chercher d'autre excuse ; ainsi Madame je vai tâcher de satisfaire votre curiosité.

Toute la compagnie qui étoit alors à Leyva, se disposa à écouter avec attention, & Don Scipion commença ainsi son histoire.

CHA-

CHAPITRE IV.

Avantures du Seigneur Scipion. Son voyage à la Véra-Cruz, & de-là au Mexique. Histoire du Comte Xérés & de Don Alphonse. Comment Don Scipion fit connoissance avec eux sur la route.

DAns le premier voyage que je fis en Amérique, j'avois apris quelles étoient les marchandises dont on pouvoit s'y défaire le plûtôt & avec le plus d'avantage. Résolu que j'étois d'y retourner, je me fournis d'une cargaison considérable. J'avois quelque argent à moi, j'y joignis quelque chose que Don Gil Blas me fit le plaisir de me prêter ; j'en trouvai aussi à emprunter à Cadix sur le crédit de mon voyage ; tout cela réuni me fit une somme d'environ quarante mille pezos. J'embarquai tous mes effets à bord du S. Joseph, vaisseau de la flotte qui étoit prête à faire voile, & je le choisis pour mon passage. Notre voyage fut heureux, nous arrivâmes en onze semaines à S. Jean de Ulba, ou la Véra-cruz.

A notre arrivée, nous fûmes reçus avec de grandes démonstrations de joie ; & nous nous rendîmes tous en procession à l'Eglise Cathédrale, pour y témoigner à Dieu notre reconnoissance de la grace qu'il nous avoit faite de nous amener à bon port.

Je

Je me hâtai d'abord de faire débarquer toutes mes marchandises, & je louai des mules, afin de pouvoir quitter la Véra-Cruz le plûtôt possible, parce que la situation en rend l'air extrêmement mal sain. Cette ville a du côté de l'Ouest Sud-Ouest de grands marais profonds d'eaux croupissantes, & des autres côtés ce sont tout sables qui l'environnent : le Soleil qui est très-ardent dans ces exhalaisons qui qui sont tout-à-fait pernicieuses : & du côté des sables, il est impossible de soutenir la chaleur que cause la reverbération des raïons du Soleil.

Après avoir chargé toutes mes mules, je pris la route du Mexique, quoiqu'à dire vrai j'eusse pu me défaire assez avantageusement à la Véra-Cruz de mes effets à cent pour cent de profit.

Il y avoit encore avec moi d'autres voyageurs ; nous étions en tout au-delà de trente personnes, sans compter les muletiers. Il y avoit entr'autres, parmi mes compagnons de voyage, neuf jeunes Jacobins qui alloient en mission. Je crois, Dieu me le pardonne, que les Indiens des lieux où nous passâmes, n'auroient pas pû faire plus d'honneur au Pere Eternel, qu'ils en faisoient à ces Révérends Gaillards. Nous arrivâmes la troisiéme nuit à Xalapa de la Véra-Cruz : c'est une grande ville qui peut bien contenir quelques deux mille habitans tant Espagnols qu'Indiens. Ce fut-là que je commençai à m'apercevoir du luxe & du faste du Clergé régulier de ces heureuses contrées. Les Religieux y étudient plus

E leur

leur habillement, que ne pourroit faire un Noble Petit-Maître François; & ils y ménent une vie plus voluptueuse que celle de ce Sibarite qui ne pouvoit dormir, parce qu'il avoit sous lui une feuille de rose pliée en deux. On diroit qu'ils ont laissé tous leurs vœux en Europe, ou du moins qu'ils ont oublié d'avoir jamais fait ceux de Pauvreté & de Chasteté, tant on leur voit la bourse garnie d'argent, & le cœur rempli d'amourettes, à tel point qu'ils n'ont pas même la politique modestie de tâcher d'en ôter la connoissance au public.

Avant que d'arriver en cette ville, j'avois fait connoissance pendant la route, avec deux Messieurs qui étoient de notre caravane, si je puis nommer ainsi notre troupe de voyageurs; ils étoient déja un peu avancés en âge, & avoient entr'eux deux quatre domestiques. A leur bonne mine, je les pris plûtôt pour des Personnes de qualité que pour des Négocians, sur-tout voyant qu'ils n'avoient aucune sorte de marchandises. Ils avoient l'air extrêmement réservé; je ne voyois pas qu'ils s'ouvrissent avec personne; & ils me parurent même avoir dans l'ame quelque chose qui leur donnoit de l'inquiétude. Je tâchai de leur donner quelque amusement sur la route, & même de m'insinuer dans leur esprit, & de gagner leur estime, en leur rendant quelques légers services. Je brûlois de gagner leur confiance, parce que j'avois une extrême demangeaison de sçavoir qui ils étoient, & ce qui pouvoit les avoir amenés dans un coin du Monde de où je ne croyois pas que jamais personne eût pu voyager simplement pour son plaisir.

Comme j'avois déja fait autrefois cette route, j'en connoissois les inconvéniens, & je m'étois muni cette fois, de façon à n'en avoir rien à souffrir. Je leur offrois de tems en tems certains rafraîchissemens, dont ils n'avoient pas eu même l'idée de se pourvoir : ils les trouvérent d'autant meilleurs, qu'ils leur venoient plus à propos, & parurent très sensibles à mes attentions. L'un recevoit avec assez de franchise & de bon cœur ce que je leur offrois, mais on auroit dit que l'autre se faisoit comme une peine d'avoir quelque obligation à un homme qu'il regardoit comme infiniment au-dessous de lui.

Dès que nous aprochâmes de Xalapa, je fis prendre les devans à un de mes domestiques, & je l'envoyai chez Don Rodrigo de Calles, qui est un Marchand des plus aisés de la ville, & avec qui j'avois eu à faire dans mon autre voyage. Il eut tant de plaisir d'aprendre ma venue, qu'il me vint au devant jusques hors de la ville, afin de m'engager à aller loger chez lui. Après les premiéres civilités, je lui montrai les deux Messieurs, je lui fis part de ma curiosité à leur égard, & je le priai de vouloir bien permettre que je les invitasse aussi à loger chez lui. Je me portai d'autant plus aisément à lui faire cette proposition, que je connoissois sa maison, & que je comptois lui faire plaisir. Aussi me répondit-il avec beaucoup de politesse, que leur compagnie lui feroit plaisir & honneur. Là-dessus je les priai d'aprocher ; je leur dis que la ville où nous allions entrer étoit à la vérité assez grande, mais qu'on avoit de la peine à y trouver des auberges où des étrangers eussent les commodités qu'on en pourroit attendre ; qu'à peine même y pouvoit-on avoir le nécessaire ; mais que mon ami qui étoit présent avoit une maison fort belle & spacieuse ; qu'ils trouveroient abondamment de quoi se rétablir chez lui de la fatigue du voyage que nous venions de faire ; & prendre de nouvelles forces pour ce qui nous restoit de la route ; & qu'il venoit de me l'offrir pour eux, s'ils vouloient bien lui faire cet honneur. Don Rodrigo prit la parole, & les en pria aussi avec beaucoup d'instances. Ils s'en excusèrent d'abord sur la crainte de l'incommoder, & sur ce qu'ils lui étoient inconnus : cependant ils se rendirent à la fin à nos sollicitations, & dirent qu'ils acceptoient ses offres comme une faveur.

La maison de Don Rodrigo est si spacieuse & si bien bâtie, qu'on la prendroit plûtôt pour le palais d'un Viceroi, que pour la maison d'un simple Négociant. Dès que nous y fûmes entrés, nous trouvâmes que l'intérieur ne démentoit pas la beauté du dehors : l'ameublement étoit aussi riche que le bâtiment étoit magnifique ; une foule de domestiques officieux répondoit parfaitement au reste : surtout la table y étoit servie avec autant de délicatesse & même de profusion ; qu'on voyoit de noblesse & de grandeur dans tout le reste. Nos Etrangers eurent beau
affec-

affecter un certain air réservé, on ne laiſſoit pas d'entrevoir à leur mine la ſurpriſe où ils étoient de tout ce qu'ils voyoient.

Après que la connoiſſance fut un peu mieux faite, je propoſai aux deux Etrangers de nous arrêter quelques jours dans cette ville. Celui qui paroiſſoit le plus âgé, répondit qu'il le feroit avec plaiſir, mais qu'il ne ſçauroit ſe réſoudre à être ſi longtems à charge à Don Rodrigo, ſe trouvant déja embarraſſé de ſçavoir comment lui marquer ſa gratitude pour les obligations qu'il lui avoit déja & pour les politeſſes qu'il en avoit reçues. Vous n'êtes point ici en Europe, Monſieur, reprit le généreux Marchand. Dès que l'hoſpitalité a été bannie de chez les Européens, elle s'eſt réfugiée parmi nous, & elle eſt comme née entre les Américains. Trouvez bon que pour vous tranquiliſer là-deſſus, j'aye l'honneur de vous dire tout franchement, que votre ſéjour chez moi ne me met pas en frais d'un Réal de Plate d'extraordinaire ; & que je n'en mets pas, comme on dit, plus grand pot au feu. Ma table eſt toujours ſervie comme vous la voyez, & pour le logement, loin de m'être à charge, vous me faites au contraire un ſenſible plaiſir de vouloir bien en profiter. Le Seigneur m'a fait la grace de bénir mon négoce, je me vois à mon aiſe & au large, je me trouve abondamment pourvu de tout ce que je pourrois ſouhaiter, & la ſeule choſe qui me manque, eſt l'avantage d'une bonne compagnie ; ainſi vous pouvez compter que loin que vous

E 3   me

me soyez redevable, l'obligation est toute entiere de mon côté, c'est à moi à vous remercier, & plus vous resterez chez moi, plus je vous aurai d'obligation. Une réponse si obligeante, Monsieur, me ferme entiérement la bouche, reprit l'autre, & me force pour ainsi dire à ne pas refuser les offres que vous nous faites avec tant de générosité ; je craindrois que vous ne me soupçonnassiez de douter de la sincérité de ce que vous me faites l'honneur de me dire.

Le reste de notre compagnie devoit continuer sa route le lendemain, ainsi j'ordonnai à ceux qui conduisoient mes mules, de se mettre aussi en chemin, pour ne pas se séparer du reste. J'envoyai en même tems un exprès à un Marchand de ma connoissance au Mexique, pour le prévenir & le prier de recevoir mes effets, & de me louer une maison commode, propre, & toute meublée, pour mon arrivée.

Nous nous reposâmes encore le jour suivant, & nous ne sortîmes point de la maison. Le surlendemain nous prîmes plaisir à faire un tour, & à parcourir la ville. Dès que nous fûmes rentrés sur le soir, le plus âgé de nos deux Etrangers se sentit un frisson & quelques autres symptômes qui dénotoient la fièvre ; il se retira dans sa chambre, on manda un Chirurgien, qui se contenta de lui ouvrir la veine. Il se trouva fort soulagé, & passa la nuit assez tranquilement. Le lendemain notre premier soin à Rodrigo & à moi,

fut

fut de nous informer de l'état de sa santé. On nous dit qu'il étoit beaucoup mieux mais qu'il souhaitoit garder la chambre tout le jour, & que son ami resteroit auprès de lui pour lui faire compagnie. Nous allâmes lui rendre visite, il nous reçut fort civilement, & nous marqua combien il étoit fâché que son indisposition augmentât encore les embarras qu'il causoit à des personnes avec qui il étoit si étranger. Mon ami ne manqua pas de lui répondre de la manière la plus obligeante, en le priant de n'avoir aucune inquiétude sur cet article. Pour moi je me hazardai à lui dire, qu'il me paroissoit que sa maladie attaquoit plûtôt l'esprit que le corps, que je lui avois déja remarqué un certain air de mélancolie, qui désignoit quelque violent chagrin, qui pourroit beaucoup contribuer à augmenter son mal, s'il ne faisoit usage de toute sa raison pour vaincre sa tristesse.

Vous avez bien de la bonté, Messieurs; nous dit-il, & l'on ne peut rien ajouter à la manière généreuse dont vous en usez avec moi : soyez persuadés que j'y suis aussi sensible que je le dois; mais pour ce qui est de mon chagrin, comptez qu'il n'est rien de si aisé à ceux qui sont en santé, que de prêcher la patience aux malades : quand l'ame se trouve dans une assiette tranquile, on a beau jeu pour donner des leçons de Stoïcisme à ceux qui sont dans l'affliction. Vous n'avez que trop bien deviné, Seigneur Scipion, dit-il en m'adressant la parole : le malheur qui m'accable,

& un affront des plus sensibles, font bien plus d'impression sur mon esprit, que la fiévre n'en fait sur mon corps. A la vérité, l'espérance de réparer le premier & de laver l'autre tôt ou tard, aide beaucoup à me tranquiliser, & je crois qu'il n'y a que cette espérance qui m'empêche à succomber entiérement. Voilà le seul motif de mon voyage au Mexique. Ce n'est ni par curiosité, ni par l'avidité du gain, que je suis venu si loin du pays que m'a vu naître. Non, ce n'est que par justice, & par l'espoir de venger notre honneur insulté de la maniére la plus sanglante, que nous avons entrepris de nous transporter en Amérique. Dès que je me trouverai un peu moins accablé que je ne le suis présentement, j'aurai l'honneur de vous faire un détail de mon histoire, & vous verrez alors par vous-mêmes, s'il ne faut pas des forces plus qu'humaines pour ne pas succomber aux malheurs qui m'accablent.

Don Rodrigo, continua-t-il en s'adressant à mon ami, nous avons des lettres de crédit sur Don Pédro Mendosa au Mexique. Si mon indisposition m'obligeoit à vous être encore à charge quelques jours, j'espére que vous voudriez bien ajouter aux obligations que je vous ai déja, celle d'y envoyer un homme fidèle que vous connoissiez, pour me faire aporter de l'argent ; car ce que nous avons sur nous sera bien-tôt épuisé en frais de Médecin & d'Apoticaire ; il faut payer ces Messieurs comptant. Rodrigo lui répondit, qu'il
avoit

avoit de l'argent à son service, qu'il lui en fourniroit tant qu'il en auroit besoin, & qu'ainsi il n'avoit que faire d'avoir la moindre inquiétude sur cet article. L'Etranger remercia Don Rodrigo, & le pria de vouloir bien faire apeller un Médecin. On ne tarda pas d'en avoir un. Dès qu'il eut vu le malade, il déclara qu'il n'avoit besoin que d'un peu de repos ; qu'au reste sa maladie ne seroit qu'une bagatelle, & qu'il seroit bien-tôt rétabli, pourvu qu'il se tînt l'esprit tranquile. En effet, l'événement justifia sa conjecture, & en moins de huit jours le malade fut entiérement rétabli.

Nous restâmes chez Rodrigo une vingtaine de jours, & ce ne fut que malgré lui que nous le quittâmes. Il fit tout au monde pour nous retenir, & il parut sensiblement touché de notre part.

La veille du jour que nous avions fixé pour continuer notre voyage, comme nous étions ensemble le soir à nous entretenir avec Don Rodrigo & les deux Etrangers, celui qui avoit été malade nous dit qu'il se rapelloit qu'il nous avoit promis de nous raconter son histoire. Je suis trop sensible aux civilités que j'ai reçu ici, continua-t-il, je veux du moins payer quelqu'une de mes dettes, je dois tenir ce que j'ai promis, & je vai tâcher de le faire en aussi peu de mots que je le pourrai.

Mon nom est Jérôme, celui de famille Varon, tout aussi connu pour le moins dans la Castille qui est la Province où je suis né, que quelques autres qui peurêtre passent pour plus illustres. Le titre de Comte de Xérez, & de la terre de ce nom, vient de mon ayeul maternel ; au défaut d'héritiers mâles de cette maison, il a passé dans la mienne.

Je ne vous ennuyerai point de tous les différens détails de ma vie, je ne m'arrêterai que sur ceux qui ont quelque raport avec la malheureuse affaire dont je suis encore si accablé. Il y avoit dans mon voisinage un Gentilhomme très-riche nommé Don Hénarez de Rialto. Cet homme avoit deux fils, dont l'aîné se nommoit Don Diégo, & le cadet Don Lopez. Ils étoient déja dans un âge mûr lorsqu'ils perdirent leur Pere, qui laissa en mourant tous ses titres & ses biens à Don Diégo. Il légua au cadet quelques terres, & beaucoup d'argent comptant.

Nous vivions en bons voisins & meilleurs amis avec le Pere tant qu'il vécut, & avec les fils après la mort de leur Pere. Ils avoient du mérite, & étoient fort bien élevés. Avec tout cela, c'est précisément eux qui sont la source de la ruine de ma famille, & la cause de ce long & dangereux voyage où vous nous voyez à présent exposés.

Le Ciel avoit beni mon mariage, en me donnant un fils & une fille. Ces deux enfans faisoient toute ma...... Mais non ; si je vous faisois le portrait de l'un & de l'autre, tant pour les qualités du corps que pour celles de l'esprit, & leur caractére, vous ne pourriez vous empêcher de croire que j'en parle comme un Pere dont la tendresse auroit aveuglé le discernement.

Mon fils s'apelloit Don Hénarez, il avoit eu pour parrain ce Gentilhomme dont je viens de vous parler. Nos fils étoient à peu près du même âge; ils avoient apris tous leurs exercices ensemble & sous les mêmes Maîtres; l'habitude, le voisinage, l'uniformité d'âge, d'humeur, de rang, tout avoit concouru à former la plus étroite amitié entre Don Lopez & mon fils. Avec le tems cette amitié s'accrût au point qu'on ne les connoissoit plus que sous le nom des deux amis.

Don Diégo me faisoit souvent le plaisir de venir chez moi, je vivois avec lui en bon voisin : il devint amoureux de ma fille Jutella, & me demanda la permission de la voir sur ce pied-là, & de tâcher d'obtenir son aveu pour l'épouser. C'étoit tout ce que j'aurois pû souhaiter de plus avantageux pour établir ma fille. J'avois même déja jetté les yeux sur lui pour en faire mon gendre, avant qu'il souhaitât de l'être; du moins avant qu'il me déclarât ses sentimens, j'avois remarqué en lui un bon fond & un excellent naturel; il raisonnoit fort juste, & avec beaucoup de bon sens; il étoit d'une aimable conversation; avec les maniéres les prévenantes, il avoit tout-à-fait l'art de s'insinuer; d'ailleurs bien fait de sa personne, les traits du visage réguliers & beaux pour un homme, l'air grand, & rien de gêné; en un mot, il étoit tel qu'une Demoiselle n'avoit pas la moindre chose à craindre de la critique en lui donnant son. Il joüissoit outre cela d'un bien très considérable, en sorte que j'avois toutes les raisons du monde d'espérer que ma fille ne pourroit être que très heureuse avec un tel époux. Vous sentez bien qu'il ne lui fut pas difficile d'obtenir mon consentement, & il ne fut pas long-tems à gagner l'affection de ma fille. Enfin, on ne tarda pas à parler de mariage : nous convînmes bien-tôt de nos faits, & l'on avoit déja donné aux Notaires les instructions pour dresser le contrat. Après que tout fut ainsi disposé, & que le contrat fut signé, il ne restoit qu'à fixer le jour pour la cérémonie : nous fîmes Don Diégo & moi des préparatifs extraordinaires, pour que tout se passât le mieux qu'il seroit possible.

J'aurois dû vous dire d'abord, que nos terres étoient situées dans le voisinage de Siguença. Sur ces entrefaites, deux Gentilshommes de ces quartiers prirent querelle par raport à des limites de leurs terres qui étoient contestées. L'un d'eux, nommé Don Antonio, faisoit sa résidence dans cette ville; l'autre, qui s'apelloit Don Ramiro, étoit voisin de Don Diégo. Ils s'avisèrent pour éviter les formalités de la Justice, de terminer leur querelle par une voye plus prompte, & de la décider à la pointe de l'épée, en prenant chacun un Second.

Don Ramiro prit avec lui Don Lopez sur le champ de bataille, & Don Antonio fit à mon fils le fatal honneur de le choisir pour son Second. Vous n'attendez pas

pas sans doute que je vous fasse le détails de ce malheureux duel, on n'a pu en sçavoir les circonstances que par ce qu'en a dit Don Lopez dans ses interrogatoires, & il y a bien aparence qu'il n'aura eu garde d'en rien dire qu'à son avantage ; ensorte qu'on ne sçauroit faire grand fond sur la véracité de ces dépositions, d'autant plus qu'il est le seul qui ne soit pas resté sur le champ de bataille.

Il est bien vrai qu'un Paysan qui travailloit à la terre assez près du lieu où se passa cette tragique scène, a confirmé par sa déposition sous serment, la vérité de ce qu'avoit déclaré Don Lopez ; sçavoir qu'il fit tout son possible pour éviter de se battre contre mon fils, qui l'avoit forcé à tirer l'épée ; que lorsque Don Hénarez l'attaqua, il se tint toujours sur la défensive, & ne faisoit que parer ses coups en se retirant ; que même il parloit assez haut pour que le Paysan pût entendre distinctement, qu'il rapelloit à mon fils l'étroite amitié qui étoit entr'eux, & qu'il l'exhortoit à ne point poursuivre les jours d'un homme qui seroit prêt de sacrifier les siens pour lui sauver la vie ; que mon infortuné fils répondit que l'honneur étouffoit en lui toute autre considération, qu'en même-tems il s'élança sur Don Lopez, & le blessa au bras droit ; que du même coup il s'enfonça dans la cuisse l'épée de son adversaire blessé, & que le coup ayant été mortel, parce que la veine-cave en avoit été coupée, comme on l'a vu ensuite lorsque les Chirurgiens visitèrent le

corps,

corps, il ne tarda pas d'expirer, ayant perdu tout son sang; que cependant Don Lopez voyant tomber son ami, se jetta d'abord sur lui en l'embrassant, qu'il le releva, & le tint entre ses bras jusqu'à ce qu'il eût rendu le dernier soupir. Que de l'autre côté, Don Antonio avoit serré de près Don Ramiro, & qu'il étoit tombé sur ce pauvre malheureux qui nageoit dans son sang; que Don Lopez venant à eux, Don Antonio ne fit qu'un saut, & se remit en pié pour attendre Don Lopez, qui se jetta sur lui avec un courage de lion, lui criant qu'il lui avoit ôté plus que la vie en tuant son ami; que quoique Don Antonio eût déja reçu plusieurs blessures en se battant contre Don Ramiro, il ne laissa pas de se battre encore avec beaucoup de vigueur; mais qu'enfin il reçut dans l'estomac un coup qui le jetta sur le carreau à côté de celui qu'il venoit de tuer. Mais avec tout cela, seroit il impossible qu'on eût fait le bec au Paysan, & que par argent on l'eût engagé à toute cette déclaration, quoique soutenue par serment?

Les Officiers de la Sainte Hermandad, qui ont par-tout des espions, eurent bientôt vent de ce duel; ils accoururent sur le champ de bataille, assez tôt pour se saisir de Don Lopez, quoique trop tard pour empêcher cette sanglante tragédie. Ils le conduisirent à Siguença, où il fut mis dans les prisons du château. C'étoit justement le tems que le Tribunal qu'on nomme las Cortes étoit assemblé. Ils vou-

lurent

lurent prendre connoiſſance de cette affaire, & ordonnérent que Don Lopez fût amené à Madrid ſous une bonne eſcorte. Vous n'ignorez pas que de Siguença à la capitale il n'y a que vingt-deux lieuës. Il y avoit déja long-tems qu'on cherchoit à abolir le déteſtable uſage des duels, & qu'on avoit fait dans ce but des loix de la derniére ſévérité contre cette barbare fureur, enſorte qu'on ne doutoit nullement que Don Lopez perdît la tête ſur l'échafaut, & l'on ne ſe flâtoit pas qu'il pût échaper par aucune faveur ni recommandation.

Cette triſte affaire rompit totalement les meſures que nous avions priſes pour le mariage de ma fille. Je n'aurois pu me réſoudre à prendre pour gendre le frere du meurtrier de mon fils, & il n'étoit pas naturel d'imaginer que Don Lopez voulût s'allier dans la famille d'un homme qui ne reſpiroit que vengeance contre la ſienne, & qui ne cherchoit que la mort de ſon frere.

On n'eut pas plûtôt reçu à Seguença les ordres de transférer Don Lopez à Madrid, qu'on le fit partir ſous l'eſcorte de dix Cavaliers de la Sainte Hermandad, commandés par un Officier de ce redoutable Tribunal.

Don Diégo, qui avoit pour ſon frere une amitié vrayement fraternelle, ayant été informé de tout, prit ſi bien ſes meſures, qu'il ſe trouva le deuxiéme jour ſur la route avec une douzaine d'amis tous gens de courage, bien montés, & mieux armés. A la vérité, ils étoient
maſ-

masqués, crainte d'être découverts. Ils attendirent la troupe dans un passage avantageux, se jettérent sur les cavaliers, & leur eurent bien-tôt enlevé le prisonnier, avec lequel ils se retirérent, & sçurent si bien se cacher qu'on n'en a jamais pu découvrir aucun. Au reste, on a toujours soupçonné que les gens de l'escorte avoient été gagnés, parce qu'il n'a pas paru qu'ils ayent fait la moindre défense avant de s'enfuir.

Il faut être Pere pour imaginer l'excès de ma douleur; ma fille ne fut pas moins sensible que moi à un accident qui lui enlevoit d'un seul coup un frere qu'elle aimoit tendrement, & un fiancé qu'elle regardoit comme devant être son époux cependant le tems qui vient à bout de tout, mitigea un peu notre chagrin. Dès que la bienséance le permit, Don Alphonson d'Alarcas, ce même cavalier qui m'a engagé à reprendre ce voyage, & qui a bien voulu m'y accompagner, me demanda Jutella en mariage. Comme il est de fort bonne maison, & que d'ailleurs par son mérite personnel & par son bien je trouvois que c'étoit un parti avantageux pour ma fille, je n'hésitai pas à la lui accorder. J'ordonnai en même-tems à Jutella de recevoir ses visites, & de le regarder comme un homme que je lui destinois pour époux; mais je trouvai en elle une répugnance invincible, & ce fut la premiére fois que je la vis résister à mes volontés. Elle eut pour Don Alphonse des maniéres si dures & si bisarres, qu'il

desespéra

désespéra de pouvoir jamais obtenir son consentement. J'en fus si outré, que je résolus de me servir de mon autorité paternelle. Je lui dis que puisqu'elle prétendoit s'aveugler ainsi sur ses propres intérêts, je ne voulois plus perdre de tems; qu'ainsi elle n'avoit qu'à se préparer à donner sa main à Don Alphonse dans la huitaine, avant la fin de laquelle je prétendois que le mariage se consommât. Elle me répondit fort froidement & sans s'émouvoir, que j'étois fort le maître de disposer de sa personne, comme d'une chose qui étoit en mon pouvoir; mais que je sçaurois donner à Don Alphonse un cœur que j'avois moi-même donné à Don Diégo, & qu'il avoit emporté avec lui.

Le lendemain, ne la voyant point paroître pour dîner, j'envoyai sçavoir pourquoi elle ne venoit pas. La femme de chambre répondit que sa maîtresse étoit indisposée, & qu'elle gardoit le lit. Je regardai cette défaite comme un pur effet de son obstination, & je résolus de feindre de ne m'en pas apercevoir, & de lui laisser tout le tems de faire ses réfléxions, & de rentrer dans son devoir.

Je restai ainsi quatre jours sans vouloir m'informer d'elle. A la fin la patience m'échapa. Vers le soir du quatriéme jour, je montai à son apartement, & je fus étrangement surpris de n'y trouver ni elle ni sa femme de chambre. Je fis d'abord grand bruit, j'interrogeai tous mes domestiques, & il se trouva que les uns pour
les

les autres, ils n'avoient pas osé s'informer de ce que faisoit ma fille, qu'ils croyoient legerement indisposée, & je découvris enfin qu'on n'avoit point vu la femme de chambre depuis le premier jour de la prétenduë indisposition de sa maîtresse.

Sa chambre étoit tout en desordre. Après avoir bien fouillé par-tout, je vis qu'elle n'avoit emporté aucun de ses habits. Je conjecturai de-là, qu'il falloit qu'elle se fût évadée en habit d'homme, & qu'elle pourroit bien avoir pris pour se déguisement ceux de défunt son frere. Dans cette idée, j'allai visiter la garde-robe, & effectivement je trouvai qu'il y manquoit deux habits, & une partie de son linge. Cette découverte ne me laissa aucun lieu de douter qu'elle ne fût partie avec sa suivante, mais je ne sçavois imaginer qu'elle route elles pouvoient avoir prise.

Mon premier soin fut de faire apeller Don Alphonse, & de lui donner part de mon infortune. Après que je lui eus tout conté, il fut d'avis qu'il falloit visiter aussi le bureau de ma fille; peut-être, dit-il, y trouvera-t-on quelques lettres ou quelques billets, dont on pourroit tirer des conjectures pour sçavoir de quel côté la chercher; & que pour lui il ne doutoit pas qu'elle n'eût eu quelque connoissance du lieu où étoit Don Diégo, & qu'elle ne fût allée le joindre en habit d'homme.

Nous fouillâmes dans tous les tiroirs du bureau; mais toutes nos perquisitions furent inutiles, nous ne trouvâmes rien
qui

qui pût nous donner le moindre indice sur la route qu'elle avoit prise, pas le moindre billet de Don Diégo, comme nous l'avions espéré. Nous ne trouvâmes pas non plus ses pierreries, ensorte que nous ne doutâmes pas qu'elle ne les eût envoyées auparavant, ou emportées avec elle.

Enfin, après avoir vainement fouillé par-tout dans le cabinet, nous passâmes dans sa chambre. Don Alphonse, qui dans cette affaire avoit des yeux de Linx, aperçut dans un coin un papier, qu'elle avoit sans doute laissé tomber dans la précipitation, jointe peut-être à la peur d'être découverte. Il se trouva justement que c'étoit une lettre de Don Diégo, par laquelle il donnoit avis à ma fille, que lui & son frere se tenoient cachés à Cadix sous les noms de Don Fernando & de Don Gomez, dans la maison d'un Négociant Anglois nommé Bennet.

En voilà plus qu'il n'en faut, s'écria Don Alphonse; il n'y a pas deux partis à prendre; c'est-là que nous trouverons ces amans; nous n'avons qu'à faire venir à l'instant des chevaux, & si nous faisons diligence nous arriverons encore à tems pour tirer satisfaction & du meurtrier de votre fils, & du ravisseur de mon épouse.

Ce seul mot de *meurtrier de mon fils* réveilla en moi toute mon animosité, qui commençoit avec le tems à se rallentir; l'évasion de ma fille qui étoit une affaire toute fraîche venant aussi à la charge, sur-tout ne doutant point que Don Diégo
n'y

n'y eût bonne part, mon ame ne fut plus occupée que de l'idée de la plus prompte vengeance ; déja je brûlois de tirer satisfaction de tous les trois.

J'ordonnai sur le champ qu'on amenât des chevaux ; & quoiqu'on nous avertît qu'on alloit servir le dîné, nous étions si pénétrés, comme nous le sommes encore, de l'affront que nous avions reçu, que sans nous asseoir nous bûmes chacun un coup, & montâmes ensuite à cheval pour nous rendre à Cadix le plûtôt possible. Nous poussâmes nos chevaux à toute outrance : aussi quand nous arrivâmes à la fin du jour, ils étoient sur les dents, & hors d'état d'aller plus loin. Nous en louâmes de tout frais, & continuâmes d'aller pendant la nuit tant que nos chevaux purent marcher. A deux heures du matin nous arrivâmes à une petite ville dont j'ai oublié le nom, nous nous rafraîchîmes, changeâmes de chevaux.

A peine avions-nous fait deux lieues, que le cheval de Don Alphonse fit un faux pas, & en voulant se relever s'abattit de façon que ma chute en fut plus violente, & que le cavalier n'ayant pu se débarrasser des étriers, tomba aussi & se trouva malheureusement sous le cheval, qui, par les efforts qu'il faisoit pour se relever, augmentoit le mal que souffroit déja Don Alphonse. Je l'attendis crier en tombant, je revins à lui, & mis pied à terre pour aider les domestiques à lui donner du secours. On le débarrassa à la vérité, mais il étoit déja tout meurtri, & plein de con-

contusions. Nous avions une bonne demi-lieuë à faire avant d'arriver à quelque village : quoique la Lune fût déja assez haute, elle ne donnoit qu'une foible lueur, parce que les nuées étoient très épaisses. On le remit à cheval du mieux qu'on put, il ne pouvoit pas s'y soutenir ; je laissai les domestiques pour prendre garde à lui, & venir tout doucement. Je pris les devans, pour chercher du monde dans la première hôtellerie que je trouverois. Effectivement, au bout de la demi lieuë, j'entrai dans un cabaret, je pris avec moi quelques personnes avec une chaise qui se trouva-là par hazard, qui apartenoit à des voyageurs qui avoient passé la nuit, & qui étoient encore couchés. On ramena ainsi le blessé, & on le mit dans un bon lit. J'envoyai en même-tems chercher un Chirurgien à Alcala, qui n'est pas loin delà. Dès qu'il fut venu il saigna le malade & bassina les contusions : mais quelque soin qu'on prît de lui, il fut plus de huit jours à se remettre un peu, & à pouvoir se remuer.

Dans cet intervalle, crainte que l'accident arrivé à Don Alphonse ne nuisît à nos desseins, & que nos fugitifs ne vinssent à s'échaper, j'écrivis à Don Gullermo de Suarez, Gouverneur de Cadiz. Je lui envoyai ma lettre par un valet affidé : c'étoit un ancien domestique, & le seul qui fût dans le secret du motif de notre voyage. Après avoir rendu compte au Gouverneur de la mort de mon fils & de l'évasion de ma fille, je le priois de vouloir

loir bien l'arrêter avec son ravisseur & le frere de celui-ci : je lui marquois sous quels noms ces Messieurs passoient, le déguisement de ma fille, & le nom du Marchand étranger chez qui je ne doutois point qu'ils ne fussent encore.

Nous fûmes obligés de rester auprés d'Alcala environ trois semaines, avant que Don Alphonse fût bien rétabli, & en état de poursuivre notre route. Ils ne falloit pas tout ce tems-là pour avoir réponse de Cadiz, nous avions attendu de jour à autre le retour du domestique que j'avois envoyé, & nous comptions surement d'aprendre par lui que nos fugitifs étoient arrêtés ; mais le coquin nous trahit, & nous ne l'avons jamais revu. Don Alphonse ne fut pas plûtôt en état de soutenir la fatigue du voyage, que nous nous remîmes en chemin ; nous ne laissâmes pas de trouver la route longue & pénible ; car il y a près de cent lieues d'Espagne, de Séguença à Cadiz. A notre arrivée je me rendis en droiture chez le Gouverneur. Il me dit qu'il n'avoit vu ni valet ni lettre. Là-dessus je lui contai toute mon affaire, & conclus par le prier d'envoyer sur le champ une Garde de soldats pour chercher dans la maison de M. Bennet. Il me répondit que ce Marchand étoit un galant homme, d'ailleurs très considéré dans la ville, & qu'outre cela la Cour ne devoit pas en bonne politique, donner le moindre sujet de mécontentement aux Négocians d'une Nation qu'on étoit bien aise de ménager ; mais qu'il suffisoit qu'il en-

envoyât prier M. Bennet de venir lui parler, qu'il ne manqueroit pas de lui faire ce plaisir.

En effet, ce Marchand ne tarda pas. Don Gullermo lui dit en ma préſence de quoi il s'agiſſoit. L'honnête Négociant répondit avec un certain air de franchiſe qui montroit qu'il diſoit vrai, qu'il avoit eu à la vérité chez lui deux cavaliers tels qu'on les lui dépeignoit; qu'ils lui avoient été adreſſés & recommandés par un Gentilhomme Anglois qui étoit parti pour Londres; qu'ils avoient paſſé quelque tems dans ſa maiſon avec leurs domeſtiques; qu'il y avoit juſtement ſept ſemaines que deux jeunes cavaliers étoient venus les joindre, & avoient auſſi logé avec eux, ayant cependant un apartement ſéparé; qu'il y avoit un peu plus d'un mois qu'un laquais portant telle livrée (c'étoit préciſément mon coquin) avoit aporté une lettre au plus jeune des derniers venus; qu'ayant tous parcouru cette lettre l'un après l'autre avec beaucoup d'attention, il lui avoit paru qu'elle les avoit mis dans un grand embarras; qu'après qu'ils eurent tenu conſeil entr'eux, un de ſes hôtes vint lui demander s'il n'y avoit point de vaiſſeau qui fût prêt à ſortir d'Eſpagne, n'importe pour quel Pays que ce fût; qu'il lui avoit répondu que le vaiſſeau d'avis pour la Véra-Cruz n'attendoit qu'un vent favorable, & que s'il en venoit dès le ſoir, il mettroit à la voile le lendemain ; que ſur cette réponſe il l'avoit prié de vouloir bien ſans perdre de tems aller contracter avec

le

le Capitaine de ce vaisseau pour le passage d'eux quatre & de leurs domestiques, de faire incessamment transporter leurs bagages à bord, & de charger le Capitaine d'augmenter ses provisions à proportion de ce qu'ils étoient de personnes, & qu'à cet effet il lui mit entre les mains une bourse de cent pistoles. Qu'il s'acquita d'abord de la commission ; que ces cavaliers prirent congé de lui, s'embarquèrent le lendemain, & firent voile le sur lendemain avec un vent favorable. Qu'à leur départ un de ces cavaliers l'avoit forcé d'accepter la bague qu'il avoit alors au doigt, qu'il nous montra, & qui étoit d'un fort grand prix. Qu'au reste, il n'avoit pas la moindre connoissance d'aucun d'eux ; que cependant il ne doutoit pas, autant qu'il avoit pu le conjecturer par leurs manières, par les bijoux qu'ils avoient, & par plusieurs autres particularités, qu'ils ne fussent des personnes de la première distinction.

Nous remerciâmes le Marchand de tout ce qu'il nous avoit dit avec autant d'exactitude que d'ingénuité, nous le laissâmes chez le Gouverneur, & prîmes congé d'eux. Dès que nous fûmes à notre auberge, nous donnâmes les ordres pour qu'on nous fît souper de bonne heure, nous avions besoin de repos. En attendant Don Alphonse me dit, que son parti étoit pris, qu'il vouloit poursuivre le ravisseur, & l'aller chercher dans quelque coin du monde qu'il eût pu chercher un azile. Pour vous, Monsieur, continua-t-il ; si vous voulez être

être de la partie, la justice de votre cause ne supléera que trop à ce que vous avez d'âge de plus que moi ; & comptez qu'il y en a assez de nous deux pour tirer une ample satisfaction des injures que nous avons reçues (vous sur-tout à qui ils ont enlevé deux enfans) de ces deux freres, qui le sont moins encore par le sang, que par la bassesse des sentimens. Si vous refusez de m'accompagner, quoique vous soyez bien plus offensé que moi, je suis résolu de partir seul, & d'aller me battre contre tous les deux, quelque part que je les rencontre. En un mot, nous conclûmes que nous irions les chercher ensemble. Dès le lendemain nous prîmes des lettres de crédit pour tous les ports, & pour les principales villes d'Amérique, afin de nous précautionner contre toutes sortes d'accidens, & que le manque d'argent ne pût nous retarder nulle part. Nous attendîmes le départ de la Flotte, qui ne tarda guéres à mettre à la voile. Nous sommes arrivés heureusement à la Véra-Cruz, où nous avons apris que les personnes telles que nous les avons dépeintes, y ont abordé dans le vaisseau d'avis, & qu'ils ont pris la route du Méxique, où nous espérons assouvir notre trop juste vengeance, & les châtier suivant l'énormité de leurs crimes.

Nous plaignîmes beaucoup le vieux Gentilhomme, quoique dans le fond nous ne trouvassions point les deux freres, ni la Demoiselle si coupables; mais nous ne jugeâmes pas à propos, en présence de

F Don

Don Alphonse, de ne rien dire qui parut tendre le moins du monde à diminuer la grandeur de ce qu'ils regardoient comme le plus noir des attentats.

CHAPITRE V.

Que le Lecteur peut lire ou passer à son choix.

APrès que nous eûmes donné les ordres afin que tout fût prêt pour continuer notre voyage le lendemain, les deux cavaliers se retirérent dans leur apartement. Je restai seul avec Don Rodrigo : vous avez oui, me dit-il, l'histoire de ce cavalier ; mais avant que nous nous séparions, je veux vous en dire le reste, qu'il ignore encore.

Je me trouvai par hazard à la Véra-Cruz à l'arrivée du vaisseau d'avis, & comme j'allai à bord, j'y vis les personnes que nos deux hôtes poursuivent avec tant d'acharnement. A la vérité, je fus pris d'abord par la bonne mine, & par les maniéres des deux cavaliers, & par la beauté d'un des deux plus jeunes. Je demandai au Capitaine, si ces passagers avoient aporté de riches marchandises ; & sur ce qu'il me dit qu'ils n'avoient à bord que leurs hardes, je me sentis une certaine curiosité de sçavoir ce qu'ils étoient, d'autant plus que personne n'aborde dans ce Pays, à moins qu'il n'y vienne occuper quelque emploi de la part de la Cour, ou qu'il n'y soit attiré par le Commerce. Pour me mettre plus à portée de satisfaire ma curiosité,

F 2 je

je les abordai, & après quelques questions indifférentes pour entamer la connoissance, je leur offris la maison de mon ami, dont je pouvois disposer, en leur disant qu'ils seroient très mal logés dans une auberge ; ce qu'ils auroient certainement éprouvé, s'ils avoient refusé les offres que je leur faisois.

Pour abréger, ils les acceptérent avec plaisir & remercimens. De-là je leur fis avoir des mules, & vins avec eux jusqu'en cette ville ; où je les engageai à force de priéres à passer quelques jours chez moi, charmé d'avoir une si agréable compagnie. Je les retins près d'un mois ; je trouvai insensiblement le moyen de gagner leur confiance ; & comme un jour entr'autres, je leur marquai un certain empressement de sçavoir ce qui pouvoit avoir amené des personnes que je voyois bien être de distinction, & qui, selon toutes les aparences, n'avoient aucunes affaires dans un Pays où personne n'aborde que par l'apas du gain. Don Lopez me conta leur histoire, qui quadre parfaitement à ce que nous a dit le Comte Xérez de l'amitié de son fils avec Don Lopez : ainsi je n'en parlerai point non plus que des autres circonstances dont la répétition seroit inutile. Je vous ferai en peu de mots le portrait de Don Hénarez, tel que je le tiens de Don Lopez.

Il étoit fort bien fait & d'une taille assez haute ; il avoit de la force & de la vivacité, un esprit querelleux, prompt à s'emporter, & beaucoup moins de prudence que de courage. Il affectoit une certaine

taine naïveté qui lui étoit particuliére. Selon lui, c'étoit quelque chose au-dessous d'un homme d'honneur de trahir ses sentimens, & d'un homme de bon sens de vouloir se gêner, & s'abstreindre par l'impertinence ou la sottise des autres, à ce que le monde veut bien apeller belle éducation.

Une façon de penser aussi Cynique que celle-là, faisoit qu'il disoit tout ce qui lui venoit à la bouche, il ne gardoit des mesures avec personne, il censuroit tout, & n'auroit pas même épargné ses proches ni ses meilleurs amis.

Comme il n'y a personne qui prenne plaisir à s'entendre dire ses vérités, ou reprocher ses défauts, sur-tout devant le monde; & que chacun a droit d'attendre des autres les mêmes politesses & les mêmes attentions qu'il a pour eux, il s'attira plusieurs querelles, & se fit un grand nombre d'ennemis. Je l'ai vu une fois, continua Don Lopez, dire à un homme qui lui montroit des vers de sa façon, & dont sans doute il n'avoit pas mauvaise opinion; (& où est l'Auteur qui n'a pas pour ses productions une tendresse plus que paternelle ?) je l'ai vu, dis-je, lui dire qu'il auroit bien plus de prudence à lui d'avoir étouffé cette production dès sa naissance, qu'il n'y avoit eu d'esprit à les écrire; bien plus, que c'auroit été lui rendre service & à ses autres connoissances, que de les suprimer, & leur en épargner la lecture, qui ne servoit qu'à les faire rire, ou à les ennuyer.

Pour moi, continuoit toujours Don Lopez,

pez, je dois avouer que ses manieres franches & ingénues m'ont été d'une grande utilité. Comme nous étions intimes, & que je l'aimois en frere, je ne laissois pas de craindre sa censure : lorsque j'étois avec lui, je me tenois toujours fort sur mes gardes, crainte qu'il ne m'échapât de dire ou de faire quelque chose à quoi il pût trouver à redire : & comme nous étions rarement l'un sans l'autre, je me fis insensiblement une habitude de réfléchir avant que de parler ou d'entreprendre quelque chose ; car surement il m'auroit peut-être moins épargné qu'un autre. Je le croyois parfaitement en ce qu'il avoit coutume de dire lorsqu'il vouloit quelquefois s'excuser de ce qu'il poussoit la censure un peu trop loin ; qu'il ne faisoit que me dire en ami, ce que d'autres qui n'avoient pas pour moi les mêmes sentimens ne laissoient pas de penser ; & qu'il me disoit en face pour mon bien, ce que les autres ne manqueroient pas de dire en mon absence à leurs amis & à leurs connoissances, pour me tourner en ridicule & se divertir à mes dépens.

Il me dit encore d'autres choses pour me faire mieux connoître son caractére ; quelques-unes seroient inutiles à notre sujet ; & d'autres, vous les sçavez déja. Quand il vint à l'article du duel, il poursuivit ainsi. Lorsque je vis que Don Antonio amenoit Don Hénarez pour Second, ma surprise fut égale à celle de cet ami. Je vous avois accompagné, dit Don Hénarez à l'autre, dans le dessein de me battre pour votre querelle ; mais je crois que je
pour-

pourrai bien m'en retourner sans avoir tiré l'épée. Quoi ! dit Don Antonio, est-ce-là cet ami si ardent qui se pique avec moi d'une si grande sincérité ? C'est bien plûtôt un de ces amis du tems, qui mollissent & se trouvent tout de glace dans l'occasion. Est-ce-là soutenir ce caractere de galant-homme dont vous faisiez tant de parade ? Apellez-vous cela être homme d'honneur, que de n'avoir pas plus de cœur qu'une poule ? Est-ce-là ce qu'on apelle un Gentilhomme ? un Cavalier ? un Hidalgo ?

Et tout cela, reprit Don Hénarez, peut-il & doit-il me porter à me battre contre un ami intime ? à attenter à une vie pour laquelle je sacrifierois mille fois la mienne ?

Il n'est pas question ici de disputer de la langue, dit Don Ramiro, c'est à la pointe de l'épée que nos différends se doivent décider ; en même-tems il ôta son habit & sa veste, & continua ainsi : J'ai amené un homme d'honneur & de courage, qui n'est point venu ici dans le dessein d'être un spectateur oisif ; je suis sûr que comme il a épousé ma querelle, il sçaura la défendre. Don Lopez a les sentimens trop élevés pour couvrir une indigne lâcheté du prétexte d'une frivole amitié. Pou vous Don Hénarez, si je ne perds pas la vie dans cette affaire, j'aurai soin d'instruire tout le monde de votre lâcheté, si vous refusez de soutenir en galant-homme la haute opinion que j'ai eu de vous jusqu'à présent. Dans des occasions comme celle-ci, un homme de cœur a

F 4   mau-

mauvaise grace de s'excuser sur un léger prétexte d'amitié.

Don Hénarez piqué au vif de reproches aussi mortifians me regarda, & me dit: Mon frere (car c'est ainsi que nous nous apellions pour l'ordinaire) joignez-vous à moi, & faisons voir à ces deux cavaliers si déraisonnables, combien il est dangereux d'oser douter du courage d'un honnête-homme. Soyez seulement mon Second, & je les aurai bien-tôt convaincu que Don Hénarez n'est pas un lâche. Je repliquai que je n'érois venu que dans le dessein d'offrir mon bras à Don Ramiro, & que je ne sçaurois avec honneur tourner contre lui l'épée que je lui avois offerte ; que cela m'étoit tout aussi impossible que de la tirer contre lui, que je ne m'étois guéres attendu de trouver à ce rendez-vous. J'espere, continua Don Hénarez, qu'on ne voudra pas exiger de moi l'impossible, car rien au monde ne le seroit plus pour moi que de vous attaquer en ennemi; puis s'adressant à Don Ramiro, vous m'avez insulté, lui dit-il, de la maniere la plus outrageante; ce n'est plus avec Don Antonio, c'est avec moi que vous allez avoir à faire; préparez-vous à mesurer votre épée avec la mienne ; en même-tems il se dépouilla, & tira l'épée. Don Ramiro repliqua sur le champ, en se mettant cependant en garde, qu'il n'étoit-là que pour se battre avec Don Antonio qui lui avoit fait apel. Pour vous, Messieurs qui vous amusez à causer, dit-il en regardant les deux autres, contenteztez-vous d'être des spectateurs inutiles. Fort bien, dit Don Antonio ; & pour qu'ils n'ayent pas pris inutilement la peine de venir jusqu'ici, celui de nous deux qui survivra aura soin de leur faire présent à chacun d'une quenouille : ce meuble sied mieux qu'une épée dans la main d'une femme ; car ils ont beau avoir un extérieur mâle, on ne voit que trop qu'ils ont moins de cœur même qu'une femme.

C'en est trop, Don Ramiro, s'écria Don Hénarez. Cruelle situation ! faut-il que les loix d'un vain point-d'honneur prescrive des choses si contraires à la Nature & à la Justice? Pardonnez, mon cher Lopez. Quelle violence ! je suis forcé de vous traiter en ennemi ; mais Ramiro songez-y bien, si mon ami vient à tomber sous mes coups, vous ne lui survivrez pas long-tems.

Don Antonio & Don Ramiro en vinrent aux prises, & Don Hénarez avança sur moi. Je me tins sur la défensive, & ne pouvois gagner sur moi de lui pousser une botte. Comment, me dit-il, vous croyez badiner avec moi ? Est-ce que vous me prenez pour un enfant ? Non, non, il nous faut écarter toute idée d'amitié, cessez de me traiter avec ce dédain qui m'insulte. Je repartis qu'il étoit étonnant que les discours de ces deux ingrats pussent faire quelque impression sur son esprit, & le toucher au point d'étouffer en lui les sentimens de l'amitié. C'en étoit fait, il n'étoit plus susceptible de raison. Allons, allons, me dit-il, mon honneur m'est plus cher, je ne dirai pas que ma vie, mais même

F 5 que

pieds de longueur. Le fruit qu'on apelle Noix de Coco est fort gros, la coque en est dure & épaisse ; quand on la casse, on trouve dans le corps de cette coquille un noyau blanc, dur & un peu fade ; il nage dans une liqueur blanchâtre qu'on apelle le lait. Il y a des noix qui contiennent près de deux pintes de cette liqueur, selon la grosseur de la coquille. Ce suc est nourrissant, agréable au goût, & fort rafraîchissant. La quantité d'arbres qu'il y avoit, donnoit de l'ombre & rendoit le lieu très-frais. Toutes ces grandes feuilles des sommets formoient sur nos têtes une espéce de dais ou de pavillon du plus beau vert du monde ; l'air agité par le mouvement de ces feuillages augmentoit agréablement la fraîcheur ; le silence qui y régnoit n'étoit interrompu que par le bruit sourd des zéphirs, & par le murmure d'un ruisseau dont l'eau claire arrosoit ce séjour délicieux : tout concouroit à nous faire goûter un certain plaisir champêtre, qui m'auroit fait prendre ce lieu pour un de ces bocages enchantés dont j'avois lu de si belles descriptions.

Nous admirions en silence les beautés de ce lieu charmant, lorsque tout d'un coup nous fûmes agréablement surpris d'entendre un concert de musique, où de très-belles voix, qui joignant leurs accords à d'excellens instrumens, formoient une harmonie si parfaite, que nous ne sçavions comment exprimer notre étonnement. Quoique nous ne vissions encore personne, nous ne crûmes pas cependant être

être redevables à des Etres Aëriens, d'une fête auſſi charmante ; nous nous arrêtâmes, crainte que le bruit de nos mules ne nous empêchât d'écouter à notre aiſe. Dès que la muſique eut ceſſé, nous ordonnâmes à nos Muletiers de marcher.

Ils ſe détournèrent un peu ſur la gauche, & nous conduiſirent à environ cent pas loin du lieu où nous étions. Nous entrâmes dans un Boſquet fort épais ; comme nous n'en avions pas vu d'autre en entrant dans le Bocage, nous comprîmes que c'étoit-là où s'étoit fait le concert que nous avions entendu. Un de nos Muletiers nous dit que nous allions trouver dans ce Boſquet une venta *, dont le Maître ſe feroit un plaiſir de nous régaler magnifiquement. Mais je dois vous prévenir ſur une choſe, nous dit-il ; c'eſt que l'hôte de cette venta eſt tout-à-fait différent des autres qu'on trouve dans les voyages & ſur les grandes routes, qui ſont tous des écorcheurs. Celui-ci vous fournira tout ce que vous pourrez deſirer, tant pour vous que pour les mules ; il vous régalera d'excellente muſique, de vins délicieux, de toutes ſortes de liqueurs rafraîchiſſantes ; & ſi vous faiſiez tant que d'offrir à le payer, ne fût-ce qu'un réal †, il prendroit cela pour un très-grand affront.

Comment fait-il donc pour ſoutenir la
dépenſe

* Logis ou Cabaret.
† Petite monnoie d'Eſpagne.

dépense de sa maison ? interpit le Comte. Vraiment Monsieur, répondit le Muletier, c'est à lui à le sçavoir ; pour moi j'ai une excellente avaloire, je fais mon devoir à table, je bois & mange ce qu'on me donne sans m'embarrasser d'où il vient.

Comme le Bosquet étoit fort épais, on ne pouvoit y passer à cheval, nous mîmes pied à terre, & un Muletier prit nos mules par la bride. Don Alphonse, qui ne voyoit pas la moindre aparence de maison, demanda où étoit le logis. Vous allez le voir tout à l'heure, dit celui qui conduisoit nos mules. En effet, en sortant du bois nous vîmes trois grandes tentes. On nous introduisit dans celle du milieu ; & la première personne qui s'y trouva pour nous recevoir, fut Don Rodrigo. Je n'ai que faire de vous dire combien cette vuë nous surprit agréablement. Il avoit si bien donné ses ordres & pris ses mesures, qu'en montant à cheval l'instant après que nous l'eûmes quitté, il lui avoit été aisé de prendre une route différente de la notre, & d'arriver plûtôt que nous. Tout avoit été disposé dès le jour précédent pour notre réception, & nous fûmes reçus avec une magnificence qui étoit plûtôt d'un Prince que d'un Marchand.

C'est-là Messieurs, dit le Muletier, montrant Don Rodrigo, l'hôte du logis. Je me flâte, dit ce généreux hôte, que vous voudrez bien me pardonner de vous avoir fait détourner trois quarts de lieuë de votre chemin, lorsque je vous en aurai dit la raison ; mais vous verrez en même-tems que j'ai un peu cherché ma propre satisfaction, en me procurant plus long-tems l'honneur & le plaisir de votre compagnie.

Don Alponse lui répondit qu'il ne faisoit qu'accroître une dette qui étoit déja si grande, qu'il ne sçauroit comment s'y prendre pour être jamais en état de l'acquiter. Qu'il faudroit à la fin que Don Rodrigo fit avec lui, comme on fait avec les Banqueroutiers, de qui on se contente de tirer ce qu'on peut, & qu'il se contentât de ses remerciemens.

On ne doit point apeller Banqueroutier, reprit Don Rodrigo, celui qui paye même au-delà de ce qu'on lui demande. Tout ce qu'il vous plaît d'apeller dette, est bien acquité & au-delà, pour peu que vous daigniez l'avoir pour agréable. En même-tems il nous introduisit dans une autre tente, qui étoit toute tendue de damas cramoisi de Gennes. A peine fûmes-nous assis, qu'un laquais aporta un grand carrafon d'une eau claire comme le cristal, & froide comme la glace, avec une bouteille d'excellent vin de Saint Martin. Nous bûmes avec plaisir chacun un verre de vin trempé de cette eau pour nous rafraîchir, après quoi Don Rodrigo s'adressa à ses hôtes à peu près en ces termes.

Vous n'auriez eu Messieurs, dans toute la route jusqu'à Rinconada, aucun endroit à pouvoir faire halte commodément, pour prendre quelque rafraîchissement. A la vérité Rinconada où vous auriez
dû

du passer la nuit, abonde assez en toutes sortes de provisions; il y a même la meilleure eau du monde, c'est un grand article dans ce pays-ci pour la saison. Les auberges n'y sont pas mauvaises; mais on y est attaqué la nuit d'une telle quantité de moucherons & de cousins, qu'on ne sçauroit prendre un moment de repos. Le seul bourdonnement suffiroit pour inquiéter un voyageur qui cherche à reposer; mais leurs piqûres sont quelque chose d'insuportable, il y a eu des gens qui ont quelquefois attrapé la fiévre.

Si vous voulez que je vous dise la vérité, j'ai voulu vous épargner ces inconvéniens. J'ai eu la précaution de gagner vos Muletiers, & c'est à mon instigation qu'ils vous ont joué la piéce, de vous écarter du grand-chemin, & de vous amener dans ce piége que je vous ai tendu, pour jouir encore cette nuit du plaisir de votre bonne compagnie. Je ferai mon possible pour que vous ne trouviez pas le tems long jusqu'au souper. J'ai préparé pour cela une petite fête, qui sera, je pense nouvelle, au Comte & à Don Alphonse. Si vous partez demain à la pointe du jour, vous aurez passé Rinconada avant le fort de la chaleur; & en vous rafraîchissant à Guatalaca, vous aurez du tems de reste pour arriver à la ville où vous devez coucher.

Le Comte remercia Don Rodrigo, dans les termes les plus obligeans, des attentions qu'il avoit pour eux. Peu après on servit un dîner magnifique, & où rien n'étoit n'étoit épargné tant pour la profusion que pour la délicatesse des mets. Nous eûmes pendant le dîner une musique choisie, qui ne cessa que lorsqu'on se leva de table. Delà Don Rodrigo, pour donner au laquais la commodité de desservir, nous conduisit dans une autre tente; celle-ci étoit tenduë d'un gros damas jonquille brodé en argent.

A peine fûmes-nous assis, qu'un Trompette se mit à sonner. Je vous ai promis, dit Don Rodrigo, une fête qui seroit nouvelle à ces Messieurs qui n'ont jamais été en Amérique. Ce Trompette donne le signal pour avertir que mes acteurs sont prêts, & n'attendent que votre presence. Nous nous levâmes, & allâmes à quelques pas nous asseoir dans un endroit frais & à l'ombre, où ses Esclaves avoient préparé un banc de gazon & de mousse couvert d'un riche tapis de Perse. Il y avoit devant nous une table couverte de toutes sortes de vins les plus exquis, de grands flacons de cristal pleins d'eau fraîche, & toutes sortes de confitures séches & liquides dans des tasses & des bassins d'argent & de vermeil. Dès que nous eûmes pris nos places, nous vîmes paroître une Troupe de Danseurs Indiens, qui nous régalérent de danses à la mode de leur pays: nous fûmes aussi charmés de la propreté, de la grace & de l'exactitude dans la cadence, que nous fûmes étonnés de la legéreté avec laquelle ils exécutoient les danses les plus difficiles. Les danses étant finies, il vint une Troupe

pe de Sauteurs à l'Indienne, qui nous divertirent beaucoup par cent tours nouveaux & variés : ils firent des sauts & des tours d'une force & d'une agilité, tels qu'on n'en a jamais vu de semblables en Europe. Ceux-ci firent place à une autre Troupe, qui representoit des Combattans, aussi à la mode des Indiens : ils se rangérent en deux lignes, & débutérent par une espéce de danse à la Pyrrhique, en frapant de leurs javelots contre des espéces de boucliers, en cadence & avec un art admirable. Ce n'étoit qu'un prélude : ils se diviférent encore, & ensuite engagérent un combat dans les formes, toujours au son des instrumens & des voix, d'une musique mâle & guerriére, dont les accords varioient selon les différens genres de combats. Il y eut des prisonniers de part & d'autre, bien de blessés & de morts en aparence qui contrefaisoient à merveilles. Enfin le parti victorieux, ayant mis l'autre en déroute, resta maître de ce chimérique champ de bataille. On mit les fers aux prisonniers, qui selon l'usage furent remis entre les mains des Prêtres & femmes pour être sacrifiés. La fête finit par des danses, au bruit d'une musique de joye, de triomphe & de victoire.

Nos deux Etrangers ne pouvoient assez marquer leur admiration & leur satisfaction ; on s'entretint beaucoup sur ce spectacle, qui avoit eu pour eux tous les agrémens de la nouveauté. On servit ensuite le chocolat,

après

après quoi nous restâmes encore à l'air pour jouir de la fraîcheur, jusqu'à ce que la rosée venant à tomber, on se retira dans la tente où nous avions dîné. On aporta des cartes, nous nous mîmes à jouer, & nous ne quittâmes le jeu que pour le souper. Un laquais avertit Don Rodrigo qu'on avoit servi; on ne fit que lever une portiére au derriére de la tente, & il s'y trouva un passage couvert qui communiquoit à l'autre tente qu'on avoit aprochée, afin qu'on pût y passer sans être exposé au serein, qui est dangereux dans ce pays-là.

Le souper étoit magnifique, & ne cédoit en rien au dîner. Nous passâmes la soirée le plus agréablement du monde, jusqu'à ce qu'il fût tems d'aller nous coucher. Nous passâmes dans la troisiéme tente, où nous trouvâmes des hamacks ou lits suspendus, très-propres & très-commodes, avec des rideaux de fine toile de cotton, où nous reposâmes fort bien jusqu'à la petite pointe du jour que nous nous levâmes. Après avoir pris le chocolat, & par dessus un léger déjeûner, nous prîmes congé de notre généreux hôte, qui bien loin de vouloir recevoir nos remercimens, prétendoit encore nous avoir obligation. Nous continuâmes notre route, dans laquelle il ne nous arriva plus rien qui soit digne de remarque. La La seconde nuit nous couchâmes à Segura de la Frontéra, où il peut bien y avoir mille habitans tant Espagnols qu'Indiens.

Cette ville a été bâtie pour garantir la fron-

frontiére, comme son nom le dénote. Les Espagnols qui voyagent de Saint Jean de Ulhua au Mexique, s'y trouvent à l'abri des insultes des Peuples apellés Cuhuacan & Tepeacac, Indiens amis des Méxicains; mais ennemis jurés des Espagnols, à qui ils font tout le mal qu'ils peuvent. Ils descendent de ces mêmes Indiens qui lors de la conquête du Mexique surprirent dix hommes des gens de Fernand Cortez, qu'ils sacrifiérent à leurs Idoles, & dont ils mangérent ensuite la chair. Ce fut après les avoir soumis à l'obéïssance de Charles V. Empereur & Roi d'Espagne, que Cortez bâtit cette ville.

Comme je vis que mes deux compagnons étoient un peu fatigués, & qu'ils ne pouvoient pas soutenir la grande chaleur de ce pays, je leur proposai de nous arrêter & de prendre un jour de repos. Je le fis d'autant plus volontiers, que j'étois bien aise de donner aux deux freres du Mexique, tout le tems de prendre leurs mesures sur la nouvelle qu'ils devoient avoir reçue par l'Exprès de Don Rodrigo. Ce fut encore dans cette vue que j'ordonnai à nos Muletiers de nous détourner un peu de la grande route, & de prendre celle de Tlaxcallan, qui est plus au Nord-Ouest que celle que nous aurions dû suivre. Le vaste Pays du Mexique n'auroit jamais subi le joug de Cortez, ou plûtôt des Espagnols, sans l'amitié & le secours des Peuples de cette province, qui sont tous d'un naturel martial & courageux.

Nous

Nous eûmes occasion, sur le chemin de cette ville, de voir des espéces de Monumens, ou de grosses Pierres avec plusieurs Croix, qui avoient été plantées sur les ruïnes d'une ancienne Tour des Indiens. C'étoit le lieu, à ce que nous dit notre Muletier, où Fernand Cortez étoit entré en ligue avec les Peuples de Tlaxcallans, ou Tlaxcalétes, après les avoir combattu à la tête d'une Troupe qui n'étoit que de quatre cens Espagnols & de six cens hommes de Troupes auxiliaires d'Indiens de Zempoallan & de Zaclotan; après, dis-je, les avoir combattu, eux dont l'Armée étoit de cent cinquante mille hommes effectifs, & cela à différentes reprises pendant plusieurs jours, il remporta sur eux de si grands avantages à chaque combat, qu'enfin après les avoir presque tous détruits, il vint à bout de les subjuguer; & c'est pour conserver la mémoire de ces victoires, qu'il avoit fait élever ces Croix.

La ville de Tlaxcallan est grande, assez bien bâtie, les maisons y sont de pierre, elle est extrêmement peuplée. De-là nous vînmes à une ville apellée la Puebla de los Angélez, à près de vingt lieues du Mexique. Le Comte se trouva à la fin si accablé de fatigue, que nous fûmes obligés d'y séjourner une huitaine de jours pour lui donner le tems de se remettre; ce qui m'en donna aussi de reste pour parcourir la ville. Elle est située dans une vallée des plus agréables, à environ dix lieues d'une montagne extrêmement hau-

G te;

te ; le nombre des habitans peut bien aller à dix mille ; il y a une belle Cathédrale, un Couvent de Jacobins, un de Cordeliers, un d'Augustins, un de Peres de la Merci, & un de Carmes déchaussés ; il y en a aussi de Jésuites, & quatre Monastères de Filles.

Après Tlaxcallan, la premiére ville que nous ayons vu qui en valût la peine, fut Guacocingo. Elle est presque toute habitée par des Indiens. Ce fut notre derniére couchée. Avant que d'arriver au Mexique, nous côtoyâmes cette haute montagne dont je viens de parler. Elle passe tout ce qu'on dit des plus hautes des Alpes, soit par sa hauteur étonnante, soit pour le froid qu'il y fait. Elle est toujours couverte de neige au sommet. En la côtoyant, nous ne laissâmes pas de monter assez haut. Nous étions encore bien éloignés du milieu, que nous étions cependant plus haut que n'est celle de la Pessemabet ou de Salève, d'où l'on voit d'un côté dans le fond les plaines de Magny, & de l'autre tout le lac Léman. De même nous découvrions de la hauteur où nous étions, la ville & le lac de Mexique, qui nous paroissoient tout proche, quoiqu'il y eût encore plus de trois lieues depuis le pied de la montagne jusqu'à la ville, qui est dans une belle plaine. En y arrivant nous allâmes mettre pied à terre chez mon correspondant, qui nous reçut très-bien. Comme il étoit déja tard, il nous engagea à passer la nuit chez lui, Le lendemain il eut la bonté de nous conduire duite à la maison qu'il avoit louée pour moi, mes deux compagnons me firent l'honneur d'y loger comme ils me l'avoient promis.

On a tant de Relations publiées par des Missionnaires & autres Voyageurs sur tout ce qui regarde la Ville & le Royaume de Mexique, qu'il seroit assez inutile de vous répéter ici ce que vous pouvez avoir oui ou lu sur cette matière, qui ne feroit d'ailleurs qu'interrompre le fil de mon histoire, dont je ne veux pas m'écarter par des digressions qui ne serviroient qu'à vous ennuyer.

Nous passâmes le reste de la matinée à visiter & à examiner la maison, je retins mon correspondant à dîner. Mon ami se retira après le repas. Je profitai du tems que nos deux cavaliers allérent faire la sieste dans leur apartement, pour sortir; je pris l'adresse que Don Rodrigo m'avoit donnée, & m'en fus en droiture chez Don Diégo & Don Lopez, que je trouvai heureusement au logis.

Ils me reçurent avec beaucoup de politesse, & me témoignérent beaucoup de reconnoissance de l'attention qu'avoit eu Don Rodrigo de les avertir par un Exprès, du voyage de deux cavaliers que j'avois invité chez moi; mais ils m'assurérent qu'au reste ils étoient résolus de se tenir prêts à tout événement. Don Lopez surtout me dit entre autres choses : Je ne puis m'empêcher de plaindre extrêmement le Comte Xérez, de se voir privé d'un fils qu'il chérissoit tendrement, &

G 2 qui

qui dans le fond étoit un cavalier de mérite, quoiqu'à la vérité l'acharnement avec lequel il cherchoit abſolument à me tuer, ne ſoit pas la plus belle action de ſa vie. Cependant, comme nous étions amis intimes, je ſçavois lui paſſer certains petits défauts; & lors même qu'il me força à me battre contre lui, je ſentois que ce n'étoit qu'un point d'honneur mal-entendu, & je fis humainement tout ce que je pus pour épargner ſes jours en défendant les miens. Cela eſt ſi vrai, que ce fut plûtôt lui qui ſe tua de mon épée, que je ne le tuai; auſſi fus-je extrêmement touché de ſa mort. Je devine aiſément le motif qui a engagé ces Meſſieurs à entreprendre un voyage ſi long & ſi hazardeux. Le vieux Comte eſt brave comme l'épée qu'il porte. Je ne doute nullement, que malgré la grande inégalité de ſon âge au mien, il n'ait le courage de me faire un apel. Je ne ſçaurois le refuſer, à tout événement. Je m'y rendrai, mais avec une ferme réſolution d'épargner ſa vie autant que j'ai tâché d'épargner celle de ſon fils, en un mot, de ménager ſes jours autant que les miens propres. Mon frere n'en attend pas moins de ſon rival, mais il n'a pas les mêmes raiſons pour le ménager; ainſi j'ai bien peur que ce jeune fanfaron n'ait pris la peine de faire bien des milliers de lieues, pour venir chercher au Mexique une mort qu'il auroit pu attendre paiſiblement en Eſpagne.

 Je leur fis offre de tous les ſervices qui
pour-

pourroient dépendre de moi, en cas que je fusse assez heureux pour pouvoir leur être bon à quelque chose. Ils me remerciérent beaucoup, & me dirent qu'il ne seroit pas impossible que dans la suite ils ne se trouvassent dans le cas de devoir m'importuner.

Cette première visite ne fut pas longue, je restai près d'une demie heure avec eux. En les quittant, je vins en droiture chez moi. Je vis peu mes hôtes, qui restérent ensemble dans leur chambre. On parla peu pendant le souper, & chacun se retira. Le lendemain ils sortirent de grand matin pour aller, à ce qu'ils dirent, faire un tour par la ville; ils priérent même que s'ils n'étoient pas de retour pour dîner, on ne les attendît point ; parce qu'il se pourroit, dirent-ils, que la curiosité les retînt dehors plus long-tems qu'ils ne croyoient.

En effet ils ne revinrent pas pour dîner, & je n'entendis point parler d'eux de tout le jour. Je commençois déja à en être en peine, quoique je n'imaginasse pas que dès le premier jour ils voulussent aller chercher leurs ennemis, ni même qu'ils les pussent trouver si aisément. Mais ils ne les trouvérent que trop, je ne sçai si je dois dire pour leur malheur, ou par bonheur. Je fus tout étonné à l'entrée de la nuit d'entendre un carosse qui s'arrêta à ma porte. C'étoit le Comte qui ramenoit son ami, que je pris pour mort. Le Comte demanda d'abord qu'on fît apeller un Chirurgien. Par bonheur il y en avoit un

G 2 qui

qui logeoit tout proche de chez moi : il visita le malade, & lui trouva deux grandes blessures, mais il dit qu'elles n'étoient ni mortelles ni dangereuses. Il apliqua d'abord des stiptiques pour étancher le sang, & mit le premier apareil. On mit le patient dans un lit bien chaud, & peu à peu il revint de l'évanoüissement où l'avoit jetté la quantité de sang qu'il avoit perdu; mais il ne put reprendre si-tôt ses sens.

On envoya ensuite chercher un Médecin, on lui donna deux gardes pour le servir, & je fis prendre de lui tous les soins imaginables. Ensuite, comme je sçavois leurs allures, je ne fus pas long-tems à deviner d'où pouvoit provenir le coup. Je le laissai reposer, le Comte ne le quittoit pas. Je me rendis sur le champ à la maison de Don Diégo & de Don Lopez.

Le laquais qui vint m'ouvrir la porte, me dit qu'ils étoient tous deux au Couvent des Dominicains, où ils s'étoient retirés. J'allai les y trouver, & leur dis que le Chirurgien avoit déclaré qu'il n'y avoit rien à craindre pour la vie de Don Alphonse, qu'ils avoient cru mort. Ils me parurent peu touchés de cette nouvelle, ils la reçurent sans beaucoup s'émouvoir. Cet homme est si obstiné, s'écria Don Diégo, que quand même il en réchaperoit, j'ai bien peur que cette première leçon ne le rende pas plus sage. Dès que j'apris qu'ils étoient à Xalappa le Comte & lui, je comptois bien qu'il
avoit

avoit envie de mourir en Amérique. En effet il en est arrivé comme je l'avois prévu. Ils nous ont envoyé un défi à mon frere & à moi. Nous nous sommes rendus au lieu marqué. D'abord qu'ils nous ont vu, Don Alphonse m'a attaqué en furieux; le Comte en même-tems a attaqué mon frere si brusquement, qu'il ne lui a pas même voulu donner le tems, ni de se justifier, ni de lui dire une seule parole. Mon frere s'est mis en défense, & l'on auroit dit à sa maniére de se battre, qu'il avoit plus de peur de blesser son adversaire, que d'en être blessé lui-même.

Pour moi je n'ai pas gardé tant de ménagement avec mon homme, je lui ai risposté si vigoureusement, qu'à la troisiéme botte je lui ai fait mordre la poussiére; après cela je suis accouru pour séparer mon frere, qui avoit déja eu plus d'une fois toute la facilité de percer le Comte & de mettre fin tout d'un coup à son animosité & à sa vie.

D'abord que ce courageux Vieillard m'a apperçu, c'en est trop, a-t-il dit, de deux contre moi seul; mais la justice de ma cause me donnera assez de force pour rendre la partie égale. Hélas, Seigneur! lui ai-je dit, vous voyez en nous deux adversaires qui ont toujours admiré vos vertus, qui vous estiment, qui vous respectent, qui sont pleins de vénération pour vous; en un mot, qui bien loin d'en vouloir à vos jours, seroient prêts au contraire à sacrifier mille vies pour défendre la vôtre. Ne croyez pas que nous attendions de vous aucune soumission, ni la moindre démarche qui ne convienne à un homme de votre naissance & de votre courage. Nous sçavons qu'un homme de cœur comme vous peut mourir, qu'il peut être oprimé, mais qu'il ne sçauroit être vaincu. Permettez, Seigneur, que je me jette à vos pieds, & que je vous conjure de pardonner à mon frere un malheur, qu'il auroit voulu éviter au prix même de son sang, & dont il a été certainemeut aussi touché que vous avez pu l'être vous-même.

Pour moi, Seigneur, j'ai toujours eu pour vous le respect d'un fils envers son Pere, & tant que je vivrai, j'aurai les mêmes sentimens. Il est vrai que votre fille, pour garder la foi qu'elle m'avoit jurée, & pour éviter un engagement pour lequel elle se sentoit une répugnance invincible, a cherché un azile auprès de moi à qui vous l'aviez promise. J'ai été moi-même un fidèle gardien de sa vertu ; elle est si jalouse encore de son devoir & de la soumission qu'elle vous doit, que jusqu'à present je n'ai pu la faire condescendre à me donner sa main sans votre aprobation. Le Comte m'écouta alors avec beaucoup d'attention. Généreux cavaliers, nous dit-il, c'est parce que vous dites que je ne sçaurois être vaincu, que j'avoue que je le suis. Oui, je reconnois que je vous dois la vie, puisque vous n'avez pas voulu que je la demandasse, ni exiger de moi une démarche si basse

&

& si indigne de tout homme d'honneur.

En même-tems il a jetté son épée par terre, & s'adressant à mon frere : Oui Don Lopez, lui a-t-il dit, dès à présent je veux vous croire innocent de la mort de mon fils, & je n'en attribue la perte qu'à la fatalité de son étoile. Là-dessus il nous embrassa tous deux, & nous conjura de nous mettre en lieu de sûreté, & de chercher un azile en quelque Eglise : il ajouta même que nous aurions incessamment de ses nouvelles. Il a ensuite apellé ses gens, qui étoient restés près du carosse ; ils ont emporté le corps de Don Alphonse que nous croyions mort, & nous sommes d'abord venus mon frere & moi nous réfugier vers les bons Peres de ce Couvent.

Le lendemain, dès que le premier apareil fut levé, le Medecin & le Chirurgien assurérent que les playes de Don Alphonse n'étoient pas dangereuses, & que sûrement il en réchaperoit : mais ils dirent qu'il ne falloit absolument ni lui parler, ni le faire parler ; ainsi nous fûmes quelques jours le Comte & moi sans entrer dans sa chambre, nous contentant d'aprendre de ses nouvelles par ceux qui le servoient : ses gardes nous dirent qu'il n'ouvroit presque pas la bouche, soit pour se plaindre, soit pour rien demander.

En attendant que Don Alphonse fût visible, le Comte alloit tous les jours faire visite aux deux freres, & à sa fille à qui il pardonna son évasion de chez lui. Il se trouvoit cependant très-embarrassé entre Don Diégo & Don Alphonse; il avoit réellement promis sa fille à tous les deux, & le dernier s'étoit exposé à un dangereux voyage pour l'obtenir, ou pour venger l'affront qui auroit été fait au Comte ou à lui, s'il s'étoit trouvé qu'il n'eût pu l'épouser avec honneur, ou si elle eût été effectivement mariée.

Je le connoissois extrêmement délicat sur l'article du point-d'honneur, c'étoit précisément ce qui augmentoit son inquiétude. Il m'en parloit même souvent, & cherchoit avec moi les moyens de se mettre à couvert de tout reproche. Pour moi, mon sentiment étoit qu'il donnât sa fille à Don Diégo, & qu'il lui tînt parole comme ayant été le premier en date, d'autant que celle qu'il avoit donnée à Don Alphonse n'étoit selon moi que conditionnelle, & supposoit Don Diégo & son frere coupables dans une chose, où il voyoit qu'ils ne l'étoient dans le fond ni l'un ni l'autre.

Don Alphonse mit lui même fin à cette perplexité. Le sixiéme jour après sa malheureuse affaire, il nous fit prier le Comte & moi de passer dans sa chambre. D'abord nous lui fîmes nos excuses de n'avoir pas été le voir assiduement dans les premiers jours de sa maladie, en lui disant que le Médecin & le Chirurgien l'avoient absolument défendu. Le Médecin qui étoit présent, déclara que le
Patient

Patient étoit abfolument hors de danger, mais qu'il étoit encore d'avis qu'il ne devoit parler que le moins qu'il feroit poffible. Là-deffus le Malade lui demanda quand il croyoit qu'il pourroit parler & nous ouvrir fon cœur. Le Docteur répondit qu'il ne le pourroit encore de quatre ou cinq jours.

A la bonne heure, dit le Malade; mais en attendant, s'adreffant au Comte, faites-moi je vous prie, la grace de dire de ma part à Don Diégo, que je lui réfigne toutes mes prétentions fur Jutella; que je ceffe d'être fon ennemi; que je le prie en grace de venir me voir auffi-tôt que le Docteur me permettra de parler. Dites-lui qu'en cherchant à lui ôter la vie, j'ai trouvé que la grace du Tout-puiffant peut, quand il lui plaît, faire tourner en bien les projets formés pour le plus grand mal. J'efpére avoir trouvé le chemin du bonheur éternel, dont l'efpérance me porte à ménager ma fanté & à accélérer mon rétabliffement; & crainte de retarder ma guérifon en parlant trop, je ne vous en dirai pas davantage à prefent.

Le Comte, que ce peu de mots comblérent de joye, fe rendit à l'inftant vers Don Diégo; il lui rendit compte de tout ce que Don Alphonfe lui avoit dit; & dans la même vifite il lui donna fon confentement au mariage de Jutella; il alla enfuite la prendre lui-même dans fon caroffe, & l'amena en même-tems chez moi.

moi. Il eut d'abord la précaution de défendre à tout le monde de dire à Don Alphonse qu'elle étoit dans ma maison, dans la crainte qu'une telle nouvelle ne lui causât quelque émotion qui pût nuire à sa santé, & retarder sa guérison.

CHAPITRE VII.

Un Bien d'un Mal, ou, le Diable fait un Saint.

DOn Diégo & son frere vinrent exactement, au jour marqué, pour voir Don Alphonse ; nous les conduisîmes le Comte & moi auprès du Malade qui se rétablissoit à vue d'œil, & nous le trouvâmes en robe de chambre assis sur son lit. Dès qu'il nous vit entrer, & qu'il aperçut celui qui avoit été si long-tems l'objet de sa haine & de sa vengeance, il s'adressa à lui à peu près en ces termes.

Pardonnez, Seigneur Don Diégo, à un homme qui se sent le plus sensible repentir de vous avoir voulu tant de mal, & d'avoir cherché à se venger avec tant d'animosité. Je vous céde à presént de tout mon cœur la Sennora Jutella, que j'avois voulu vous ravir avec tant d'injustice. Je ne suis plus le même, mes yeux se sont décillés, & ie suis très-convaincu que toutes ces folles idées que les hommes se forment de ce qu'il leur plaît d'apeller le point-d'honneur, ne sont que des illusions diaboliques ; qu'il n'est pas possible d'être véritablement homme d'honneur, tant qu'on s'écarte des saints devoirs que la Religion nous enseigne être tout-à-fait opposés à ces chimériques idées qui sont si
fort

fort à la mode, & qui causent la ruïne de tant de gens, qui pour un grain de fumée, pour une réputation vaine & mal entendue, se jettent dans un labyrinthe de maux réels, tant pour ce monde ici que pour l'autre. Nous nous glorifions du nom de Chrétiens, & nous cherchons une fausse gloire dans la vengeance, quelle contradiction! quelle absurdité! Nous espérons de la bonté & de la justice Divine des récompenses éternelles, & nous vivons comme si nous n'avions que faire de l'une, & que nous ne craignissions point l'autre.

Enfin, s'adressant à Don Diégo, il lui dit que ses blessures lui avoient fait ouvrir les yeux sur le monde & sur lui-même; il s'étendit encore, dans des discours de la Morale la plus sublime & la plus épurée, sur la fragilité des choses d'ici-bas; après cela il fit ses dernières dispositions.

Je laisse, dit-il, à mes plus proches héritiers les biens que j'ai en Espagne; ma résolution est prise de me faire Religieux; d'abord que ma santé le permettra, je prendrai l'habit dans un Couvent. Je vous souhaite un heureux voyage & bien des prospérités en Europe, où je ne retournerai de mes jours.

Puissiez-vous, Don Diégo, jouir en la compagnie de Dona Jutella de toute la félicité que vous pouvez desirer. Je vous souhaite à tous en général, & en particulier à cette Dame, à mon cher Comte, à votre frere une vie douce, heureuse & tranquile.... Mais je sens que l'effort

fort que je viens de faire à force de parler, m'a un peu affoibli, j'ai besoin de repos, trouvez bon que je vous prie de me laisser un peu seul pour me tranquiliser.

De-là à trois semaines Don Alphonse fut parfaitement rétabli, quoiqu'à la vérité il n'eut pas encore repris toutes ses forces, tant il avoit été épuisé par la quantité de sang qu'il avoit perdu. Le Comte ne rencontrant plus d'oposition au mariage de Dona Jutella, on en fixa le jour, & il se fit avec toute la magnificence possible. Le lendemain des nôces, Don Alphonse envoya prier le Pere Prieur des Dominicains de venir le voir chez moi. Il avoit tiré de moi dès le matin douze mille piastres sur de bonnes lettres de change pour l'Espagne ; il avoit de si fortes lettres de crédit, qu'il auroit pu recevoir ailleurs de beaucoup plus grandes sommes ; mais comme j'avois vendu toutes mes marchandises, j'attendois que mon argent me rentrât pour en acheter de nouvelles, ce qui fit que je pris son billet lorsqu'il me demanda cette somme.

Il fit présent de huit mille piastres au Couvent des Dominicains, il me força d'en accepter mille, il en distribua autant en divers œuvres de charité : & après avoir mis ordre à toutes ses affaires, il entra dans le Couvent de ces Peres, où il a mené une vie extrêmement retirée dans la pratique la plus exemplaire des Vertus Chrétiennes, & dans des mortifications si austéres, qu'au bout de sept ans il est mort en odeur de Sainteté.

Peu de tems après le mariage de Don Diégo, le Comte partit avec lui, sa fille & Don Lopez pour l'Espagne. Leur voyage fut heureux ; & ce généreux Seigneur m'envoya par le retour de la Flotte un présent considérable en huile, & autant à Don Rodrigo. Je vendis la mienne pour deux mille piéces de huit, la portion de mon ami ne valoit pas moins.

Je n'avois pas entrepris le voyage du Mexique simplement pour prendre l'air & me promener ; je m'informai exactement de tout ce qui regardoit le commerce de l'intérieur du Pays, pour me mettre au fait & n'être pas les bras croisés en attendant les marchandises qui devoient me venir d'Europe, dans le dessein de tirer de mon capital le plus de profit que je pourrois, & en moins de tems, pour être plûtôt en état de retourner dans ma patrie.

J'avois remarqué que plusieurs riches Indiens faisoient un bon commerce en apportant à la ville, de la Cire, du Coton, des Soies, du Miel, du Sucre & de la Cochenille. J'avois déja une connoissance particuliére avec un de leurs Colporteurs, à qui j'avois vendu en plusieurs fois, pour plus de huit mille pieces de huit. Je tâchai de lier amitié avec lui, & j'en vins fort aisément à bout.

Un jour que je m'entretenois avec lui, & que je lui faisois des questions sur le commerce qui se fait dans l'intérieur du Royaume, il me dit que si je voulois faire la dépense d'acheter des mules, & faire porter mes effets plus avant dans le Pays,

j'y

j'y pourrois gagner près de cinquante pour cent de plus que dans la ville, & qu'en les troquant contre des Cuirs, des Peaux & autres effets du produit du Pays, j'y trouverois un gain confidérable fi je voulois m'en défaire dans la ville de Mexique, à moins que je n'aimaſſe mieux les envoyer moi-même en Eſpagne, plûtôt que de les revendre aux Marchands de là, qui également les achetoient pour les envoyer en Europe. Au refte, continua-t-il, cette manière de négocier paroit fi peu de chofe de foi, qu'aucun Marchand Eſpagnol ne voudroit s'abaiſſer à trafiquer de cette façon, que ces Cavalléros regardoient comme au deſſous d'eux, & qu'il auroit même de la peine à croire qu'un gros Négociant comme moi daignât s'abaiſſer juſques-là.

Je fis pourtant mes réflexions. Je compris fort bien que mon unique affaire dans ce Pays n'étoit que de gagner de l'argent, & qu'à cet effet toute fierté à part, je ne devois point regarder comme au-deſſous de moi, tout ce qui pouvoit me conduire à mon but principal : ainfi j'eus bien-tôt pris mon parti, & je lui demandai s'il voudroit bien faire ce voyage avec moi, ou du moins me recommander à quelque honnête Indien en qui je puſſe avoir une entiére confiance.

Il me répondit qu'il alloit avec les marchandiſes que je lui avois vendues en compagnie de quelques autres Marchands à Guaxaca, qui eſt à foixante lieues de Mexique ; que fi je voulois me pourvoir de

Mules,

mules, il feroit ravi de me faire compagnie, qu'il ne me faifoit même en cela aucun facrifice, d'autant que ce qu'il avoit acheté de moi, ne feroit pas feulement la dixiéme partie de ce dont on avoit alors befoin tant dans cette ville qu'aux environs.

Je me fiai fur ce qu'il me difoit, j'achetai une vingtaine de mules & je me mis en voyage avec cet honnête Indien. Je vis effectivement qu'il m'avoit accufé jufte. Je me défis de toutes mes marchandifes par voie de troc, parce que j'y trouvois mieux mon compte. Je fis l'acquifition de quelques beaux chevaux. On trouve dans la vallée de Guaxaca de très-beaux haras, & ce font les plus fameux de tout le Pays. Je me trouvai outre cela en Cuirs, & autres effets, de quoi charger une chaîne d'une trentaine de mules, ayant augmenté mon train de dix & d'autant de chevaux lefquels je ne gardai pas même long-tems, ayant d'abord trouvé à m'en défaire à trente pour cent de profit.

Comme mon Indien alloit encore plus avant dans le Pays, & que je voulois m'en retourner, il me recommanda quelques Muletiers dont il connoiffoit la fidélité ; & ils fe trouvèrent d'ailleurs bons domeftiques & fort entendus. Je me trouvois fi bien de cette manière de trafiquer, que je ne fis prefque plus autre chofe que troquer ainfi & changer les marchandifes que je faifois venir d'Efpagne à chaque Flotte, contre d'autres que j'y envoyois en échange. A la vérité Meffieurs nos Négocians
fe

se moquoient un peu de moi, & m'apelloient entr'eux Colporteur ou Muletier; mais leurs railleries ne me faisoient pas grand mal,& le gain que je faisois me produisoit de grands avantages. Et d'ailleurs, mes affaires se faisant plus vîte, mon voyage en fut beaucoup racourci; car enfin, dès que j'avois tant fait que d'entreprendre un si long voyage, je prétendois ne pas laisser mon ouvrage imparfait, c'est-à-dire en bon Castillan, que je voulois faire une grosse fortune.

Au quatriéme voyage que je fis à Guaxaca, je n'avois pas moins de quatre-vingt mules toutes chargées de marchandises d'Europe. Je trouvois si bien mon compte à être devenu Colporteur, ainsi que nos Messieurs m'apelloient, que je ne voulus plus rien vendre dans la ville de Mexique.

L'Evêque de Guaxaca ayant apris que j'étois arrivé, & que j'avois quantité de marchandises d'Europe qui m'étoient venues par la Flotte de la Véra-Cruz, me fit dire d'aller lui parler. Je ne tardai pas de me rendre à l'Evêché. Sa Grandeur me dit qu'elle avoit besoin d'une bonne partie de galons de France en or & en argent, & me demanda si j'en avois que je pusse lui garantir tel. J'en avois justement une partie considérable, j'allai les chercher, & ce bon Prélat en prit pour huit cens piastres, pour des Habits & des Ornemens d'Eglise.

Pendant que le marché se faisoit, je remarquai que l'Evêque m'examinoit avec
une

une attention si particuliere, qu'on auroit dit qu'il croyoit m'avoir connu autrefois, & qu'il cherchoit à s'en rapeller les idées. Après qu'il eut choisi les galons qu'il vouloit, il ordonna à son Mayordomo de me payer ; il lui enjoignit en même-tems de me prier à dîner, & de me retenir jusqu'à ce que la compagie qui dînoit avec Sa Grandeur fût retirée.

Lorsque cet Intendant me dit l'ordre qu'il avoit de Monseigneur, je commençai aussi à rêver que son visage ne m'étoit pas tout-à-fait inconnu, quoique je ne pusse pas bonnement me rapeller où je pouvois l'avoir vu, & je pensois déja que peut-être il me remettroit mieux.

Dès que la compagnie fut retirée, on me conduisit dans l'apartement du Prélat, qui me fit donner un siége. Il fit signe en même-tems à l'Intendant de nous laisser seuls, & me dit de m'asseoir, puis il me parla à peu près en ces termes. A présent, Seigneur Scipion, j'espére que vous êtes un peu plus honnête-homme que vous n'étiez lorsque vous volâtes l'Archevêque, & que vous fîtes main-basse sur le coffre-fort du bon-homme Balthazar Vélazquez, Marchand de drap à Cordoue. Monsieur, répondis-je, puisque Votre Grandeur est si bien informée des sotises de ma jeunesse, je ne doute pas qu'elle ne sache aussi comment j'y avois été poussé, & qu'elle ne passe quelque chose en faveur de l'âge où j'étois alors. Ce n'est pas que je prétende, ce qu'à Dieu ne plaise, diminuer en rien
l'é-

l'énormité de mes fautes, dont j'ai eu un repentir ferme & sincére, & dont j'ai même fait restitution autant qu'il a été en mon pouvoir par des charités aux Pauvres, ne pouvant la faire autrement à ceux à qui j'avois fait le mal.

Je sai, reprit l'Evêque, que vous fûtes porté, & même comme forcé à voler le bon homme Balthazar, par ce libertin de Gaspard son fils. Mais lorsque vous emportâtes les bijoux & les perles de l'Archevêque, ce ne fut que par votre penchant naturel à piller. Cependant, si vous en avez eu, comme vous dites, un sincére repentir, & que vous ayez fait restitution, je ne doute pas que vous n'en soyez pardonné au Ciel; & en ce cas quel mortel oseroit faire des réflexions odieuses, sur celui que Dieu a reçu dans sa miséricorde.

Mais dites-moi, je vous prie, continua l'Evêque en changeant de discours, sçavez-vous ce qu'est devenu ce parricide & archicoquin de Gaspard?

Le bruit a couru, repliquai-je, qu'il s'étoit converti; que Dieu lui ayant touché le cœur, il avoit pris l'Habit dans le Couvent des Chartreux à Séville. S'il est encore vivant, j'espére que la pénitence & les mortifications lui auront obtenu de la bonté sans bornes du Tout-puissant, le pardon de ses crimes qui étoient bien moins l'effet d'un mauvais cœur, ou d'un naturel corrompu, qu'une suite des mauvaises compagnies où il avoit eu le malheur de se trouver. Mais si par hazard il est mort, j'espére encore plus que celui qui tendit

les

les bras au bon Larron, l'aura reçu au nombre des Saints.

Le langage que vous tenez est trop chrétien, reprit le Prélat, pour que j'ose douter que vous ne vous soyez repenti, comme vous dites, des égaremens de votre jeunesse. Et pour ce qui est de Gaspard, je vous dirai qu'étant réellement pénétré de la plus vive horreur de l'énormité de ses égaremens, il se fit effectivement Chartreux comme on vous l'a dit, & qu'il n'eut d'autre objet de ses pensées sur la Terre, que d'effacer ses péchés, de laver par les larmes de la pénitence la noirceur de ses iniquités passées ; car les eaux qu'un cœur contrit envoye comme de leur source au travers des yeux qui méprisent tous les objets de cette vie passagère & terrestre, sont d'une vertu bien efficace pour laver nos ames de toute souillure.

Au bout de trois ans de Profession dans l'Ordre, son Prieur, qui étoit assez content de sa conduite, lui ordonna d'étudier la Théologie, & enjoignit en mêmetems à un docte Prédicateur du Couvent de l'aider & de le diriger dans ses études. Il s'apliqua dix ans de suite à cette sublime Science, & y donna regulièrement toutes les heures qui n'étoient pas destinées aux Offices, & aux autres pieux devoirs de la Communauté. A la fin de ses études, il fut fait Prédicateur pour soulager les anciens des fatigues de la Chaire, qui ne laisse pas d'être pénible, sur-tout pour un homme vraiment touché d'un saint zèle pour le salut & la conversion de ses auditeurs

teurs, lorsque par la caducité de l'âge ses forces sont sur leur déclin.

Frey Gaspard eut le bonheur de faire quelques sermons, qui avec la grace de Dieu furent goûtés, & eurent assez d'onction pour toucher les cœurs de la plûpart de ses auditeurs.

Il y avoit près de sept ans qu'il exerçoit ce ministére, lorsque pour quelques affaires particuliéres du Couvent le Prieur eut besoin d'envoyer un Pere à Rome au Général de l'Ordre. Il fut chargé de cette commission, & on lui donna un Frere Lay pour l'accompagner dans ce voyage.

Dans les lettres dont il fut chargé pour le Général, le Prieur avoit eu la bonté de faire de lui un portrait des plus avantageux, en le lui representant comme un bon Religieux, & comme un homme dont les sermons étoient accompagnés de l'onction persuasive, & des autres talens de la chaire.

Le Général en ayant parlé au Pape, Sa Sainteté voulut l'entendre; il eut le bonheur d'être goûté du S. Pere, qui lui donna non seulement son aprobation, mais encore des aplaudissemens & des éloges sur sa maniére de débiter la parole de Dieu. Il ne lui fut pas difficile après de si bons succès, de se concilier l'estime du Général; il eut même après cela des entrées plus faciles au Vatican, & le S. Pere lui donna plusieurs audiences particuliéres, & donna des ordres pour la plus prompte expédition des affaires pour lesquelles le Prieur l'avoit envoyé à Rome. Elles ne furent

furent pas plûtôt terminées à sa satisfaction, que Sa Sainteté le tira de son Ordre, & le destina aux Missions du Mexique, en le nommant à l'Evêché de Guaxaca, où il a maintenant le plaisir de voir & d'embrasser le Seigneur Scipion, & de le prier d'oublier les mauvaises actions auxquelles il l'a engagé ; & au surplus de le remercier, comme l'unique instrument du salut de son ame, comme il l'espére de la miséricorde divine, & de la médiation du Redempteur du Monde. Oui, continua-t-il, il en regarde le Seigneur Scipion comme la principale cause, par la prudence dont il usa en donnant sagement part à son pere, de l'horrible dessein qu'il avoit sur ses jours : attentat si noir & si détestable, que malgré le repentir sincére qu'il en a eu, il ne peut encore y penser sans horreur & sans exécration.

A ces mots il m'embrassa le plus affectueusement du monde, & les larmes qui sortoient de ses yeux couloient abondamment sur mes joues. Je le serrai & l'embrassant à mon tour, je me sentis si vivement pénétré & touché, qu'à peine eus-je la force de m'écrier : Est-il bien possible ! Quoi ! je suis assez heureux pour être témoin d'un pareil changement !

Après être un peu remis de ma premiére surprise, je demandai à Sa Grandeur des nouvelles de sa famille. Il me dit que mon ancien bon Maître avoit vécu jusqu'à un âge fort avancé ; que sa sœur étoit avantageusement mariée avec un riche Négociant ;

-ciant ; qu'ils jouissoient de tout son patrimoine, qu'il leur avoit cédé en se faisant Religieux ; que dès lors il s'étoit tellement dépouillé de tout attachement pour les choses de ce Monde, que même au moment qu'il me parloit, il n'étoit plus sous l'obédience des Supérieurs de l'Ordre, & qu'il étoit comme rentré dans un genre de vie publique. Il se regardoit bien moins comme propriétaire, que comme l'administrateur pour les Pauvres des revenus de son Evêché, dont il ne croyoit pouvoir employer que le simple nécessaire pour son usage, & pour son Eglise, qu'il ne cherchoit à amasser d'autres tresors, que ceux qui ne sont ni périssables, ni sujets à aucune altération.

Après cela le Prélat souhaita que je lui contasse le détail de ma vie, depuis le tems que je ne l'avois vu. Je le fis avec toute l'exactitude que le peu de tems & ma mémoire me le permirent. Il me retint à souper avec lui, & ne voulut recevoir ce jour-là aucune visite étrangére.

Lorsque je pris congé de lui, il me promit de me rendre tous les services qui dépendroient de lui. J'éprouvai dans la suite à mon grand avantage, combien le Prélat étoit ponctuel à tenir ce qu'il avoit promis. Il étoit chéri & respecté dans son Diocèse ; on trouvoit en lui une piété solide & naturelle, une hospitalité généreuse, une charité humble & une sobriété sans affectation. Toutes ces vertus, jointes à l'affabilité la plus prévenante, lui gagnoient si bien les cœurs, que par sa protection & sa recommandation je me vis presque seul maître de tout le commerce de la Province de Guaxaca.

Vous comprendrez plus aisément à quel point mon gain pouvoit aller, si vous considérez qu'il y a dans cette seule Province trois cens cinquante Villes, des Villages à proportion, & cent soixante Couvens tant d'Hommes que de Filles. Tout cela se fournissoit, presque chez moi seul, de marchandises d'Europe. Je me vis même par-là dans l'obligation d'avoir plusieurs Comptoirs & Magazins, & des Facteurs à proportion en différentes villes, & d'entretenir pour le moins quatre cens mules, qui étoient toujours en route de côté ou d'autre.

Mais comme vous sçavez que la grande riviere Alvarado communique à Zaporécas, & à S. Ildefonso qui ne sont pas loin de Guaxaca, vous pourriez croire qu'on peut avec beaucoup plus de facilité & à moins de frais transporter par eau les marchandises depuis S. Jean de Ulloa dans les mers du Nord, & vous étonner pourquoi je les faisois porter par terre, ce qui ne pouvoit manquer de me jetter dans de grands frais. Tout cela est vrai ; mais il faut aussi que vous sachiez que les Pirates & les Capres Hollandois qui désolent les mers du Nord, envoyent souvent des bateaux avec des gens biens armés jusques très avant dans cette riviére, sur laquelle il n'y a aucun fort ; ce qui en rend le passage très-dangereux & hazardeux ; sans compter, qu'également mes mules auroient dû revenir à vuide, après avoir por-

té

té à la Flotte les marchandises que j'y envoyois du cru du Pays pour être transportées en Espagne pour mon compte.

Au retour d'un troisiéme voyage que j'avois fait au Mexique, je reçus les nouvelles de l'arrivée de la Flotte, sur laquelle j'avois une provision extraordinaire d'huile, qui étoit la marchandise la plus recherchée alors dans le Pays, & dont on pouvoit se défaire le plus avantageusement, desorte que mon Facteur de Cadix n'auroit rien pu charger sur cette Flotte qui me fut plus avantageux. Ce fut aussi dans ce dessein qu'il l'avoit fait, ayant apris que l'huile étoit justement ce dont il y avoit le moins sur la Flotte pour le compte des autres.

J'envoyai incessamment autant de mules qu'il en falloit pour aporter le tout ; je ne manquai pas de prendre la poste ; j'arrivai à tems pour m'accommoder à bon compte de toute l'huile qui étoit à bord, avant que les autres sçussent combien il en manquoit dans l'intérieur des provinces. Par-là je fus seul maître de tout ce qu'il y en avoit dans le Pays : le profit que j'y fis fut d'autant plus considérable, que j'y mis le prix que je voulus ; & je faisois déja mon compte, qu'une couple d'années me suffiroient pour m'enrichir à ce petit métier, & qu'au bout de ce terme je pourrois assouvir mon ambition, & me voir maître d'un bien immense.

Mais il y a là-haut une main toute-puissante, qui compte autrement que nous. J'eus le malheur de perdre pour la va-

leur

leur de trente mille piéces de huit, au retour de cette même Flotte. Elle essuya une tempête qui la dispersa, & le bâtiment sur lequel j'avois chargé mes marchandises tomba entre les mains d'un Flibustier Hollandois.

Je reconnus visiblement le doigt de Dieu dans cet accident ; d'autant plus que ce que je perdis faisoit justement l'excédent du prix ordinaire, & ce que j'avois gagné au-delà par mon monopole, en tirant profit de la disette des Huiles : aussi pris-je une ferme résolution, que j'ai toujours tenue depuis, de ne jamais chercher à faire mon profit du malheur des autres.

J'avois d'ailleurs si bien fait mon plan, que mes affaires me tenoient autant lieu d'amusement, que d'occupation. Cela fit que je ne trouvai aucun dégoût ni aucune peine dans les voyages les plus fatigans; tant j'étois âpre & avide à ne pas perdre un instant de vue mon principal, ou plutôt mon unique objet. Depuis ce tems-là mes affaires allérent toujours de mieux, le Ciel bénit toutes mes entreprises ; & je ne sçaurois attribuer une faveur si singuliére à aucune autre cause, qu'à l'attention scrupuleuse que j'avois de ne pas frauder les Pauvres, à qui j'avois fait vœu, en entrant dans le Commerce, de distribuer le dixiéme sur tous mes profits : j'y fus toujours si exact, que je n'en rabattois rien, quand même il m'arrivoit quelque perte : à la vérité j'en ai eu peu, & même elles ne valent pas la peine qu'on en parle, si vous exceptez celle dont j'ai parlé ci-devant.

A peine étois-je arrivé de la Véra-Cruz, que je fus mandé par le Viceroi, qui souhaitoit de me parler. Il me dit que l'Evêque de Guaxaca m'avoit recommandé à lui de la maniere la plus forte, & dans les termes les plus preſſans ; qu'il m'avoit dépeint comme un homme d'honneur & de probité, & qu'il pouvoit honorer de ſa faveur & de ſa protection. Il eut la bonté de me dire que je pouvois compter ſur l'une & l'autre, par-tout où il pourroit m'être bon à quelque choſe ; & qu'il ſe feroit toujours un vrai plaiſir de marquer le cas qu'il faiſoit de ce digne & vertueux Prélat. Il ajouta que je lui ferois plaiſir de me laiſſer voir le plus ſouvent que je pourrois, qu'il pourroit arriver que je n'y perdrois rien. Je fis mes très-humbles remercimens à Monſeigneur le Viceroi, & je le quittai, pénétré de la plus vive reconnoiſſance de la bonté qu'avoit eû l'Evêque de me procurer un tel Patron.

Comme je n'étois occupé que des vaſtes idées de gain & de profit, je vous laiſſe à penſer ſi je fus aſſidu à faire ma cour au Viceroi. Il me reçut toujours avec des marques ſi publiques de la faveur la plus diſtinguée, que j'en étois moi-même étonné. Il n'en falloit pas tant pour m'attirer l'envie de bien des gens, qui affectoient de me regarder du haut de leur grandeur, & d'un air de mépris ; il y en eut même qui pouſſerent leur animoſité au point de ſaiſir toutes les occaſions de m'inſulter ou de me tourner en ridicule. Son Alteſſe qui s'en aperçut, affecta de me recevoir avec encore plus de distinction. Un matin entre autres que je me trouvai à son lever, mêlé dans la foule des courtisans, elle m'apella & me fit entrer seul avec elle dans son cabinet.

CHAPITRE VIII.

Insolence d'un Gueux revêtu. Exemple d'un courage modeste dans l'histoire de Don Casa-Blanca.

DEs que nous fûmes seuls, le Viceroi me parla en ces termes. Seigneur Scipion, vous n'ignorez pas sans doute, que dans le poste que j'occupe j'ai moins en vue le chimérique honneur de la Viceroyauté, que les avantages solides qui y sont annexées; & en effet Sa Majesté ne m'en a gratifié que pour me mettre à même de racommoder les affaires de ma maison, que mon pere m'avoit laissées en très-mauvais état, n'ayant pas eu le tems avant sa mort de réparer les brèches qu'il y avoit faites pour la gloire de la Couronne dans une Ambassade de longue & dispendieuse. Je vous connois pour un homme qui entend à fond le commerce, je sçai qu'on y peut gagner considérablement; mais ce seroit une chose indécente à ma dignité, que de faire le Marchand. J'ai cependant une somme passable, que je serois bien aise de faire valoir sans y paroître moi-même, & sans commettre mon caractere. Voudriez-vous faire cette affaire pour moi, je ne doute pas que vous n'y agissiez avec autant de zèle que dans vos propres intérêts, & comme si c'étoit pour votre avantage.

tage. Le digne Prélat qui vous a recommandé à moi, ne l'auroit pas fait en des termes si favorables, s'il n'avoit pas connu à fond vos talens & votre probité.

Je répondis, que Son Altesse n'avoit qu'à ordonner, & qu'elle verroit par la suite, que je ne donnerois pas sujet au bon Evêque de se repentir de la bonne opinion qu'il avoit de ma probité. J'en suis persuadé, reprit le Viceroi, laissez-vous voir un peu à bonne heure demain matin.

Comme j'eus pris congé du Viceroi, il vint encore en me parlant jusqu'à la porte de son cabinet; de-là il rentra dans la chambre d'audience, & congédia cette foule de courtisans par un salut à toute la compagnie, & rentra dans son apartement.

Le lever fini, chacun se retira chez soi. Comme je machinois vers l'escalier, j'entendis quelqu'un crier tout haut, Place à Son Excellence Don Scipio el Caxero *. Je ne fis que me tourner vers cet homme, & lui dire, l'envie ne tourmente que l'envieux; & me retournant avec un sourire dédaigneux, je m'en fus tout droit à mon carosse, qui attendoit à la porte du palais. Mon laquais venoit d'ouvrir la portiére, & j'étois justement en mouvement pour monter en carosse, lorsque je me sentis retenir par le bras. C'étoit encore le même homme : Sennor Buhonéro †, me dit-il d'un air des plus arrogans, je voudrois bien avoir l'explication de ce que vous venez de me dire : crois-tu mon ami qu'un

* Colporteur. † Aussi Colporteur.

hom-

homme de ma naissance puisse porter envie à un vermisseau comme toi?

En bonne foi, lui dis-je, Monsieur, je m'embarrasse fort peu si vous me voulez du bien, ou si vous me portez envie ; c'est-là, je vous assure, le dernier de mes soucis. En même-tems je m'assieds, on ferme la portiere, & je me retire piqué au point, que si la réflexion ne fut venue à mon secours, & ne m'eût fait mettre de l'eau dans mon vin, je crois en vérité que je lui aurois fait une réponse qui auroit bien valu son compliment.

Je m'en vins pourtant chez moi, l'esprit tout occupé de l'insolence de cet homme que je ne connoissois point. A peine fus-je rentré, qu'on vint me dire que quelqu'un demandoit à me parler. Croiriez-vous bien que c'étoit encore mon homme ? A son aspect tous mes sens qui n'étoient pas encore bien rassis, se réveillérent ; je sentis tout mon sang bouillir dans mes veines : je fis un effort pour paroître tranquille, quoique dans le fond je ne le fusse guéres; je lui demandai poliment ce qu'il y avoit pour son service.

J'ai bien voulu me donner la peine, dit-il de venir ici, pour vous dire, mon ami, que le Seigneur Scipion est un impertinent Gavacho *, & par un excès de charité je lui conseille une autre fois de ne pas s'oublier au point de perdre le respect aux gens de ma façon : qu'il aprenne ce qu'il doit aux personnes de distinction, autrement nous avons

* Faquin.

des valets qui sçavent manier le tricot : c'est encore plus qu'il n'en faut pour des gens tels que lui ; car un homme de condition ne voudroit pas s'abaisser au point de mettre la main sur lui, & de lui donner cent coups de plats d'épée.

De grace Seigneur, lui dis-je, outré au point que vous pouvez l'imaginer, votre haute Seigneurie voudroit-elle bien du moins s'abaisser au point de m'aprendre à qui je suis redevable d'un avis si salutaire ?

C'est, dit-il, à Don Carpio Henriquez Gullermo Julian Pintéro de Casa-Blanca, qui a bien daigné vous faire cet honneur. Eh bien, repris-je, dites de ma part au Seigneur Don Carpio Henriquez Gullermo Julian Pintéro de Casa-Blanca, qu'il est lui-même un archi-faquin. Là-dessus je le pris doucement par la boutonniére, je le poussai dehors, & lui fermai en même-tems la porte au nez.

Je passai de-là dans mon comptoir, où j'avois toujours mon Teneur de livres & quatre ou cinq Commis. Le premier s'aperçut que j'étois un peu altéré. Il m'en demanda la raison avec d'autant plus d'empressement, que cela lui parut extraordinaire. Je lui dis tout naturellement ce qui s'étoit passé, & lui demandai à mon tour s'il connoissoit cet écervelé, qui se donnoit lui-même pour un homme de si grande distinction. Belle demande, me dit-il avec un ris moqueur ! vous êtes peut-être le seul de qui il ne soit pas connu de vue ou de réputation. On ne sçauroit lui con-
tes-

tester l'ancienneté de son origine; & pour peu que vous vouliez aprofondir dans sa généalogie, vous y verrez que celui qui fut la premiere tige de sa famille, étoit non seulement le plus grand-homme, mais encore le plus vertueux qu'il y eut sur la Terre. A la vérité, sa vertu reçut un grand échec par son ambition.

Eh de grace, dis je, aprenez-moi donc qui fut ce grand-homme qui a transmis un nom si illustre à la race de Casa-Blanca! Il est impossible, reprit mon Teneur de livres, que vous n'ayez ouï parler de lui sous le nom du *Seigneur Don Adam*, à qui le Tout-puissant avoit donné la Souveraineté de toute la Terre, & qu'il avoit outre cela doué de l'immortalité, & de la plus parfaite innocence ; mais ayant perdu ce dernier don par l'ambition de sçavoir au-delà de ce qu'il étoit permis, il se vit bien-tôt dépouillé des deux autres. J'entens fort bien cela, repris-je ; mais aprenez-moi le nom de ses ancêtres les moins reculés ; quel est son rang, son bien, son caractére ?

Son ayeul, répondit l'autre, étoit Maître Cordonnier en Castille ; mais comme il entendoit fort mal son métier, il n'avoit par conséquent pas beaucoup d'ouvrage. Il prit son parti en homme sage, il changea de profession, & se fit soldat. Je me souviens encore de l'avoir connu, que j'étois bien jeune ; & je puis vous assurer que je n'ai de mes jours vu un plus bel homme. Il étoit grand, bien fait ; il avoit la taille bien prise, l'air gracieux, & les manières du monde les plus prévenantes ; son visage étoit ovale, sa phisionomie douce avoit en même-tems quelque chose de respectable ; son nez n'étoit ni trop grand, ni trop petit ; il avoit le front grand & élevé, & la bouche petite, les dents blanches, d'un bel émail, & bien rangées ; son teint étoit presque trop délicat pour un homme ; il avoit de grands yeux noirs & étincelans ; les cheveux aussi de la même couleur, longs, épais, & qui lui tomboient à grandes boucles sur les épaules ; il avoit le ton de voix mâle & soutenu. A tous ces avantages du corps, il joignoit un esprit vif, beaucoup de bon sens, & un naturel affable & obligeant ; il étoit froid, posé, & fort bon soldat. Il avoit souvent donné des preuves de son courage, & d'une bravoure extraordinaire dans les Armées de Sa Majesté, contre les Infidèles en Europe, & entr'autres à la fameuse Journée de Lépante, où il se distingua par dessus tous les autres, dans une occasion particuliére, à l'abordage d'une Galére Turque, où il soutint seul le combat, & tint ferme contre les Infidèles assez long-tems, pour donner aux siens le tems de venir à son secours, après quoi il se rendit maître de la Galére.

Don Juan d'Autriche, qui étoit Généralissime, ne manqua pas après la bataille de demander si ce brave soldat avoit échapé à la fureur des Infidèles. On lui répondit qu'oui, & qu'il étoit du Régiment de Son Altesse, qui demanda encore s'il avoit été blessé. Sur ce qu'on lui dit

qu'il

qu'il ne l'avoit été que legérement & que même il ne gardoit pas le lit, le Général ne dit alors autre chose si ce n'est, j'en suis bien aise.

Le surlendemain Don Juan, voyant que personne ne lui parloit de ce soldat, le fit apeller, & lui donna de grandes louanges en présence de tous les Généraux. Il lui fit présent d'une bourse de sequins. Il ne borna point-là sa générosité : il lui donna en propre tout ce qui apartenoit au Commandant de la Galére Turque qu'il avoit prise, & dont le butin étoit très-considérable. Après cela il lui donna son congé, & le chargea d'une lettre pour le Roi, avec ordre de partir incessamment pour Madrid, & de la remettre en main propre à Sa Majesté.

Il ne perdit pas le tems, il fit grande diligence, & dès qu'il fut arrivé, & qu'il eut dit au Gentilhomme de la Chambre de quartier qu'il avoit à remettre au Roi une lettre de Don Juan, il eut bien-tôt audience.

Le Roi parut très-content en lisant la lettre, il donna sa main à baiser au soldat, & lui ordonna de revenir lui parler dans huit jours, ajoutant qu'il n'auroit qu'à s'adresser en droiture au Gentilhomme de la Chambre, qui auroit soin de l'annoncer.

Il fut ponctuel à se trouver à la Cour, au jour que le Roi lui avoit ordonné. Sa Majesté le fit entrer, & lui demanda un détail circonstancié de la bataille. Il répondit que tout ce qu'il en pouvoit dire, c'étoit que les troupes du Roi avoient attaqué les Infidèles, qu'elles les avoient bat-
tus

tus, & avoient remporté sur eux une victoire des plus signalées avec l'assistance divine, dont il espéroit que les entreprises de Sa Majesté seroient toujours accompagnées : que pour lui, n'étant que simple soldat, il n'étoit attentif qu'à recevoir & qu'à exécuter les ordres de ses Officiers.

Fort bien, dit le Roi, vous faites bien voir que la véritable valeur ne va jamais sans la modestie. De-là Sa Majesté eut la bonté de lui demander d'où & qui il étoit avant de se faire soldat. Il rendit naïvement compte de tout au Roi, qui dit, c'est bien moins le sang que la vertu qui fait la véritable Noblesse : allez de ce pas au Bureau de la Guerre, j'ai donné mes ordres sur votre compte au Secrétaire d'Etat qui en a le département, & trouvez-vous ce soir dans l'antichambre.

Au sortir de l'audience du Roi, il alla immédiatement au Bureau de la Guerre, où il fut admis dès qu'il se fut fait annoncer par l'huissier.

Le Ministre fit quelques pas vers lui, & l'embrassa. Il y avoit-là une foule d'Officiers Généraux & de Colonels. Il fit en leur présence l'éloge de ce soldat en des termes si obligeans & si pompeux, qu'il le fit rougir. Ensuite, s'adressant à lui, il lui dit qu'il avoit des ordres particuliers du Roi à son égard. C'est, dit-il, la grande maxime de Sa Majesté, d'animer les gens de courage par ses bienfaits. Venez ici demain à la même heure, venez en droiture

ture à mon Bureau, & j'aurai soin de vous faire expédier promptement.

A cette seconde audience, le Ministre lui remit des Lettres de Noblesse, & une Commission pour lever une Compagnie franche de cent hommes dont il auroit le commandement, & qu'il devoit conduire au Mexique. Une Compagnie sur ce pié-là valoit autant qu'un Régiment en Espagne ; & c'étoit certainement une faveur des plus marquées que le Roi lui faisoit. A tout cela le Ministre joignit un ordre du Bureau des Finances sur un Banquier pour les sommes nécessaires, tant pour la levée de son monde, que pour l'habillement, outre une bourse de mille pistoles dont Sa Majesté le gratifioit pour se mettre en équipage ; & le compliment en lui recommandant de paroître souvent finit à la Cour, pendant qu'il seroit à Madrid.

C'est à quoi il fut très-ponctuel, autant qu'il put le faire sans négliger sa principale affaire, qui étoit la levée de son monde. Cela ne lui fut pas difficile dans une ville comme Madrid. Ce qui lui fut d'un grand secours, il y trouva deux de ses anciens camarades, qu'il fit ses Sergens; c'étoient deux hommes de courage & de résolution, & qui n'étoient pas novices dans le métier d'enroller. En peu de jours, la Place de la Puerta del Sol, & la Plazuéla Santo Domingo leur eurent bien-tôt fourni de quoi completer sa Compagnie.

Il n'eut pas plûtôt sa Compagnie en état, qu'il en donna avis au Ministre de
la

la Guerre, qui fut tout surpris du peu de tems qu'il y avoit mis, & qui le communiqua au Roi.

Le lendemain, comme il se trouva au cercle, après que le Roi fut revenu de la Messe, Sa Majesté lui ordonna de faire partir sa Compagnie pour Cadiz, sous les ordres des subalternes qu'il s'étoit lui-même choisi, afin de les faire embarquer sur la Flotte, qui étoit sur le point de mettre à la voile, & lui dit en même-tems par un effet de sa bonté royale, que pour lui il les suivroit quand il voudroit.

Il rendit graces à Sa Majesté de ses bontés & de cette distinction, & lui dit que son unique affaire étoit le service de son Maître ; qu'ainsi il suplioit Sa Majesté de lui permettre de conduire lui-même sa Compagnie, & de s'embarquer avec son monde. Il dit que ses arrangemens étoient pris de façon que dans trois jours tout seroit prêt pour la marche, & qu'il partiroit le quatriéme, à moins que Sa Majesté n'en ordonnât autrement ; qu'il prioit le Ciel de répandre sur le Roi & sur la Famille Royale toutes les bénédictions qu'on pouvoit desirer. Le Roi lui donna sa main à baiser, & lui souhaita un bon voyage.

Vous aurez peut-être trouvé que je me suis trop étendu dans le portrait que je vous ai fait de ce galant homme, mais vous verrez par la suite que ce détail étoit absolument nécessaire.

Il y avoit parmi les soldats de sa Compapagnie un jeune homme extrêmement beau, qui s'étoit engagé avec les autres. Le Capitaine l'avoit remarqué assez souvent pendant la route, & avoit fait quelque attention à lui. Au bout de quelques jours de navigation, il tomba malade. Comme le Chirurgien le trouvoit en danger de mourir, Casa-Blanca, qui le prit pour quelque jeune homme de bonne famille, le fit transporter dans son cabinet, & fit prendre de lui un soin particulier tant pour la nourriture que pour les médicamens.

Le Capitaine crut s'apercevoir que la maladie du jeune homme n'étoit qu'un grand fond de la mélancolie, & l'attribua à quelque regret d'avoir quitté son pays & ses parens. Là-dessus, pour accélérer sa guérison, il lui dit de prendre bon courage, & que d'abord qu'il le pourroit commodément, il lui donneroit son congé, & qu'il pourroit revenir par le retour de la même Flotte.

Vous dites, répondit le jeune homme, que vous voulez me renvoyer? Oui mon enfant, reprit Casa-Blanca, & vous pouvez compter sur ma parole. Cela étant vous voulez donc m'envoyer au tombeau, repliqua le jeune homme. Si je dois m'éloigner de vous, je ne survivrai point à votre absence; en même-tems il jetta un grand soupir.

Le Capitaine qui ne comprenoit rien à ce langage, lui demanda ce qu'il vouloit dire. Je vai vous le dire, reprit le jeune homme; & en se levant assis sur son lit:

Je

Je ne suis point, dit-il, ce que vous me croyez à mon habillement. Je suis fille & fille d'Emanuel Mendoza, ce même Banquier avec qui vous avez eu affaire à Madrid, & qui vous a fourni les sommes ordonnées par le Ministre de la Guerre.

Votre première vue fit sur moi une impression si vive, que loin de diminuer, elle n'a fait qu'augmenter chaque fois que je vous ai vu. En vain j'ai apellé la raison à mon secours, j'étois blessée à un point que si vous aviez quitté l'Espagne à mon insçu, je crois que je n'aurois pu survivre à votre éloignement. Enfin, dès que j'ai sçu votre destination, j'ai pris des habits d'homme, & je me suis engagée dans votre Compagnie, dans la seule vue de vous voir & d'être toujours auprès de vous : mais je viens d'éprouver qu'il étoit aussi dangereux pour moi de garder plus longtems mon secret, que de demeurer séparée de vous.

Je suis en vérité bien mortifié, répondit Casa-Blanca, que vos bontés pour moi vous ayent engagée à une démarche qui pourroit avoir de fâcheuses suites. Vous êtes jeune, aimable, fille d'un pere qui est riche, & qui plus est fille unique. Pourrons-nous être à l'abri de la critique & de la médisance ? Les uns diront que j'ai abusé de votre jeunesse, & que je vous ai enlevée ; d'autres pousseront la malignité plus loin, les réflexions calomnieuses attaqueront votre honneur & votre vertu, dont je vous assure cependant que je me déclare dès ce moment le zélé défenseur &

le

le fidèle gardien. Ayez seulement bon courage, vous trouverez en moi un véritable soldat ; j'entens un homme d'honneur, & incapable de la moindre démarche qui pût vous desobliger, ou vous faire du tort. Tâchez de grace de vous rétablir, à moins que vous n'aimiez mieux me voir bien-tôt dans le même état où vous avez été : car en vérité, quand vos charmes n'auroient pas sur moi l'empire qu'ils viennent d'y prendre, la seule reconnoissance suffiroit pour me rendre inconsolable de votre perte. Il l'embrassa même, & lui dit encore plusieurs choses obligeantes, comptant que s'il la flâtoit de quelque espérance de retour de sa part, cela pourroit contribuer à accélérer sa guérison : & en effet ses conjectures se trouvérent justes, le prétendu soldat se rétablit à vue d'œil, & peu de jours après elle se trouva assez bien pour pouvoir prendre un peu l'air sur le tillac.

Sur ces entrefaites il survint un calme, & Casa-Blanca fut invité à diminuer à bord de l'Amiral des six Vaisseaux de guerre qui servoient de convoi à la Flotte, & qui devoient la quitter aux Isles du Cap-Vert pour retourner en Espagne. Après dîner il prit l'Amiral à part vers le gouvernail, lui conta toute l'affaire, & lui demanda son avis, & s'il ne lui paroissoit pas qu'il dût en honneur renvoyer cette fille à son pere, & le prier de la lui remener.

L'Amiral lui dit qu'il trouvoit la chose un peu délicate, qu'elle demandoit réflexion,

xion, & qu'il ne pouvoit sur le champ lui dire son sentiment sur le parti qu'il avoit à prendre ; qu'il se pourroit fort bien que la jeune Demoiselle refusât absolument de s'en retourner ; & que si on vouloit l'y forcer, il étoit dangereux qu'il n'en arrivât pis, puisqu'il voyoit le risque où ses jours avoient été exposés, seulement pour avoir retenu son secret ; que d'ailleurs la pauvre fille seroit également perdue de réputation ; qu'on n'ôteroit pas de la tête de tout le monde qu'il la renvoyoit bien moins par un principe d'honneur, que par dégoût après l'avoir bien fait voyager, que...... Mais, ajouta l'Amiral, si ce calme continue, j'irai demain dîner à votre bord, en attendant je songerai un peu à ce qu'il y aura à faire.

Il se leva pendant la nuit un vent frais qui les conduisit jusqu'à ces Iles, ce qui fit qu'ils ne purent se revoir qu'après l'arrivée.

Dès qu'ils purent se rejoindre, l'Amiral dit à Casa-Blanca qu'il croyoit qu'il ne sçauroit mieux faire que de communiquer l'affaire en question aux autres Commandans des Vaisseaux de guerre qui retournoient avec lui en Espagne, & qu'il faudroit en même-tems que la Demoiselle donnât une déclaration dans les formes signé de sa main ; comme quoi Casa-Blanca n'avoit rien sçu de son évasion ; comment elle s'étoit découverte à lui, & que de son côté, loin d'avoir donné la moindre atteinte à sa vertu, il s'en étoit au contraire déclaré

claré le protecteur; qu'en cas que le pere y voulut donner son consentement, il l'épouseroit en face d'Eglise ; ou que s'il la redemandoit on la lui renverroit par les premiers vaisseaux qui feroient voile de la Vera-Cruz, ajoutant qu'il auroit soin lui-même, d'abord en arrivant à Madrid, de rendre au pere de la jeune fille un compte exact de tout ce qu'il sçavoit de la conduite généreuse de Casa-Blanca.

On s'en tint à ce parti, & la jeune fille qui souhaitoit ardemment que les choses se fissent dans les formes, & qu'il ne pût rester à son pere aucun scrupule qui retardât son aprobation, voulut confirmer par serment sa déclaration devant le Gouverneur.

Le premier soin de Casa-Blanca fut après cela d'acheter au jeune soldat des habits convenables à son sexe. Je ne vous dirai point tous les discours que tinrent ses camarades, quand ils furent instruits de cette métamorphose. Pour elle, elle se piqua de générosité, & voyant que son Capitaine s'étoit mis en frais pour lui acheter des habits, elle lui remit quelques gros diamans qu'elle avoit dans une boite, ajoutant qu'ils lui apartenoient en propre, & que c'étoit un legs que lui avoit fait sa grand mere; qu'ils n'avoient jamais été à son pere, & qu'elle ne lui avoit pas pris la valeur d'un réal en sortant de chez lui. Le Capitaine lui répondit qu'il les mettroit à part pour les lui conserver.

Dès qu'il furent arrivés à la Véra-Cruz, Casa-blanca, sçachant que c'étoit un endroit

droit mal sain, la mena avec lui au Mexique, où elle se mit en pension dans un Couvent, en attendant qu'elle aprît les volontés de son pere, bien résolue, au cas qu'elle ne s'accordassent pas avec les siennes, de se faire Religieuse par un saint desespoir.

Le bon Marchand de Madrid fut pleinement persuadé de l'innocence de Casa-Blanca ; il ne pouvoit assez admirer une retenue si rare dans un homme de guerre ; charmé d'ailleurs du procédé du Capitaine, il prit son parti en homme sage ; il envoya son consentement pour le mariage, & pour ne pas céder en générosité à son futur gendre, il lui fit un envoi de marchandises d'Europe pour la valeur de dix mille pistoles, & lui manda qu'il lui en assuroit deux fois autant après sa mort.

Quand Casa-Blanca eut reçu ces bonnes nouvelles, le mariage fut bien-tôt conclu. Il employa l'argent qu'il tira des marchandises, à l'acquisition de deux belles Sucreries. Il vécut avec son épouse dans la plus parfaite union. Ils n'eurent de leur mariage qu'un fils, qu'ils établirent fort avantageusement ; ils le marièrent à la fille unique de Don Diégo Pintéro, qui descendoit en ligne directe d'un de ces braves soldats qui avoient servi sous Fernand Cortez, & qui s'étoient établis dans le Pays. Ce fils qui mourut avant ses parens, laissa deux enfans, dont le cadet est justement votre cavalier en question.

Or il faut que vous sachiez qu'ici, tous ceux qui descendent en quelque façon que

ce

ce soit de ces fameux soldats de Cortez, s'arrogent modestement le titre de Conquérans, & qu'ils en sont si jaloux, qu'ils le regardent bien au-dessus de la Grandesse, & qu'il s'en trouveroit peu qui voulussent se troquer contre un Grand de la premiére classe.

Le vieux Casa-Blanca laissa en mourant tous ses biens à l'aîné de ses petits-fils, & au cadet sa légitime en argent. Comme ce Seigneur aime le jeu, & tout ce qui s'ensuit, l'argent ne dura pas long-tems, ensorte qu'à présent tout son avoir dépend des dez ou des cartes.

Il est d'un génie tout oposé à celui de son ayeul; l'homme du monde où il y a le plus de vuide, & en même-tems le plus d'amour-propre, querelleur outré, & poltron comme une poule, quoique rodomont à l'excès par tout où il peut croire que les oreilles d'âne ne découvriront pas que la peau du lion n'est qu'un manteau emprunté. Son frere aîné au contraire, se fait généralement aimer par son bon caractére & ses bonnes maniéres; au lieu que le cadet est l'objet du mépris universel, si vous en exceptez ceux qui lui ressemblent, dont le nombre n'est malheureusement que trop grand dans cette ville.

Ce sont de ces déterminés à qui un meurtre ou un assassinat ne coûte rien, mais qui sont incapables de tenir tête à un homme en rase campagne. Sur ce pié-là, Monsieur, vous voyez que vous agiriez très-imprudemment de vous exposer de nuit hors de chez vous, à moins que d'être bien armé & bien accompagné. Outre les deux laquais qui vous suivent ordinairement, vous avez assez d'autres valets & de muletiers pour vous mettre à couvert de toute insulte.

Le lendemain matin je me rendis chez le Viceroi, comme il me l'avoit ordonné. Il me chargea d'employer pour son compte la valeur de vingt mille piastres en telles marchandises qui me paroîtroient devoir être plus avantageuses en Espagne, que sur des piéces de huit effectives.

Je répondis à Son Altesse, que j'étois tout prêt à exécuter ses ordres, & que je lui montrerois les derniéres lettres de mon Correspondant.

Le Viceroi parut charmé de sa sincérité, & dit qu'il seroit bien aise de les voir. J'envoyai d'abord chez moi un laquais, avec ordre à mon Teneur de livres de les apporter. Il vit par ces lettres mêmes le détail que me faisoit mon Correspondant, des marchandises d'Amérique dont on manquoit le plus en Europe lors de la date desdites lettres ; en m'avertissant cependant, que ce seroit à moi à me regler par raport à la quantité plus ou moins grande des marchandises dont je verrois charger la Flotte destinée à retourner en Europe.

Après avoir lu ces lettres, le Vicetoi me dit qu'il ne voyoit pas encore assez clair dans cette affaire : car, continua-t-il les autres Négocians peuvent avoir reçu les mêmes avis, & par-là il pourroit ariver qu'au retour de la Flotte l'Espagne regorgorgeât de ce dont elle a maintenant disette. Ainsi, comment pourrai-je savoir quels sont les effets dont on envoye le moins presentement?

Je lui répondis que mon Correspondant de la Vera-Cruz me marquoit exactement toutes les semaines tout ce qui venoit au port, avec la qualité & la quantité de tout ce qu'on embarquoit sur la Flotte ; que jusqu'à présent il ne paroissoit pas qu'on y eut envoyé beaucoup de Cochenille, excepté ce qui étoit allé pour mon compte ; dont j'avois fait monter fort haut la quantité que je publiois en avoir envoyée, ayant même refusé publiquement d'en acheter, disant que je n'en avois plus besoin, tandis que sous main mes Agens secrets en achetoient autant qu'ils en trouvoient & à plus bas prix, je comptois qu'il y en auroit très-peu pour le compte des autres Négocians ; ensorte que j'étois d'opinion qu'il ne sçauroit mieux placer son argent qu'en achetant de cette marchandise.

Mais, reprit le Viceroi, si je concours avec vous, je crains que cela ne vous fasse du tort. Je lui répondis là-dessus que vingt mille écus plus ou moins employés à cela, n'étoient pas un objet à proportion de ce qui s'en débitoit en Europe.

Eh bien, dit il, puisque cela est ainsi, obligez-moi de faire vous-même le marché, chargez-en vos Correspondans, avec ordre de vous en faire le retour en tels effets que vous jugerez à propos pour plus d'avantage : en même-tems il me mit en main un ordre pour cette fomme fur un Marchand de la ville.

Je fis la commiſſion exactement. Sa Cochenille arriva à propos en Europe, dans un tems où l'on en manquoit ; & je retirai au Mexique foixante mille piaſtres des effets qui m'avoient été envoyés en retour. Je rendis compte de tout à Son Alteſſe, en lui en donnant la fomme. Elle fut fi fatisfaite d'un gain de deux cens pour cent, qu'elle me rendit cet argent, en me chargeant de vouloir bien encore le faire valoir ; mais je lui dis qu'elle ne devoit pas s'attendre à trouver toujours un femblable profit, & qu'il falloit regarder celui-là comme un cas des plus extraordinaires.

CHAPITRE IX.

On veut assassiner le Seigneur Scipion. Le complot est découvert, & les complices sont punis.

JE fus assez long-tems sans entendre parler du vaillant Seigneur de Casa-Blanca. Je négligeai si bien l'avis qu'on m'avoit donné de me tenir sur mes gardes, que je ne pensois pas même qu'il y eût au monde un tel homme. Pendant plus d'un mois je n'étois jamais sorti tard sans être bien accompagné. A la fin, voyant qu'il ne m'étoit rien arrivé, je me lassai de prendre des précautions qui me gênoient & que je crus inutiles. Je me relâchai si bien, que j'eus ensuite occasion de m'en repentir. Je trouvai que j'avois affaire à un homme qui, quoiqu'il n'eût pas assez de courage pour me demander satisfaction dans les formes de al maniére dont je l'avois traité, avoit pourtant assez de sentiment pour ne pouvoir la digérer; quoique dans le fond il auroit pu couvrir sa lâcheté de la disparité qu'il y avoit entre homme d'importance comme lui, & un chetif Colporteur, comme il plaisoit à mes envieux de me nommer.

Il y avoit près d'une vingtaine de jours que je m'étois relâché de l'embarras de me faire

faire escorter, lorsque le Viceroi me fit apeller, avec ordre d'aller lui parler sur champ. Il pouvoit y avoir deux heures qu'il avoit dîné. Je me rendis au palais. Il avoit à peine commencé à me parler, qu'on vint l'avertir que l'Alcalde Mayor demandoit audience pour une affaire qui pressoit. Il me laissa dans sa chambre, en me disant qu'il vouloit absolument me parler, & que je lui fisse le plaisir d'attendre un moment, espérant que ce Magistrat ne le retiendroit pas long-tems. Ce moment dura bien trois heures & demie. Je crois que de mes jours je ne me suis tant impatienté. J'étois justement engagé à me trouver ce soir-là à un grand souper, que donnoit un de mes amis à l'occasion du jour de sa fête. En rentrant, Son Altesse me dit qu'elle étoit très-fâchée de m'avoir fait attendre si long-tems ; mais qu'il ne doutoit point que je ne l'excusasse, sçachant bien que le service du Roi alloit avant toutes choses. Au reste, continua le Viceroi, je ne veux pas mettre votre patience à une plus longue épreuve ; l'affaire dont j'avois à vous parler est de longue haleine, & peut se remettre à une autre fois. Je sçai qu'on vous attend à souper chez Don Melchior, je vous y souhaite bien du plaisir ; mais ne manquez pas de venir ici demain matin, j'ai absolument à vous parler.

Je pris congé de Son Altesse, & m'en fus en droiture chez mon ami, où je fus reçu avec des témoignages extraordinaires de joye & de satisfaction, & chacun me
vint

vînt faire compliment de me voir si heureusement échapé.

Echapé! dis-je avec étonnement, de quoi me parlez-vous, Messieurs? je ne sçai ce que vous me voulez dire. On nous avoit assuré que le jeune Casa-Blanca devoit se battre aujourd'hui avec vous, & tirer satisfaction de certain affront qu'il prétend avoir reçu de vous. Cette affaire, dis-je, est de bien vieille date : il a été long-tems à prendre son parti, & je pense qu'il sera encore plus long-tems à se déterminer : au reste, en quelque tems qu'il juge à propos de me dire deux mots, je ne me croirai pas pour cela en grand danger. Cependant, dit un des convives, il a paru que vous n'avez pas toujours pensé de même ; les précautions que vous avez prises de ne point sortir de nuit, ou du moins quand vous sortiez de vous faire bien accompagner, n'étoient pas tout-à-fait des preuves d'une grande sécurité. Cela est vrai, répondis-je ; mais aussi vous m'avouerez qu'on ne sçauroit attribuer à la peur, des mesures que dicte la prudence contre un assassin. Avec un homme d'honneur, je n'aurois pas pris toutes ces précautions ; mais on m'avoit donné toute une autre idée du Seigneur Don Carpio Pintado, ou Pintéro, & que sçai-je moi ? une kirielle de noms, de Casa-Blanca ; que dis-je ? on me l'avoit donné comme une gaillard capable de quelque mauvais coup, lorsqu'on y penseroit le moins. Je vous le garantis, dit un autre, pour un homme dont vous n'avez rien à craindre de semblable.

A coup sûr, ajoûta Don Melchior, & je veux bien perdre tout ce que j'ai au monde, si vous recevez jamais de lui la moindre insulte. En vérité, Messieurs, je suis au desespoir sur ce que vous me dites d'avoir eu de lui un préjugé si desavantageux. Là-dessus on servit le souper, la conversation tomba, on n'en parla plus, & on ne songea toute la soirée qu'à se bien divertir.

Le lendemain matin j'allai rendre mes respects au Viceroi. Comme j'allois entrer dans son cabinet, il vint à la porte, & me dit Seigneur Scipion, j'avois bien quelque chose à vous dire, mais certaines affaires que j'ai en main & qui touchent le service du Roi, ne m'en laissent pas le loisir à present ; donnez-vous la peine d'aller de ma part chez l'Alcalde Mayor, il vous dira de quoi il s'agit. J'y allai sur le champ, & dès qu'on m'eut annoncé, ce Chef de la Justice me fit entrer dans sa chambre. Il me fit donner un siége, & comme il étoit à prendre son chocolat, il ordonna qu'on m'en aportât une tasse, & me dit, Seigneur Scipion, après que nous aurons pris le chocolat j'ai deux mots à vous dire. Ces deux mots à vous dire, partant de la bouche de celui qui les disoit, m'auroient en vérité donné à penser, si j'avois eu la moindre chose à me reprocher ; mais comme je me sentois la conscience nette, ils ne firent aucune impression sur moi.

Dès qu'on eut ôté les tasses, & que nous fûmes seuls, le Seigneur Alcalde entama

ainsi

ainſi la converſation ” Seigneur Scipion, ” il m'eſt revenu qu'il y a certaine inimi- ” tié ſecrette entre vous & Don Carpio ” de Caſa-Blanca. Je ſuis obligé, ſelon le ” dû de ma charge, de veiller à ce qu'il ne ” ſe paſſe rien au mépris des Loix, ou au ” préjudice des Sujets de Sa Majeſté. Pour ” bien remplir mes fonctions comme le ” doit un Juge intégre & vigilant, je crois ” qu'il vaut mieux travailler à prévenir ” adroitement les duels & les aſſaſſinats, ” que d'attendre à ſévir ſelon la rigueur ” des Loix contre les Duelliſtes & les Aſ- ” ſaſſins.

” Je fais une diſtinction, parce que je ” ſçai que le monde aveugle y met une ” grande différence, quoique dans le fond ” je n'y en voye pas d'autre, ſi ce n'eſt que ” le Duelliſte enyvré de certaines notions ” romaneſques d'honneur, écarte tout ” principe de Religion, & renie, pour ” ainſi dire, de fait le Chriſtianiſme, qui ” ne prêche que l'amour du Prochain, la ” douceur, & la patience ; il quitte les ” drapeaux de ſon Rédempteur pour ſe ” ranger ſous ceux du Prince des Téné- ” bres, & ſacrifie corps & ame pour ſe ” venger de ſon ennemi, & l'entraîner ” avec ſoi dans le gouffre des maux éter- ” nels : au lieu que l'autre commence par ” avoir ſoin de ſoi-même, & tâche d'ôter ” à la vérité la vie du corps & de l'ame ” à ſon ennemi, en prenant ſes meſures ” pour ne courir lui-même aucun riſque ” pour ſon corps.

” Pardonnez ſi je vous ai fait un ſi long

» préambule de Morale ; mais j'ai cru de-
» voir le faire, attendu les informations
» qui m'ont été donnėes.

» Il faut à présent que je vous fasse quel-
» ques questions. J'espére, comme je vous
» crois honnête-homme, que vous ne me
» direz rien qui ne soit dans l'exacte véri-
» té. Quel est le différend que vous avez
» avec Don Carpio, & quelle en est sa
» cause ?

Je n'ai garde, répondis-je, Seigneur,
de démentir la bonne opinion que Votre
Excellence a de moi. Je vous dirai naturellement tout ce que j'en sçai, sans y
ajoûter ni diminuer. Je lui dis effectivement la chose au plus juste, & continuai
ainsi : Je n'ai rien contre Don Carpio, &
je suis fâché qu'il ait quelque chose contre
moi. S'il nie que ce soit l'envie qui l'ait
porté à m'insulter, je ne sçache pas en vérité qu'il en puisse donner quelque autre
raison. Dès que j'ai été arrivé en Amérique, je n'ai été occupé que de mon négoce, je n'ai jamais eu affaire qu'avec les
Marchands ; & si je n'eusse été mandé par
le Viceroi, je vous répons que ma figure
n'auroit jamais fait ombrage à personne
à la Cour.

» Je crois, dit l'Alcalde, que vous m'a-
» vez accusé juste ; trouvez bon cependant
» que pour la forme je vous fasse encore
» quelques questions, auxquelles je pen-
» se, & suis presque assuré que je pourrois
» moi-même répondre. Cependant, pour
» procéder dans les régles, j'en dois avoir
» la réponse de votre propre bouche. N'a-
» vez-

» vez-vous jamais envoyé de défi à Don
» Carpio ? ou lui ne vous en a-t-il point
» envoyé ?
Ni l'un, ni l'autre, Seigneur ; & je
vous avoue que cette question me surprend infiniment. » Vous êtes sûr que ja-
» mais vous ne lui avez envoyé de dé-
» fi ? «... Oui vraiment, Seigneur, j'en
suis sûr, & jamais je n'en ai eu la moindre pensée ; la manière dont je l'ai traité,
étoit à mon avis une réparation suffisante
de l'insulte que j'avois reçue de lui.... Et
» vous, rapellez-vous bien, n'en avez-vous
» jamais reçu de lui ? « Non, Seigneur,
sur mon honneur. » Cela suffit, je m'at-
» tendois bien à ces réponses. Je n'ai plus
» qu'une demande à vous faire. Avez-vous
» quelque connoissance d'un projet formé
» d'assassiner Don Carpio ? « A Dieu ne
plaise, Seigneur, que quelque scélérat eût
assez mauvaise opinion de moi pour me
croire capable d'en avoir la moindre pensée !.... » Ce n'est pas là une réponse ca-
» tégorique. « Eh bien, Seigneur, pour
vous répondre plus clairement, je n'ai jamais eu ni directement, ni indirectement,
la moindre connoissance d'un si horrible
projet ; & quiconque auroit eu l'âme assez noire pour le former, auroit été mal
adressé de me choisir pour son confident.
» A présent, Seigneur Scipion, écou-
» tez-moi, je vai vous dire quelque cho-
» se que je vois que vous ne sçavez pas
» encore. Don Carpio fut hier au sortir
» du dîner dans une auberge avec demi
» douzaine de ses camarades, gens de mê-
» me

» me trempe que lui, débauchés & joueurs.
» Ils se firent aporter du vin, & dès qu'ils se
» crurent seuls dans la chambre, ils formé-
» rent le complot de vous assassiner quand
» vous retourneriez de chez Don Melchior,
» où ils sçavoient que vous deviez souper.

» Quand ils eurent bu deux ou trois bou-
» teilles de vin, ils se donnérent rendez-
» vous au même lieu pour le soir; ils
» apellérent l'hôte, & lui ordonnérent de
» leur garder cette chambre; après avoir
» payé l'écot, ils se séparérent.

» Le hazard fit qu'un Esclave Indien
» ayant commis quelque faute qui avoit
» mis son Maître en colére, & craignant
» les ettriviéres, chercha à se cacher jus-
» qu'à ce que son Maître fût apaisé, es-
» pérant qu'après les premiers mouvemens,
» il lui seroit plus facile de se justifier. Le
» lieu où il s'étoit réfugié, étoit juste-
» ment la chambre où ces scélérats firent
» leur complot. Il s'étoit caché sous une
grande table, qui étoit sous un miroir
contre la muraille, & couverte d'un grand
tapis de Turquie qui pendoit jusqu'à
terre.

D'abord que ces gens furent sortis, le
garçon quitta sa cachette, & s'en fut droit
à son Maître. Il se présenta à lui dans la
posture la plus soumise, & demanda pardon de sa faute, en disant que peut-être
étoit-ce un bonheur qu'il l'eût commise.
J'ai, ajoûta-t-il, un secret de la derniére
importance à vous révéler; je vous suplie
seulement de m'écouter avec patience jusqu'à la fin, & il sera ensuite en votre
pouvoir

pouvoir de sauver la vie à un galant homme. Si après cela vous jugez à propos de me châtier de la faute que j'ai faite, d'abord en manquant à mon devoir, & ensuite en me cachant, je sçai la soumission que je dois à vos volontés.

Le Maître se fit raconter exactement tout ce que l'Esclave avoit entendu, & dans l'instant il l'amena devant moi pour le lui faire répéter.

Je me rendis moi-même chez l'hôte, je visitai la chambre, j'examinai s'il avoit été possible que l'Esclave se tint caché sous la table; je lui ordonnai même de se mettre dans la même posture où il étoit quand il se cacha tout le tems que Don Carpio y étoit avec ses camarades. Le Maître & les gens de la maison m'assurèrent aussi que pendant ce tems-là on avoit cherché l'Esclave, & qu'on l'avoit souvent apellé sans qu'il parût.

L'hôte connoissoit parfaitement ceux qui avoient été chez lui avec Don Carpio, & sçavoit leur demeure pour y avoir envoyé quelquefois du vin. J'ordonnai à l'hôte & à tous ses gens de se bien garder de dire un un mot de cette affaire à qui que ce fût du dehors, & j'allai en informer le Viceroi, en lui demandant en même-tems des ordres, pour que l'Officier de la garde me donnât du monde, afin d'aller sûrement & au même-tems arrêter tous les complices, ne doutant point, comme effectivement ma conjecture se trouva vraye, qu'ils ne fussent allés chacun chez soi faire la *siesta*.

On envoya d'abord des gens avec des armes sous leur manteau pour saisir ces misérables. On les trouva chez eux, & ils furent arrêtés & conduits sans bruit en prison. Lorsque d'un côté le Viceroi donnoit ses ordres pour leur arrêt, il envoya de l'autre, vous faire dire qu'il avoit à vous parler : son dessein étoit de vous mettre par-là hors de risque, crainte que si ces gens-là n'étoient pas chez eux, ou qu'on les manquât, la chaleur du vin ne les déterminât à faire quelque mauvais coup, s'ils venoient à vous rencontrer, même avant le tems qu'ils avoient fixé.

Dès que vous fûtes au Palais, Son Altesse vous laissa seul, ne sçachant sous quel prétexte vous retenir si long-tems sans vous dire un mot de l'affaire, qu'il ne vouloit pas que vous sçussiez avant qu'on eût pris les informations ; & qu'on sçût si l'accusation étoit fondée.

Ces malheureux furent tous arrêtés sans bruit, & sans rien sçavoir les uns des autres. On les mit dans des cachots séparés, & chacun se défendit d'abord en niant tout ; mais à la vue de l'exécuteur & de l'apareil de la question, ils avouèrent tout également. Don Carpio dit seulement pour sa défense, que vous l'aviez insulté & frapé, & que vous lui aviez envoyé un défi ; que comme il se seroit cru deshonoré en s'abaissant au point de se battre avec un homme comme vous, il avoit seulement cherché à vous faire corriger de votre témérité.

A présent, Seigneur Scipion, vous pouvez

vez aller par-tout où il vous plaira en toute sûreté ; vous pouvez compter que ces gens-là n'attenteront jamais à vos jours, ni à ceux de qui que ce soit ; il pourra même bien se faire que leur exemple servira de leçon à quiconque seroit assez malheureux pour former des projets aussi criminels. Après cela il rompit tout d'un coup le discours, & comme s'il avoit voulu m'empêcher de dire la moindre chose en leur faveur, ou pour tâcher de les excuser, il se leva en me disant adieu, & rentra dans son cabinet.

Alors seulement je compris d'où procédoit tout ce que l'on m'avoit dit en arrivant chez Don Melchior le soir avant souper. Pour les gens de chez moi, l'Alcalde avoit eu la précaution de les faire apeller pendant que j'étois dehors, & de les interroger tous séparément, pour sçavoir le sujet de la haine que Don Carpio avoit contre moi.

Comme la vérité est toujours & partout la même, mon Teneur de livres, & mes quatre Commis, qu'interrogés séparément, dirent mot pour mot la même chose que ce que j'avois dit à l'Alcalde. Il leur défendit en même-tems de m'en rien dire, & effectivement ils ne m'en parlérent point ; mais j'ai bien cru que la meilleure raison du secret qu'ils m'en firent, fût autant parce qu'ils n'eurent pas occasion de me parler du tout, que par déférence pour les ordres de Monsieur l'Alcalde. Mais en revanche, ils eurent bien soin d'en faire confidence en grand

secret

secret à tous leurs amis, qui le dirent de même à d'autres, ensorte que ce fut bientôt le secret de la comédie par toute la ville.

Après ce que je venois d'entendre, j'ordonnai à mon cocher de me mener bien vîte au palais du Viceroi, pour tâcher d'obtenir le pardon de ces criminels; mais Son Altesse, qui aparemment se doutoit de mes intentions, refusa de me donner audience, & me fit dire qu'elle étoit occupée.

J'en fus dans la derniére mortification. Par tout ce que m'avoit dit l'Alcalde, je craignois qu'on n'agît contre ces malheureux selon toute la rigueur des Loix. Je m'en allai en droiture chez moi, où j'écrivis d'abord au Viceroi une lettre des plus soumises & des plus pathétiques en leur faveur. Je lui representois entr'autres choses, que si ces gens-là venoient à être mis à mort pour l'amour de moi, je n'aurois de mes jours un moment de repos; que je me regarderois toujours comme la cause, quoiqu'indirecte, de leur mort; & que sûrement j'en mourrois de déplaisir. Je lui demandai leur grace comme la plus grande faveur qu'il pût jamais me faire; je le supliois par tout ce qu'il y a de plus sacré, de ne pas sévir contre eux à la rigueur, & de se laisser émouvoir à compassion. Enfin je finissois ma lettre, en le priant de ne me pas refuser un moment d'audience.

A la lecture de ma lettre, le Viceroi me fit dire que je pourrois le voir sur les trois

trois heures après midi. J'attendis chez moi ce tems avec la dernière impatience & dans des inquiétudes affreuses. Il me fut impossible de dîner. A l'heure marquée, comme j'allois au palais, je vis déja la place remplie de monde, & les soldats sous les armes.

L'échaffaut étoit déja dressé pour l'exécution de ces misérables, à qui l'on avoit fait le procès dès le matin, & qui sur leur propre confession avoient été condamnés à avoir la tête tranchée.

La populace voyant passer mon carosse, crut d'abord que je n'allois-là que pour mieux assouvir ma vengeance, & repaître mes yeux du spectacle tragique de leur exécution ; il y en eut même qui entourèrent mon carosse, & qui commençoient à m'insulter, mais la soldatesque les eut bien-tôt dissipés.

En abordant le Viceroi, je me jettai à ses genoux ; je n'épargnai ni prières, ni sollicitations ; l'excès de ma douleur m'avoit même donné une certaine éloquence, dont le Viceroi & les Courtisans furent tous surpris, & dont je ne me serois moi-même jamais cru capable ; je joignis les larmes, que je ne pouvois retenir ; enfin je fis tant que j'obtins du Viceroi, qu'on leur feroit grace de la vie, & que la peine de mort feroit commuée en une prison perpétuelle.

Mais malgré tout cela, il voulut pour l'exemple qu'ils montassent sur l'échaffaut, & même qu'ils n'aprissent qu'on leur faisoit grace, qu'au moment que tous les pré-

préparatifs seroient faits pour l'exécution.

Il chargea son Secrétaire de porter ses ordres aux Officiers & aux Ministres de la Justice : les criminels furent conduits sur l'échaffaut, où ils donnérent toutes les marques du repentir le plus sincére, & montrérent une soumission & une résignation si grandes, que tout le monde en étoit édifié.

Dans l'instant que Don Carpio à genoux, & les yeux bandés, se mettoit en posture de recevoir le coup de la hache fatale, l'Officier de robe qui étoit-là pour faire faire l'exécution, cria grace, & publia le pardon du Viceroi : il eut soin aussi de faire, que ce pardon n'étoit dû qu'à l'intercession de la personne même contre laquelle ils avoient formé le détestable complot pour lequel ils étoient-là donnés en spectacle au peuple.

A peine eut-on ouï ce que venoit de publier cet Officier, que ce ne fut qu'un cri dans toute la place. Le Viceroi pouvoit entendre de son palais, les bénédictions que tout le monde lui donnoit ; ceux mêmes qui regardoient avec le plus d'horreur le crime des coupables, ne pouvoient s'empêcher d'aplaudir à cet acte de clémence du Viceroi, & tout le monde le regardoit comme une suite de la vigilance & de la prévoyance de Son Altesse, qui avoit trouvé le moyen de les empêcher d'exécuter leur noir dessein.

Les personnes qui avoient été presentes aux instances que j'avois faites au Viceroi pour obtenir la grace des condamnés,

eurent

eurent soin en sortant du palais, de parler avec éloge de cette démarche, & de la donner à tout le monde comme un acte de la plus haute générosité. La populace qui se trouvoit confirmée par-là dans la vérité de ce qu'avoit dit le Ministre en publiant la grace, se trouva si fort changée à mon égard, que ceux qui deux heures auparavant étoient prêts à arrêter mon carosse pour m'assommer, se jettoient en foule autour de moi, & laissoient à peine marcher mes chevaux, tant ils étoient empressés à me voir, & à me donner milles bénédictions. Ce même homme qui l'instant auparavant étoit un faquin cruel, un homme implacable, un vil colporteur altéré de sang, étoit alors le doux, le généreux, le vertueux, le magnanime Seigneur Don Scipion.

CHA-

CHAPITRE X.

Mort de l'Evêque de Guaxaca. Son Testament.

Peu après cette affaire, je fis un voyage à Guaxaca : je pouvois de-là être instruit de l'état du négoce que j'avois dans la plûpart des villes de cette province où j'avois établi des Facteurs : par-là je me trouvois extrêmement soulagé, je n'avois pas de voyage à faire, il me suffisoit de faire ma tournée une fois par an.

J'y arrivai encore assez tôt pour voir le digne Prélat, qui tiroit à sa fin, & qui étoit abandonné des Médecins.

Quand on put lui dire que j'étois-là pour lui rendre mes respects, cette nouvelle fit sur lui une telle impression, qu'on auroit dit que c'étoit un homme qui revenoit à soi d'une profonde léthargie ; il ordonna d'abord qu'on me fît entrer. Dès que je fus proche de lui, il me fit asseoir au chevet de son lit, puis me prenant en même-tems la main : Vous me voyez, mon cher ami, me dit-il, sur le bord de la fosse, il ne me reste plus qu'un soufle de vie, & me voilà à la veille de comparoître devant le redoutable tribunal d'où il n'y a plus d'apel. La confiance où je suis que par la toute-puissante médiation de notre Divin Rédempteur mes péchés m'auront été pardonnés,

donnés, fait que j'attens avec joye le moment qui me dépouillera de cette chair mortelle ; & je vous assure que l'état d'abattement où je suis réduit, & que mes amis regardent comme triste & déplorable, me comble d'une joye que je ne sçaurois exprimer. Peu à peu sa voix s'affoiblissant il tomba dans un accident qui tenoit fort de la convulsion. J'apellai d'abord à son secours ; on lui donna quelques cordiaux qui le firent à la vérité revenir un peu à lui ; il fit encore quelques efforts pour me parler, mais il ne proféra plus que quelques sons inarticulés ; il me serra la main, & tout-d'un-coup élevant les yeux vers le Ciel, il rendit le dernier soupir.

Non, je ne sçaurois vous peindre l'excès de la douleur qui me saisit en ce moment, ni les cris, que dis-je les cris ! les heurlement dont tout le palais retentit. Dans un moment le bruit de cette mort se répandit par toute la ville, la desolation fut universelle, vous auriez dit que chaque particulier pleuroit son pere. Ce digne Prélat étoit si généralement aimé, que tous ses Diocésains prirent le deuil, excepté ceux à qui l'indigence ne le permit pas.

A la nouvelle de la mort de l'Evêque, le Gouverneur se rendit d'abord au palais, accompagné des principaux de la ville, pour rendre les derniers devoirs au Défunt, & lui jetter de l'eau-benite : ils étoient tous comme des gens qui pleurent une perte particuliére, autant que celle du Public. D'abord le palais fut rempli d'une d'une foule de peuple tant d'Espagnols que d'Indiens, & l'on n'entendoit par-tout que cris & sanglots de la part de ces malheureux, qui venoient de perdre un si digne Patron. Les Veuves, les Orphelins perdoient un second époux, un second père.

Le lendemain le Gouverneur vint avec les Magistrats donner les ordres pour ses funérailles; mais comme ils comptoient bien qu'il auroit fait testament, ils suposèrent qu'il en auroit lui même réglé l'apareil. Pour s'en assurer, ils firent venir l'Intendant du Défunt, & lui demandèrent les clefs du cabinet de l'Evêque.

En ouvrant son bureau, la première chose qu'ils trouvérent fut un papier cacheté, qui étoit précisément ce qu'ils cherchoient. D'abord qu'ils en eurent fait la lecture, ils m'envoyérent chercher; à mon arrivée, ils me remirent ce testament, en me disant qu'ils n'avoient plus rien à examiner, d'autant que Sa Grandeur m'avoit nommé son légataire universel, & seul exécuteur de ses dernieres volontés. Ils allérent ordonner des messes pour le repos de son ame, & offrir à Dieu leurs prières & les vœux les plus ardens pour en obtenir un successeur qui ressemblât à celui qu'ils venoient de perdre, quoique, disoient-ils, ils ne se crussent pas dignes d'une si rare faveur.

L'Intendant me regarda dès-lors comme son Maître; il m'aborda avec beaucoup de respect, & me pria de prendre mon logement au palais, me représentant qu'il seroit beaucoup plus commode pour moi,

&

& plus à propos par raport aux domesti-ques du Défunt. Il me parut qu'il avoit raison en cela. Je me déterminai à y coucher, mais je voulus que mes propres domestiques couchassent toujours chez moi.

Le Gouverneur & les Magistrats s'étant retirés, je me mis en possession de l'héritage : mais en vérité l'excès de ma douleur ne me permit guéres d'en sentir la moindre joye ; j'étois bien moins touché du bien qui m'en revenoit, que de la perte d'un si bon Patron. Je m'assis devant une table, & me mis à lire avec attention le testament, dont voici une copie.

*A*yant été obligé, en vertu du Vœu d'Obédience, de rentrer dans le Monde, & Sa Sainteté m'ayant ordonné de me charger du soin des ames des Fidéles en Amérique, en me conférant l'Evêché qui vâquoit par la mort de l'Evêque de Guaxaca, je me vis de nouveau exposé aux flots sur cet océan orageux, dont j'avois cru me garantir dans le port de la retraite où je m'étois mis à l'abri des principaux dangers. Je m'y suis vû exposé de nouveau, & ce n'a été que par pure soumission que je me suis remis en risque de perdre une éternelle félicité, si je n'étois visiblement assisté de la grace du Saint-Esprit, que j'ai toujours implorée avec
ferveur,

ferveur, & que j'implore encore avec la plus humble confiance.

Sa Majesté, toujours auguste, & remplie de zèle pour la Propagation de la Foi, ayant confirmé la Nomination dont je me reconnois indigne, elle eut la bonté de fournir aux frais de mon voyage, & par ses bontés Royales, j'arrivai ici en toute sureté par la grace de Dieu, & pris possession de cet Evêché. Je trouvai le Palais Episcopal entiérement meublé, & d'une maniére proportionnée à la dignité du Prélat qui m'avoit précédé. Il y avoit outre cela une quantité extraordinaire de vaisselle de toute espéce. On me remit de plus dix mille piéces de huit, que Sa Majesté avoit ordonné au Receveur de la Province de me payer pour subvenir à mon entretien, jusqu'à ce que je touchasse la premiére année des revenus de l'Evêché.

Je reçus cette somme avec la soumission & la reconnoissance que devoit un sujet aussi petit que moi : mais sçachant qu'un si grand Prince agit en tout avec une extrême prévoyance, je regardai cette somme comme un don que le pieux Monarque faisoit moins à ma personne qu'au Siége Episcopal de Guaxaca.

C'est dans ces sentimens que je déclare que

que je regarde, ainsi que j'ai toujours
fait, cet argent comme un dépôt sacré,
dont je ne pouvois en aucune façon m'a-
proprier le capital, ni en disposer de manière à priver mes successeurs de la faculté d'en tirer l'usufruit. Ainsi je prie
Monsieur le Gouverneur & les Magistrats
de cette ville, de vouloir bien se charger
du soin d'en être les Dépositaires & les
Administrateurs, pour en faire jouir mes
successeurs. Je laisse cette somme en son
entier comme je l'ai reçue, n'ayant pas eu
besoin d'y toucher, parce que je reçus en
arrivant les arrérages de ce qui étoit dû
pendant la vacance du Siége ; & loin de
la trouver diminuée, ils la verront aug-
mentée par des rentes & des contrats sur
des biens-fonds que j'ai acquis du provenant des intérêts que j'ai fait valoir : le
tout est sous la clef dans le même coffre où
est le capital. On y trouvera aussi un inventaire exact de tous les meubles, vaisselle & batterie de cuisine dont je n'ai rien
détourné, & je me flatte que mes gens en
auront fait de même.

Je déclare de plus, que comme j'ai toujours regardé les revenus de l'Evêché de
Guaxaca comme le Patrimoine des Pauvres, excépté ce qui étoit nécessaire pour

l'entretien

l'entretien de l'Eglise, & pour tenir une table honnête selon l'hospitalité qui convient à un Pere commun, je ne me suis jamais aproprié que la dixiéme partie de ces revenus, que j'ai tiré comme un salaire d'Administrateur, & l'ai réservée pour les frais de mes funérailles, & pour gratifier en mourant mes fidèles serviteurs.

Après une telle déclaration, que je proteste devant Dieu, dépouillée de tort motif de vanité humaine,

Je Gaspard Vélasquez, Evêque de Guaxaca, après avoir invoqué le Saint Nom de Dieu, considérant que rien n'est si certain que la mort, ni si incertain que son heure, pour prévenir les différends qui pourroient survenir après ma mort par raport aux choses qu'on croiroit m'avoir apartenu durant ma vie, déclare mes derniéres intentions comme s'ensuit, souhaitant que cette déclaration soit regardée & vaille comme mon testament & derniére volonté, & ne puisse être annullée par aucun défaut qui pourroit s'y trouver dans les formalités, ou par ignorance des termes du Barreau. Et pour y donner plus de force, & la revêtir autant qu'en moi a été de toutes les formalités requises, je l'ai faite signer par les Témoins dont les

noms

noms font au bas, & leur en ai lu le dispositif testamentaire, lequel je déclare formellement être ce que je souhaite qui soit exécuté sans détour & selon le sens de la lettre, étant le tout écrit & signé de ma main, & scellé du Sceau de l'Evêché de Guaxaca, ce... jour du mois de... l'an de notre Sauveur....

Premiérement, je recommande mon ame à Dieu, & lui demande humblement pardon de mes fautes, espérant que par sa divine miséricorde, & par les mérites de son fils notre divin Rédempteur, & la seconde Personne de la glorieuse, ineffable & très-sainte Trinité, il me regardera en compassion.

Je laisse mon corps à la terre pour servir de pâture aux vers, & pour être enterré selon le bon plaisir de mon Héritier ci-après nommé ; le priant par raport aux cérémonies de mon enterrement, que la considération de la Dignité de l'Evêque ne lui fasse pas oublier l'humilité & la pauvreté qui conviennent à un Chartreux.

Pour ce qui est du peu de biens & effets que je puis avoir de la grace de la Dieu, & des bienfaits de mes amis, j'en dispose comme s'ensuit.

Premiérement, l'argent monnoyé que

j'ai épargné sur le dixiéme des rentes de l'Evêché, devra être distribué entre mes domestiques ; de manière que le quart en soit donné à mon Intendant, à qui je le légue pour reconnoître sa fidélité ; & le reste sera distribué également entre mes autres domestiques.

Item, je veux que mon Exécuteur testamentaire vende mes mules, chevaux, carosses, équipages & tout ce qui en dépend, pour subvenir aux frais de mon enterrement.

Item, je donne & légue à mondit Exécuteur ma tasse d'argent, qui m'avoit été donnée par ma sœur, & qui est la seule piéce de vaisselle que je regarde comme m'apartenant en propre, & dont je puisse disposer. Je donne aussi & légue à mondit Exécuteur, pour en jouir lui & les siens à perpétuité, ma maison avec tous ses meubles & dépendances dans la ville de Mexique, & qui m'avoit été léguée par mon ami Don Géronimo Vasquez.

Item, je donne & légue à ma chére sœur ma bague à émeraude, qui m'a été donnée en present par Son Altesse Mr le Viceroi.

Item, je donne & légue aux pauvres Prisonniers qui sont détenus pour dettes
dans

dans les prisons de la ville de Guaxaca, tout le linge qui se trouvera après ma mort, marqué de la lettre V, lequel je puis regarder comme m'apartenant, m'ayant été pour la plupart donné en present par plusieurs de mes connoissances ; voulant qu'il soit vendu, & que l'argent leur en soit distribué à proportion des besoins de chacun. Pour ce qui est du linge que j'ai acheté de l'argent provenant des intérêts de la somme que Sa Majesté avoit eu la bonté de me faire consigner, je l'ai fait marquer de la lettre G ; je le regarde comme apartenant à l'Evêché, & par conséquent je le laisse pour l'usage de mes successeurs.

Tout ce qui se trouvera de surplus qu'on croira pouvoir m'apartenir, comme vêtemens & choses semblables, je veux qu'on le vende, & qu'on en donne l'argent à ceux qui porteront mon corps en terre.

Je laisse à la piété de mon Exécuteur, le nombre de Messes à faire dire pour obtenir de Dieu le repos éternel de mon ame.

Je nomme, désigne & institue pour mon Héritier, Légataire universel, & Exécuteur de cette mienne dernière volonté & testament, mon Ami Don Scipion, Marchand de la ville de Mexique.

Après

Après avoir fait la lecture du testament, je me rendis auprès du Gouverneur & des Magistrats, pour les prier de venir faire un inventaire de ce qui étoit laissé à leur disposition, & en prendre possession.

Je donnai ordre aux funérailles, & voulus que tout y répondît à la dignité du Défunt, ce qui me couta près de douze cens écus de plus qu'il n'avoit ordonné. Le cercueil étoit accompagné de tous les habitans de la ville qui se trouvérent en état d'abandonner leur logis, chacun tenant en main un cierge allumé. Ce convoi funèbre étoit précédé de tout le Clergé tant Séculier que Régulier.

Ensuite je procédai à l'exécution de tous les articless du testament. Le linge marqué de la lettre V fut vendu pour trois mille piastres; ce qui prouvoit évidemment, combien ce digne Prélat étoit chéri & estimé dans son Diocèse. Mais il s'en falloit beaucoup que ses habits, le linge qu'il portoit, & quelques autres effets que je crus avoir été de son usage, montassent à trois cens écus; ce qui étoit aussi une grande preuve de sa modération.

Lorsque je me rendis aux prisons de la Ville pour y distribuer ce que le Prélat avoit ordonné qui fût donné aux Prisonniers, je ne fus pas peu surpris d'y trouver mon pauvre Indien, à qui j'avois l'obligation d'avoir entrepris de commercer dans les Terres.

Après avoir fait une distribution, par le moyen de laquelle plusieurs furent mis en état de sortir de prison, je le fis apeller

en

en particulier, & lui demandai par quel accident il se trouvoit-là, & d'où venoit qu'il ne s'étoit pas adressé à moi. Il me dit qu'une grande partie de son commerce rouloit sur des fonds que d'autres Indiens lui avoient confié, & avec qui il partageoit le profit; mais que ces gens-là ayant sçu que c'étoit par ses conseils qu'un Espagnol avoit apris & entrepris le négoce de l'intérieur du Pays, la jalousie leur avoit fait craindre que d'autres ne suivissent le même exemple, & que pour se venger de lui, ils lui avoient tous de concert redemandé leurs capitaux, dans un tems où ils ne lui étoient pas encore rentrés, & qu'ils avoient poussé leur rage au point de ne pas lui donner le tems de ramasser ce qui lui étoit dû, au moyen de quoi il en auroit eu de reste pour les satisfaire; qu'au contraire ils s'étoient saisis de ses livres, & l'avoient mis en prison. Je lui demandai à combien pouvoit se monter ce qu'il leur devoit. Il me dit que cela pouvoit aller à sept cens écus. Je ne lui fis pas de réponse, mais je m'en allai droit chez moi, & lui en aportai mille, en lui recommandant de faire d'abord apeller ses créanciers, de les payer, & de venir en droiture chez moi, ce qu'il fit au bout de trois jours.

Je fus charmé de le voir. Augustin, lui dis-je (c'étoit son nom) comme ce n'est que par raport à moi que vous avez souffert, il est juste que je vous fasse quelque dédommagement. Il faut que vous veniez avec moi au Mexique, vous verrez dans mes magasins, quelles sont les marchandises qui vous conviendront le mieux; & dès que vous aurez vu à peu près la quantité dont vous croirez pouvoir vous défaire, je vous en ferai crédit, & outre cela je vous fournirai les mules dont vous aurez besoin.

A notre arrivée au Mexique, Augustin, suivant l'offre que je lui avois faite, choisit des marchandises pour la valeur de cinq cens piastres ; ce qui n'étoit pas la dixiéme partie de ce qu'il avoit coutume de faire valoir lorsqu'il étoit bien dans ses affaires.

Je fus si charmé de la retenuë de ce bon Indien, que je lui fis moi-même des ballots pour cinq cens écus, & lui avançai vingt mules à prix d'achat. J'eus dans la suite la satisfaction de voir cet honnête homme prospérer dans son négoce, & au bout de trois ans il eut acquité toutes ses dettes, & se vit déja en avance.

Je me mis en possession de la maison que l'Evêque m'avoit léguée : c'étoit une belle & grande maison, extrêmement bien meublée, telle qu'elle avoit été laissée par celui qui la lui avoit léguée.

D'abord que le Viceroi sçut mon arrivée, il me fit apeller. Je m'y rendis à l'instant pour recevoir ses ordres. Il me fit asseoir, & débuta par me dire : Seigneur Scipion, à combien se monte l'argent que vous avez à moi ? Je lui répondis que je ne pouvois le dire au juste dans le moment, parce qu'il me falloit pour cela faire la balance du compte de Gullermo Aldéa.

Gullermo

Guſlermo Aldéa, dit le Viceroi, qu'ai-je à faire avec cet homme-là? C'eſt, répondis-je, le nom emprunté ſous lequel je fais paſſer ſur mon livre toutes les affaires dont Votre Alteſſe m'a fait l'honneur de me charger; & en cas de mort, comme on ne ſçauroit prendre trop de précaution, j'en ai fait une déclaration ſignée de ma main, que j'ai chez moi, cachetée ſous l'adreſſe de Votre Alteſſe.... Je loue infiniment votre prudence, & cet excès de prévoyance. Croyez-vous bien d'avoir à moi cent mille écus?.... Je crois en avoir beaucoup davantage: mais en cas que Votre Alteſſe ait beſoin de quelque ſomme au-delà de ſon propre fonds, je ſerai toujours prêt à faire honneur à tout ce qu'elle voudra bien tirer ſur moi.... Je vous remercie, Seigneur Scipion. Don Juan Cordova m'a propoſé d'entrer dans une certaine affaire, qui doit être fort avantageuſe, & il veut ſe charger d'y agir pour mon compte.

Le Bled d'Inde & le Froment d'Europe n'ont jamais été à ſi bon compte qu'ils le ſont à preſent, la moiſſon de l'année derniére ayant été très-abondante. Si l'on avance maintenant un réal de plus par boiſſeau ſur le Froment, les Eſpagnols ſeront avides de ſe défaire de tout celui qu'ils ont, ſur-tout voyant l'aparence qu'il y a d'une bonne moiſſon pour la ſaiſon prochaine. Don Juan me propoſe d'acheter ainſi ſeul tout le Bled qui eſt répandu en différens magaſins; & enſuite, lorſque la cupidité des Eſpagnols aura ainſi fait passer tout le Grain dans nos mains ; nous pouvons y fixer le prix que nous voudrons. Que vous semble de ce projet ? Pour moi je vous avoue qu'il me paroît très-bien concerté, & que j'en ai bonne opinion.

J'eus beau prier Son Altesse de me dispenser de dire mon sentiment sur une affaire où je n'entrois pour rien, il me pressa extrêmement de dire naturellement ma pensée. Je me défendis aussi long-tems que je le pus avec quelque bienséance ; mais me voyant enfin comme forcé, quoique je craignisse les conséquences que je prévoyois, je dis à Son Altesse, qu'un tel projet ne pouvoit manquer de produire de grosses sommes, & que je l'aprouverois tout le premier, si je ne craignois que l'exécution n'en eût de fâcheuses suites.

Hé quelles seroient-elles ? reprit brusquement le Viceroi. Ce seroit, répondis-je que Don Juan, ou un refus de Votre Altesse de baisser dans le besoin le prix du Grain, tandis qu'il l'auroit tout en ses mains, ne donnât occasion à des réflexions qui pourroient porter atteinte à cette haute réputation que Votre Altesse s'est acquise à si juste titre par son équité & son désintéressement. D'ailleurs je craindrois encore qu'un monopole sur le Grain ne portât le peuple au murmure, & peut-être à la révolte, ou à quelque extrêmité aussi dangereuse.

Il me paroît, Seigneur Scipion, me dit le Viceroi avec un souris forcé, que vous êtes aussi propre pour le conseil dans le
cabinet,

cabinet, qu'habile arithméticien dans un comptoir ; il faut que je vous fasse avoir une place dans le Conseil du Mexique.

Je m'aperçus fort bien du petit ton moqueur dont il accompagna ces derniéres paroles. Allez, je vous prie, continua-t-il, mettre au net & souder les comptes d'Aldéa, & faites-moi sçavoir si vous êtes en fonds pour en payer le bilan.

Je ne pus m'empêcher de dire à Son Altesse, que je craignois fort qu'après avoir été comme forcé à dire mon sentiment, & ne l'avoir dit que par obéissance, peut-être avec trop de sincérité, ma franchise ne lui eût déplu. Point du tout, Seigneur Scipion, reprit-il ; au contraire, j'aime qu'on y aille rondement, & j'estime un homme qui prévoit de loin les conséquences ; quoiqu'à la vérité je vous doive avouer que je suis surpris, que vous n'ayez point trouvé de fâcheuses suites à prévoir pour vous-même, lorsque vous avez fait le monopole des Huiles, & que vous vous êtes saisi seul de toutes celles qui étoient sur la Flotte. Allez, Seigneur Scipion, & faites ensorte que j'aye après-demain ce que je vous demande.

Je répondis que je n'y manquerois pas ; j'ajoutai même que si en attendant Son Altesse se trouvoit avoir besoin de quelque somme jusqu'à la concurrence de cinq cens mille piastres, je les avois en caisse à ses ordres, d'autant que je n'avois rien acheté dans le Pays, & que j'avois justement retiré mes fonds de mes différens Facteurs. C'est fort bien, Seigneur, me dit-il ;

dit-il ; nous verrons si nous aurons besoin de votre amitié.

C'en étoit plus qu'il n'en falloit pour connoître l'air du bureau ; je pris congé de Son Altesse, & sortis du palais plus vîte que le pas ; je vis bien que le Viceroi étoit de mauvaise humeur, & que selon toutes les aparences j'allois l'avoir pour ennemi.

En arrivant chez moi, je fis d'abord mettre au net le compte d'Aldéa, je trouvai qu'il lui étoit dû cent quarante sept mille piéces de huit & trois réaux.

Le lendemain je portai ce compte au Viceroi ; le surlendemain Don Juan de Cordova vint avec un ordre de Son Altesse pour en recevoir l'argent, qui étoit tout prêt, & qui lui fut remis sur le champ.

Je ne fus plus apellé à la Cour ; & comme je n'y avois aucune affaire, je n'y remis plus le pied. Je me donnai tout entier à mes affaires, bien résolu de les régler incessamment, & de m'en retourner au plûtôt en Europe ; sentant bien qu'il ne me convenoit pas de demeurer plus longtems dans un lieu où celui qui y représentoit le Roi, & qui gouvernoit avec un pouvoir presque absolu, n'étoit rien moins que mon ami, s'il n'étoit mon ennemi. Mais comme j'avois encore bien des marchandises dans l'intérieur du Pays, & qu'il devoit m'en venir considérablement par la Flotte de l'année suivante, & dont j'avois pourtant envie de me défaire avec avantage, il se passa près de trois ans avant que je pusse régler toutes mes affaires de
façon

façon à n'avoir plus besoin de revenir moi-même en Amérique. Il arriva durant cet intervalle, que le Viceroi ne suivit que trop bien le pernicieux avis de Don Juan de Cordova; & pour son malheur il se dégrada au point qu'il y avilit sa dignité, & qu'il fut rapellé uniquement par raport à cela.

Don Juan acheta tout le Grain à quatorze réaux le boisseau, ce qui étoit un réal de plus que le prix courant de la place: par-là il amassa tout le Froment & le Blé d'Inde ensorte qu'il n'en parut plus au marché, que ce qui y étoit porté de ses greniers. Il fit vendre le Froment à vingt & un réaux, & le Blé d'Inde à proportion.

Cette hausse causa d'abord quelques murmures parmi le peuple: les pauvres gens ne pouvoient en acheter à ce prix; & les boulangers furent obligés d'enchérir le pain, de maniére qu'il y étoit aussi rare que dans un tems de famine. On en porta des plaintes à l'Archevêque: le Prélat plaida la cause des Pauvres auprès du Viceroi, & lui representa qu'il étoit nécessaire de mettre un prix aux Grains de Don Juan, & de lui ordonner d'en faire fournir les marchés, au prix que Son Altesse auroit réglé.

Le Viceroi dit qu'il n'avoit pas le pouvoir de taxer les denrées des Particuliers, excepté en tems de famine; & qu'il ne pouvoit leur arracher leur bien de force, sans en payer du moins le prix qu'ils y mettoient.

L'Archevêque disputa beaucoup, mais

inutilement ; & voyant qu'il n'avançoit rien, il se retira. Le lendemain matin les Pauvres vinrent encore en plus grand nombre à son palais, il leur répéta tout ce qu'il avoit representé au Viceroi, & la réponse qu'il en avoit eue : il leur fit de plus entrevoir, qu'il croyoit le Viceroi trop interressé dans ce monopole, pour qu'on dût attendre qu'il y aportât quelque reméde.

Quelqu'un parmi la populace lui cria que la faim perçoit les plus durs rochers, & qu'elle pouvoit briser des murailles de pierre. Le Prélat répondit tranquilement, que celles des greniers de Don Juan n'étoient que de briques & de planches, & en même-tems il monta en carosse.

Il n'en fallut pas davantage à une populace affamée ; à cette réponse du Prélat ils se crurent plus qu'autorisés à aller piller les magazins de Don Juan ; ce qui fut bien-tôt exécuté.

Tandis qu'ils étoient encore dans la premiére chaleur, ils s'en furent à sa maison, dans l'intention de le sacrifier à leur rage, & de se venger sur lui des maux qu'ils avoient soufferts. Il avoit eu vent de leur dessein, ils ne le trouvérent plus chez lui, mais ils s'en prirent à ses meubles, qui furent pillés ou brisés ; & ils emportérent de chez lui près de douze mille onces de vaisselle d'argent.

Comme ils furent avertis que Cordova s'étoit réfugié chez le Viceroi, ils allérent investir le palais, & demandérent tumultueusement que cet homme leur fût remis

pour

pour en faire juſtice, le traitant de voleur de la Patrie, & de ſangſue des Pauvres. Ils avoient déja déſarmé la garde de la porte, & s'en étoient emparés; & ils ſe ſeroient infailliblement rendus maîtres du palais, ſi le Viceroi, aidé de tous ſes domeſtiques à qui il avoit fait prendre les armes, n'eût trouvé moyen de repouſſer ceux qui étoient déja dans la cour, & n'eût fait fermer & barricader les portes.

Cependant le nombre des ſéditieux s'accroiſſoit. Il y en avoit déja près de cinq mille dans la grande place, qui faiſoient feu, & tiroient aux fenêtres du palais. Les gens du Viceroi tirérent de leur côté ſur ces mutins, & en tuérent même quelques-uns.

Je me trouvai avoir une quarantaine de muletiers & autres domeſtiques, tant chez moi que dans mes magazins & écuries. Je les raſſemblai du mieux que je pus. J'avois une bonne proviſion de fuſils, d'épées, de piſtolets. Je ne manquois ni de poudre ni de bales. Je leur donnai des armes, & de quoi tirer. Je me mis à leur tête, & amaſſai chemin faiſant pluſieurs créatures du Viceroi, & quelques amis de Don Juan. A ceux-ci ſe joignirent quelques autres bien intentionnés, ou qui craignoient d'être pillés. Il y en eut qui amenérent auſſi leurs domeſtiques. Avec tout ce monde j'allai droit à la place, & nous tombâmes l'épée à la main ſur cette troupe de mutins.

Tout ce monde que je menois, pouvoit ſe monter à deux cens hommes bien armés,

més, & quoiqu'il y eût quelques milliers de séditieux, il n'y en avoit peut-être pas quatre-vingt qui eussent des armes à feu; & parmi le reste, plusieurs n'avoient pour toute arme qu'un bâton : ainsi il ne nous fut pas difficile de nous ouvrir un passage jusqu'au palais, où nous arrivâmes comme la populace se préparoit à mettre le feu aux portes.

Ce fut-là que nous trouvâmes le plus de résistance, & où il y eut divers coups de mousquet tirés de part & d'autre. A la fin cependant nous vînmes à bout de les chasser, la poudre leur manquant.

Les gens du Viceroi sortirent à propos, & avec leur secours nous eûmes bien-tôt nettoyé la place, nous prîmes quelques prisonniers; les chefs de la sédition furent accusés, découverts, & arrêtés; le lendemain on leur fit leur procès, & l'après-midi il y en eut quatorze de pendus.

J'y reçus pour ma part deux coups de fusil, l'un dans le côté, & l'autre au bras gauche, outre un grand coup de sabre à la tête : cette blessure se trouva la plus dangereuse, & me retint plus long-tems au lit.

Le Viceroi fut bien-tôt informé de tout ce que j'avois fait, & de ce qui m'étoit arrivé. Il sentit qu'il me devoit son salut, & peut-être celui de tout le Royaume; car enfin les Indiens & les Créoles ont toujours pour les Castillans une aversion que rien ne sçauroit vaincre. Le Viceroi sçachant dans quel état on m'avoit porté chez moi, m'envoya d'abord deux habiles Chirurgiens

giens & son Médecin, avec ordre de ne rien négliger pour ma guérison, & d'aller sur le champ l'informer de l'état de ma santé; mais ils me trouvèrent déja entre les mains d'un habile homme, qui leur dit que mes blessures n'étoient pas mortelles.

Le lendemain Son Altesse me fit l'honneur de me venir voir, mais mon Chirurgien lui ayant représenté qu'il étoit à propos que je ne visse personne & qu'on me laissât tranquile, elle se contenta de sçavoir comment je me portois; & les jours suivans elle envoya régulièrement deux fois par jour demander de mes nouvelles.

Après avoir rétabli la tranquilité publique, le Viceroi fit partir en toute diligence par la Véra-Cruz un vaisseau d'avis pour porter ses dépêches à la Cour. Il rendoit compte de la révolte, & ne manqua pas d'en jetter toute la faute sur l'Archevêque. Le Prélat aussi haut pour le moins que le Viceroi, avoit déja trouvé moyen de faire partir un autre vaisseau, par lequel il envoyoit le plus affidé de ses domestiques, avec ordre de faire route avec toute la diligence possible, afin d'arriver à la Cour avant ceux que le Viceroi pourroit envoyer; & il eut bien soin de mettre le tout sur le compte du Viceroi, qu'il taxoit d'une avarice sordide, & de l'avidité la plus insatiable; ajoutant sur-tout dans les termes les plus forts, que l'opression sous laquelle le Viceroi faisoit gémir le peuple, avoit été la seule cause de l'émeute.

Son

Son Altesse n'avoit pas manqué dans sa relation, de parler de moi avec éloge, d'attribuer le prompt rétablissement de la tranquilité à mon courage, & au secours que je lui avois mené à propos, en me recommandant dans les termes les plus forts à Sa Majesté, qui eut la bonté de se souvenir de moi dans sa réponse, & de me faire expédier des Lettres de Noblesse.

Sur ces entrefaites, je me remis à vue d'œil. Dès que le Viceroi sçut que je me levois, il m'honora d'une seconde visite. Il me dit les choses du monde les plus obligeantes ; que cela coute peu aux grands ! Il dit entre autres, qu'il voudroit bien avoir jugé aussi sainement, que l'événement prouvoit que j'avois fait, lorsque je lui avois dit mon sentiment avec une si noble franchise. Il conclut en me priant instamment de voir en quoi il pourroit m'obliger, & me prouver par des effets combien il étoit sensible au service que je lui avois rendu.

Seigneur, lui dis-je, puisque Votre Altesse veut bien reconnoître une démarche où je n'ai fait que mon devoir, & tout ce que doit un fidèle sujet, je n'ai qu'une grace à vous demander. Je vous l'accorde, reprit-il d'abord, vous n'avez qu'à parler. C'est, lui dis-je, le pardon & l'élargissement de ces pauvres malheureux qui ont été condannés à une prison perpétuelle, pour avoir eu l'intention d'attenter à ma vie.

Voilà en vérité un trait bien généreux de votre part, répondit le Viceroi : mais ne pourroit-il point se faire qu'il tournât à votre perte, ou à celle de quelque autre, ou peut-être même qu'il fût au propre desavantage de ceux pour qui vous vous intéressez si noblement ? Je ne sçai que penser, de rendre la liberté à des gens assez dénaturés pour entreprendre un assassinat. Prenez garde que leur élargissement ne coute un jour la vie à quelque honnête-homme à qui ils en voudroient.

J'espére, Seigneur, repris-je, que leur longue prison les aura rendu plus sages. Enfin si Votre Altesse pense que j'aye pu mériter quelque récompense, en quoi certainement elle me fait beaucoup de grace, je ne sçaurois lui en demander une qui me flâtât davantage.

Hé bien, dit-il, je ne sçaurois retirer ma parole; & puisque vous le voulez absolument, je vous enverrai leur pardon, & il ne tiendra qu'à vous de les faire sortir quand vous le jugerez à propos, à moins que vous ne changiez d'avis; faites-y bien vos réflexions.

Il me tint effectivement parole, & trois jours après je reçus leur pardon en plein. D'abord j'envoyai prier le frere aîné de Casa-Blanca, de vouloir bien passer chez moi; je lui faisois dire en même-tems que j'avois à l'entretenir d'une affaire qui étoit de conséquence pour sa famille. Un message de ma part ne l'étonna pas peu, cependant il vint sur le champ avec le domestique que je lui avois envoyé.

Dès qu'il fut dans ma chambre, il me parla à peu près en ces termes : Je suis bien
con-

confus, Seigneur Scipion, de paroître devant vous, après l'action détestable de mon frere, & la grandeur d'ame par laquelle, en demandant sa grace, vous avez sauvé ma famille de la plus grande des infamies. Tout innocent que j'étois de son crime, le châtiment n'en auroit pas moins fait une tache qui m'auroit flétri moi & mes descendans. Cependant, Seigneur, quoique ce soit avec une extrême confusion que je parois devant vous, dès que j'ai reçu votre message, je n'ai pas voulu manquer de venir d'abord recevoir vos ordres.

Seigneur, lui dis-je, ce n'est pas à moi à vous rien ordonner ; vous voyez que l'état où je suis ne m'auroit pas permis d'aller auprès de vous, quoique ce fût mon devoir ; ainsi j'ai cru que vous voudriez bien m'excuser, si je prenois la liberté de vous faire prier de venir chez moi, pour vous parler d'une affaire qui devra convaincre votre infortuné frere, que je ne méritois rien moins que sa haine & ses mépris.

Il n'est pas que vous n'ayez oüi quelque chose du soulevement qu'il y eut il y a quelque-tems dans cette ville. Oüi vraiment, dit-il, je l'ai sçu ; & tout le monde parle avec éloge de la part que vous avez eue au rétablissement du repos public, & de ce que vous avez fait pour ranger les séditieux. Là-dessus je lui racontai tout ce que je viens de vous dire, & je lui remis en main le pardon de son frere.

Le pauvre homme ne sçavoit s'il en devoit

voit croire ses yeux & ses oreilles, il resta quelque-tems comme en extase; ensuite il s'écria : Seigneur ! les expressions me manquent, pour vous rendre les remerciemens que je dois à une si rare générosité, je n'en sçaurois jamais trouver qui ne soient infiniment au-dessous de tout ce que vous méritez.

Après quelques autres complimens de cette nature, il me quitta, le cœur plein de reconnoissance, pour aller porter la bonne nouvelle à son frere & à ses camarades, qui sans doute ne s'attendoient à rien moins qu'à joüir encore de la liberté.

Le lendemain, l'aîné Casa-Blanca revint chez moi, me faire compliment, & me remercier de la part de ces jeunes gens, qu'il m'assura être pénétrés du plus vif repentir, & me demander la permission pour eux de venir me voir.

Je demandai s'ils avoient été auparavant rendre leurs respects au Viceroi, & lui faire leurs remerciemens. Il dit qu'ils étoient allés pour cela au palais; mais que Son Altesse n'avoit pas voulu les voir, qu'ils n'eussent été rendre graces au Seigneur Scipion, à qui seul ils étoient redevables de leur liberté.

Là-dessus je dis que je serois charmé de les embrasser, & de les accompagner chez le Viceroi, aux conditions cependant que je les priois de mettre à part toute inimitié, & de consulter plûtôt leur propre repos, en ne donnant jamais au Viceroi la moindre occasion de se repentir de sa clémenmence, & en menant à l'avenir une vie plus rangée.

Ils vinrent l'après-midi me faire visite. Ils alloient d'abord entrer dans de grands complimens, auxquels je mis fin, en leur témoignant que s'ils croyoient effectivement m'avoir quelque obligation, & s'ils vouloient me faire plaisir, c'étoit de renoncer à des discours qui me faisoient de la peine. J'allai avec eux chez le Viceroi, qui leur fit une sévére mercuriale, & leur donna des avis très-salutaires.

Après cela, je me hâtai de régler toutes mes affaires. J'avois déja fait rentrer tous mes fonds, autant que j'avois pu, en espèces; pour le reste, j'avois pris des marchandises du Pays, je les envoyai en Espagne, avec ordre à mon Correspondant de ne me renvoyer plus rien. Peu à peu je me défis de mes mules. Augustin en avoit d'abord pris cinquante à neuf mois de crédit, & me les a payées ponctuellement à l'échéance.

Pendant que je me disposois ainsi à retourner en Europe, j'eus encore le déplaisir de voir mourir un de mes bons amis. Il se nommoit Don Ricardo Riça : c'étoit un très-galant homme, & qui m'avoit toujours témoigné beaucoup d'amitié dès le commencement de mon rétablissement au Mexique.

Il avoit une fort belle terre à trois lieues de la Ville. Comme il étoit d'un naturel extrêmement généreux, l'économie n'étoit pas son fort. Il n'avoit jamais pu prendre sur soi de mettre ses affaires en régle, &

il aimoit beaucoup à dépenser. Il se vit à la fin réduit à engager sa terre pour vingt mille écus, à un Marchand du Mexique, qui à la suite du tems avoit laissé accumuler les intérêts, pour tâcher de se l'aproprier au prix qu'il voudroit ; ce qui donna beaucoup de chagrin à Don Ricardo.

Je m'aperçus qu'il avoit quelque chose qui l'inquiétoit ; & comme j'étois assez familier avec lui, je lui en demandai la raison, & lui offris mes services en tout ce qui dépendroit de moi, en cas que je pusse contribuer à lui rendre sa premiére tranquilité. Il m'ouvrit son cœur, & me fit voir le dérangement de ses affaires, ce qui causoit celui de son repos & de sa santé. Je lui fournis l'argent nécessaire pour satisfaire son créancier, & il me força à prendre pour ma sureté le gage que l'autre avoit, sentant bien que je n'étois pas capable d'en abuser.

Ceci se passa environ quatre ans avant sa mort, & dans tout cet intervalle, il ne m'avoit pas payé un maravédi des intérêts. Il laissa en mourant quatre filles, entre lesquelles il voulut que son bien fût également partagé, après que ces dettes seroient payées.

A sa mort ses filles me firent prier d'aller les voir, & comme j'avois été intime ami de leur pere, je ne pus leur refuser mes soins pour arranger leurs affaires.

Je fis venir tous les créanciers, & les payai en retirant leurs billets & prenant des reçus. Il pouvoit devoir en différens articles près de quatre mille écus. Après cela

cela je fis voir aux filles de mon ami, qu'il leur convenoit de vendre la terre, à quoi elles consentirent volontiers, pour se voir hors de tout embarras.

Il se presenta plusieurs acheteurs, mais aucun n'offrit au-delà de soixante mille écus ; & il n'étoit pas possible que les filles du défunt donnassent les mains à vendre cette terre avec une perte si considérable. Comme je sçavois sûrement qu'elle en valoit bien dix mille de plus, j'aimai mieux l'acheter, & je leur en donnai soixante & dix mille écus, dont je déduisis ce qui m'étoit dû. Cette terre est à present en bon état & bien située, & je prie mon bon ami le Seigneur Don Alphonse Blas de vouloir bien l'accepter, avec ma maison du Mexique, que j'ai eue en héritage de l'Evêque.

Mes affaires se trouvérent toutes finies à l'arrivée de la Flotte, à bord de laquelle il vint un nouveau Viceroi, avec des Commissaires envoyés par la Cour, pour prendre des informations sur le dernier soulevement. J'avois d'ailleurs amplement rempli mon grand but, qui étoit de faire une fortune considérable. Je fis mes adieux à tous mes amis, & je partis pour la Véra-Cruz, où je m'embarquai à bord du premier vaisseau qui se trouva prêt à faire voile pour l'Europe. Nous eûmes, par la grace de Dieu, un vent si favorable, que le trajet fut des plus heureux, & qu'en treize semaines nous arrivâmes à Cadix en bonne santé.

Voilà, Messieurs, une relation fidèle de mon

mon voyage en Amérique. Je crains fort qu'elle n'ait été trop longue, & qu'elle ne vous ait plûtôt ennuyé qu'amusé ; mais souvenez-vous, je vous prie, que je ne l'ai faite que par pure obéissance.

Tout le monde le remercia, & l'assura avoir eû beaucoup de plaisir au récit de ses avantures.

CHAPITRE XI.

Don Sanche tombe malade. Cause & suites de sa maladie.

LA Comtesse & sa fille invitérent, de la maniére du monde la plus obligeante & la plus pressante, toute la compagnie à aller les voir, & à passer une partie de l'été à leur terre. Dès qu'elles furent parties mon frere devint tout rêveur ; peu à peu il tomba dans une profonde mélancolie ; il cherchoit à être seul ; il ne se soucioit plus de la chasse ni de la pêche, & tous les autres plaisirs lui étoient insipides ; il parloit peu, il devint sombre & taciturne, & enfin il perdit l'apétit. Il n'y eut personne de nous qui ne s'aperçut de cette altération ; mais comme il ne voulut s'ouvrir à personne du sujet de sa mélancolie, & qu'un Médecin que ma mere avoit mandé n'en put rien découvrir, insensiblement le mal le gagna si fort, qu'en moins de quinze jours il fut obligé de garder le lit. On eut beau lui represénter la tendresse que mon pere & ma mere avoient pour lui, la peine que sa maladie leur faisoit, en vain Don Alphonse voulut faire valoir l'amitié qu'il lui portoit ; tout fut inutile, on ne put parvenir à lui faire découvrir la cause de sa maladie ; mais la sagacité de mon généreux Patron en vint à bout. Comme il étoit un jour auprès de son lit avec ma mere, il vint à dire entre autres choses, que si la maladie de son ami Sanche avoit quelque suite, cela le priveroit du plaisir qu'il s'étoit promis de nous mener tous à la terre de Ximenés, pour y passer quelques jours avec la Comtesse.

Il aperçut qu'à ce discours mon frere changea de couleur, un certain feu brilla dans ses yeux auparavant tout abattus, il se leva sur son séant, & dit que si son indisposition étoit capable de priver Don Alphonse de quelque satisfaction, le chagrin qu'il en auroit lui seroit encore plus sensible que sa maladie même; qu'il seroit en état de quiter le lit, & de faire comme les autres.

Je le souhaite, dit le Comte, & je l'espére; prenez seulement courage, tâchez de reprendre votre premiere gayeté; & surement d'abord que vous serez en état de soutenir le voyage, le changement d'air achevera de vous guérir. Là-dessus on avertit qu'on avoit servi le dîner, & nous le laissâmes avec un vieux domestique qui étoit de garde auprès de lui.

Dès que nous fûmes hors de la chambre, Don Alphonse dit à ma mere de cesser d'être inquiéte sur la maladie de son fils; que la cause en étant une fois connue, le remede seroit aisé à trouver.

C'est-là la difficulté, répondit ma mere, & c'est où les Médecins perdent leur latin.

Eh bien, Madame, je parie que j'en ai fait l'heureuse découverte; allez, votre fils est amoureux; reste à sçavoir si c'est de

L la

la Comtesse ou de sa fille ; mais comptez qu'il ne sera pas si difficile d'en être éclairci.

Il dit alors surquoi il fondoit sa conjecture, & tout le monde la trouva très-juste.

Vous Alphonse, continua-t-il, tâchez d'achever la découverte, & de voir si ma conjecture est bien fondée : mais j'ai bien peur de n'avoir deviné que trop juste, & j'en serois au desespoir, d'autant que la jeune Comtesse est un parti de trente-deux mille écus de rente, & sa mere extrêmement difficile sur le choix d'un gendre, n'y ayant jamais eu dans sa famille la moindre mésalliance. Si cependant c'est absolument l'amour qui cause la maladie de notre ami, il faudra bien tâcher de flater en quelque maniére sa passion par quelque legere espérance, afin de le guérir. Si par la suite on voit qu'il n'y ait pas jour à la moindre espérance, alors le tems & la raison pourront le guérir de sa passion.

De-là il nous fit un détail de la famille de la jeune Demoiselle, tel que je vous l'ai déjà expliqué. Après le dîner on passa dans une autre chambre pour prendre le caffé, & s'amuser à la conversation ; mais mon pere alla faire un tour de jardin avec Don Scipion, & ils ne revinrent qu'au moment qu'on alloit se mettre à la partie d'Hombre.

Après que chacun eut pris sa place, je pris mon pere à part vers l'embrasure d'une fenêtre, & lui rendis compte de ce que le Comte avoit pensé sur la maladie de mon frere, & des raisons sur lesquelles il apuyoit ses conjectures.

Eh bien, viens-t-en avec-moi, me dit mon pere; allons lui faire une visite nous deux, & tâchons d'aprofondir cette affaire.

Prens bon courage, mon ami Sanche, dit mon pere en aprochant du lit du Malade; je n'aurois jamais cru que tu pusses ainsi te laisser abattre par une indisposition de rien; à ton âge il faut prendre quelque chose sur soi.

J'ai bien peur, dis-je, mon cher pere, que le Médecin que nous lui avons donné, ne soit pas du sexe qu'il faut pour le guérir; & je suis bien trompé, ou il doit y avoir certaine Beauté dans le voisinage de Xativa, qui le guériroit plûtôt que toutes les Ordonnances de la Faculté.

Cela seroit-il vrai, Sanche? dit mon pere en souriant. J'ai toujours été élevé avec un respect si scrupuleux pour l'aimable vérité, que je ne puis m'empêcher de vous avouer que mon frere ne se trompe pas tout-à-fait. Oui, Seigneur, les beaux yeux de la jeune Comtesse Ximenès m'ont porté des coups d'autant plus surs & plus cruels, que je vois plus de difficulté à lever les obstacles qui s'oposent à ma satisfaction.

La disparité est si grande, soit dit sans vous offenser, entre sa maison & la nôtre, que je ne vois aucune aparence que je puisse jamais obtenir la possession d'un si rare trésor; & la passion qu'elle m'a inspiré est si forte, que je ne crois pas qu'aucun effort de ma raison puisse la surmonter.

Et moi, dit Don Blas, j'ai meilleure espérance que toi, je ne crois pas qu'il soit si difficile de lever ces obstacles que tu te

L 2 l'imal'imagines. Crois-moi, pour peu qu'on veuille aprofondir dans l'origine des familles, même des plus illustres, on y trouvera assez de quoi humilier leur sot orgueil; & ce qu'il y a de sûr, c'est que c'est la vertu qui fait la vraie Noblesse.

Fort bien Seigneur, répondit mon frere: mais le monde se laisse-t-il toujours guider par la raison? La Postérité des Grands-Hommes fonde bien moins son orgueil sur leurs vertus, que sur les titres pompeux qu'ils en ont hérité. Combien peu en voit-on qui fassent leur étude de la vertu? & l'on en voit tant qui s'enorgueillissent & se repaissent de la fumée d'un vain titre. Un homme de mérite sans naissance, se verra toujours exposé parmi les gens de qualité à le céder à un fat ou à un faquin, qui pourra compter une longue suite d'ancêtres revêtus de titres ou de dignités? & moi, Seigneur, je me vois encore extrêmement éloigné de m'apliquer le parallèle, car enfin, de quel genre de mérite pourrois-je me glorifier?

Encore un coup, vous dis-je, prenez seulement courage, comptez sur ma parole, on pourra lever ce grand obstacle; & s'il n'y a pas de plus grande difficulté à surmonter, vous pouvez bien vous regarder comme gendre de la Comtesse. Je ne puis vous en dire davantage pour le coup, songez seulement à votre guérison. Quand vous serez une fois rétabli, vous verrez que ce que je vous dis n'est point une chimére. Souvent ce qui paroit impossible aux uns, n'a pas la moindre difficulté pour d'autres. Vous

Vous sçavez, dis-je, mon frere, combien mon pere se pique de probité; ainsi vous ne devez pas douter un moment qu'il ne vous tienne parole. Je suis persuadé qu'il ne vous feroit pas une promesse en termes si positifs, s'il n'étoit bien assuré de pouvoir la tenir.

Pourvu que l'excès de sa tendresse ne le trompe pas lui-même, reprit Sanche, & ne lui fasse pas trouver possible ce qui.... Non, non, interrompit Don Blas, je suis très-fondé dans ce que je vous dis : tranquilisez-vous seulement sur la connoissance que j'ai, sur mon expérience, & surtout sur ma véracité. Dès que vous serez en état d'entreprendre le voyage, nous irons faire une visite à la Comtesse, & j'ose assurer qu'elle se fera un plaisir de vous donner sa fille.

Je m'en vai demain faire un tour à Lirias, je reviens dans deux ou trois jours : si à mon retour vous êtes en état de descendre l'escalier, je pourrai en même-tems vous convaincre, vous surprendre, & vous mettre au comble de la joie. Quoiqu'à vous dire le vrai, il n'en falloit pas moins que l'état où je vous vois, pour m'arracher un secret que je n'ai jusqu'à présent découvert à personne, pas même à votre mere. Mais je crains que vous ne vous incommodiez en parlant trop; nous allons nous asseoir à cette table Alphonse & moi, & nous jouerons un Cent de Piquet, cela vous amusera peut-être.

J'allai faire aporter des cartes & des jettons, & nous jouâmes plusieurs reprises;

mais

mais je jouai avec une distraction étonnante, j'étois si occupé à chercher dans ma tête dequoi asseoir mes conjectures sur ce que mon pere venoit de dire à mon frere, que souvent je prenois une carte pour l'autre. Les bévues que je fis divertirent beaucoup Sanche, qui nous paroissoit déja tout autre, tant le discours de mon pere lui avoit donné de courage.

Nous jouâmes jusqu'à ce qu'on allumât les bougies. Mon pere exhorta Sanche à prendre bon courage, & nous lui souhaitâmes un bon repos. Nous descendîmes pour joindre le reste de la compagnie. Mon pere dit à Don Alphonse, que mon frere lui avoit avoué qu'il étoit amoureux de la jeune Comtesse; & il lui dit qu'il avoit bien deviné sur la cause du mal dont mon frere étoit accablé. Il ajouta qu'il lui avoit promis de le rendre content, & que pour faciliter la chose il partiroit le lendemain pour Litias. Il pria toute la compagnie qui l'écoutoit avec surprise, de suspendre sa curiosité jusqu'à son retour; qu'il ne seroit que deux ou trois jours dehors, & qu'alors il les mettroit au fait des motifs de son voyage.

On ne tarda pas de servir le souper, on passa le reste de la nuit à causer de choses & d'autres, après quoi chacun se retira dans sa chambre.

Le lendemain matin mon pere partit pour aller faire un tour chez lui, où il ne resta, comme il l'avoit dit, que trois jours: il arriva comme nous allions nous asseoir pour souper.

On

On le félicita sur son heureux retour, puis on parla de choses indifférentes pendant le souper : dès qu'on eut levé la nape & que les domestiques furent retirés, Don Blas dit qu'avant que d'entrer dans la sale à manger, il étoit monté auprès du Comte Ximenés, & qu'il l'avoit trouvé si avancé dans son rétablissement, qu'il comptoit qu'il seroit en état de sortir de sa chambre le lendemain.

Don Alphonse se mit à sourire, de ce que mon pere donnoit à mon frere le nom de Comte Ximenés : je voudrois de tout mon cœur, dit-il, que mon ami Sanche fut aussi sûr de ce titre, que je le suis qu'il le mérite.

Nous ne sommes pas si fort hors du tems des miracles que vous le croiriez bien, répondit mon pere. Je ne trouverois point-là un si grand miracle, reprit la Comtesse, puisque la jeune Comtesse doit avoir en dot le titre avec le bien.

Sanche est jeune, d'une aimable figure, bien élevé; il est d'un fort bon caractére; il ne manque ni d'esprit, ni de bonnes façons. Quel grand miracle y auroit-il qu'une Dame qui a du discernement, rendît justice au mérite d'un tel cavalier ?

Mais Madame, reprit mon pere, on m'a assuré que la branche masculine de Ximenés n'est pas entiérement éteinte. En ce cas, quelque droit qu'ait la jeune Comtesse sur la terre, elle n'en auroit pourtant pas au titre.

Voilà une nouvelle qui me surprend un peu, dit mon Patron ; car j'ai oui dire à

Don Lorenzo de Vélasco, qui est un des Fidéi-commissaires, comme héritier de son grand pere, que tant que la branche mâle des Ximenés ne sera pas éteinte, les femmes ne sçauroient hériter de la terre, qui est seulement chargée d'une somme de deux cens mille écus, à partager entre les filles selon le nombre qu'il y en aura. Mais de grace, d'où tenez-vous cette nouvelle?

Demain, dit mon pere, vous verrez ici le Comte Ximenès, & j'ai aporté avec moi les preuves autentiques de sa généalogie. Il est si fort ami de mon fils, que pour contribuer au rétablissement de sa santé, il renoncera volontiers, en sa faveur & en celle de la jeune Comtesse, à toutes les prétentions qu'il pourroit avoir tant sur le titre que sur la terre, en cas que la mere veuille bien recevoir Sanche pour gendre.

Voilà certainement un trait d'amitié bien rare; & qui ne sera guéres suivi, reprit Don Juan de Jutella.

Aussi y a-t-il une raison qui vous fera bien rabattre de votre étonnement, quand vous la sçaurez, reprit mon pere; mais il y a encore une condition qui vous regarde, continua-t-il en s'adressant à mon oncle, c'est qu'il souhaiteroit fort que lorsque Sanche sera si bien établi, vous voulussiez transferer au cadet les graces que vous destiniez à l'aîné.

S'il n'y a pas d'autre obstacle que celui-là, reprit Don Juan, qui puisse retarder la félicité de Don Sanche, il sera bien-tôt au comble de ses vœux.

Vous voilà à present au fait du motif de mon

mon voyage, continua Don Blas, demain le Comte se trouvera ici avec deux Avocats pour confirmer tout ce qu'il a promis.

J'étois réellement charmé du bonheur de mon frere, au point que je n'étois que foiblement touché des avantages qui devoient m'en revenir, par l'espoir de devenir un jour l'héritier de mon oncle, en cas qu'il vînt à mourir sans enfans.

Les Dames étoient sur-tout dans une extrême inquiétude touchant ce Comte, c'étoit à qui feroit plus de questions. Où s'est-il tenu si long-tems ? demandoit l'une. D'où vient qu'il ne s'est pas montré plûtôt ? disoit une autre. Que n'a-t-il fait valoir ses droits sur la terre & sur le titre ? Et où l'avez-vous vu ? disoit-on à mon pere. Comment l'avez-vous trouvé ? Combien y a-t-il que vous le connoissez ? Où est-ce qu'il demeure ? Quelle espéce d'homme est-ce ? Est-il bien fait ? A-t-il de l'éducation, des sentimens ? Eh que sçai-je les questions qu'on fit ou qu'on ne fit pas. Don Blas écouta jusqu'à ce qu'on cessât de lui en faire. Il dit ensuite qu'il satisferoit à toutes ces demandes dans la derniére exactitude, mais qu'il prioit la compagnie de vouloir bien l'en dispenser jusqu'au lendemain. Cela fit qu'on changea de discours.

Dès que je vis la conversation entamée sur d'autres matiéres, je me dérobai pour aller vers mon frere ; je brûlois d'envie de lui faire part de tout ce que je venois d'entendre. J'allai en droiture à sa chambre, & je lui racontai au plus juste jusqu'à la moindre circonstance.

Il m'embrassa de tout son cœur, & me dit que je lui redonnois la vie. Mais, dit-il, je ne sçaurois me figurer qui peut être ce Comte, ni d'où il vient. Comment, est-ce que notre pere a fait connoissance avec lui ? car enfin je ne l'ai jamais oui parler d'un Comte Ximenés, & j'en suis d'autant plus surpris, qu'il faut certainement qu'ils soient en grande liaison, & que leur amitié soit bien forte, autant que l'on en peut conjecturer par des offres si généreuses : mais patience, il faut espérer que demain nous serons éclaircis sur ce mistére.

Après cela il me réitéra ses remercimens, sur le plaisir que je lui avois fait de lui dire d'abord ce que j'en sçavois : & comme je vis qu'il avoit envie de reposer, je me retirai, & revins joindre la compagnie, jusqu'à ce que chacun prît le chemin de sa chambre pour s'aller coucher.

Le lendemain matin je trouvai mon frere le premier de tous dans la sale à manger, & tout foible qu'il paroissoit encore, on lui voyoit un air de gayeté qui marquoit assez qu'il n'étoit plus malade.

Je lui en fis mon compliment. Il me dit que mon pere avoit été le meilleur Médecin. Pas tout-à-fait, lui dis-je ; car ç'a été Don Alphonse, qui le premier a découvert la cause de la maladie : à la vérité c'est Don Blas qui y a aporté le reméde.

En vérité mon frere, dit Sanche, on diroit que nous sommes nés pour avoir tous les jours quelque nouvelle obligation à à ce Seigneur. Je ne souhaiterois rien avec tant d'empressement, si ce n'est que l'un de nous deux pût trouver l'occasion de lui rendre quelque service signalé, & lui prouver que ce n'est pas toujours le seul lien du sang qui dicte les sentimens de la reconnoissance la plus vive; mais que la vertu a souvent autant de charmes dans le cœur des gens de médiocre naissance, que dans celui des gens de la plus haute condition.

Nous verrons que ces souhaits ne tardérent pas d'être accomplis, dans une affaire où mon frere montra bien autant de courage & de presence d'esprit, que de tendre affection pour Don Alphonse notre généreux Patron.

Pendant que nous étions ainsi à causer, nous entendîmes un bruit confus dans l'antichambre. Comme nous allions pour sçavoir ce que c'étoit, nous vîmes une femme qui étoit comme morte, & d'ailleurs couverte de sang, qui étoit portée par les domestiques de Don Alphonse.

Nous demandâmes d'abord qui elle étoit, & qui l'avoit mise en cet état. Un des palfreniers nous dit que cette femme étant poursuivie par un homme qui avoit l'épée nue à la main, s'étoit par bonheur sauvée dans l'écurie, en criant au secours; que là elle étoit tombée évanouïe; qu'on avoit arrêté l'assassin, qui se disoit son mari; que celui-ci leur avoit dit qu'il l'avoit trouvée dans les bras d'un jeune homme, qu'elle embrassoit de tout son cœur; qu'à cet aspect la colére l'avoit saisi au point qu'il avoit d'abord tué cet infâme adultére; & qu'il en auroit fait autant à sa chienne de femme, si la peur ne lui avoit donné des aîles, & si elle n'eût trouvé un azile dans la maison du Comte.

J'ordonnai d'abord qu'on portât cette femme dans une chambre, & qu'on fît venir quelqu'une des servantes pour la deshabiller, & voir où elle étoit blessée. Je fis partir un laquais avec ordre d'aller à toute bride chercher un Chirurgien à Valence, & j'envoyai en même-tems quelqu'un dans la maison de cet homme, pour voir si le jeune homme qu'on disoit mort, ne donneroit pas encore quelque espérance de vie, & s'il y auroit moyen de le sauver. On me dit que le meurtrier demeuroit dans le village, & que sa maison n'étoit pas à cent pas des murailles du jardin de Leyva.

On fit exactement ce que j'avois ordonné. La femme revint à elle, quoiqu'elle fut fort ensanglantée. Elle n'avoit cependant aucune blessure. Pour le jeune homme, on le trouva qui n'étoit pas encore mort, mais il étoit étendu sur le plancher & noyé dans son sang. Quelques voisins ayant été apellés par les gens de Don Alphonse, ils visitérent le blessé; ils trouvérent qu'il avoit reçu un coup d'épée dans le dos, & qu'il perçoit de part en part; ils essayérent de leur mieux d'étancher le le sang, ils bandérent la playe, & le mirent dans un lit.

Don Alphonse & les Dames, ayant sçu que la femme avoit repris ses sens, des-
cen-

cendirent pour la voir, fur ce qu'on leur dit qu'elle n'étoit pas bleſſée, & qu'elle n'avoit eu que la peur : il ordonna qu'on la mît au lit : un domeſtique de la maiſon qui ſçavoit ſaigner lui ouvrit la veine : on la laiſſa ſeule, avec ordre à une ſervante de reſter auprès d'elle, & de prendre garde qu'on ne la fît point parler.

Comme elle étoit proche de la chambre où nous étions, nous l'entendions s'écrier comme une deſeſpérée : *Ah mon fils, mon cher ! Ah mon pauvre enfant ! Pere barbare ! ô le plus violent de tous les hommes ! ô Pere malheureux, que ne puis-je mourir à l'inſtant ! O malheureux fils !*

Mon Patron avoit ordonné qu'on lui amenât le meurtrier. Dès qu'il le vit, il lui demanda ce qui avoit pu le porter à une action ſi barbare ?

Le plus grand de tous les affronts, répondit-il : un affront ſi ſenſible, qu'il n'y a que le plus lâche de tous les Cabrons * qui pût l'endurer ſans en laver la honte dans le ſang de l'offenſeur.

Après ce digne préambule, il dit qu'il étoit ſoldat de la Garniſon de Valence, & qu'étant venu pour voir ſa femme dans le village du Comte, il l'avoit trouvée entre les bras d'un jeune homme à qui elle faiſoit des careſſes.

Don Alphonſe ordonna qu'on s'aſſurât de lui, & qu'on le retînt juſqu'à ce que la Juſtice s'en ſaiſît. Le Corrégidor de Valence

---

* Cornards.

lence envoya les Alguazils le chercher, & le fit mettre en prison.

Peu après le Chirurgien arriva, mais le jeune homme venoit d'expirer.

Quand la femme fut un peu plus tranquille & remise de sa frayeur, les Dames la vinrent voir. Elle leur dit qu'il y avoit trente ans qu'elle étoit mariée, & qu'elle n'avoit eu de son malheureux mari qu'un seul enfant; qu'à l'âge de quinze ans son fils étoit allé avec les Galions à la Véra-Cruz, & que voyant quelque jour à faire bien ses affaires en Amérique, il y étoit resté, qu'après un séjour de quatorze ans, il étoit revenu avec la Flotte pour voir ses parens, & leur aporter quelques secours, & qu'en récompense de son amour filial, il avoit trouvé la mort dans les bras de sa mere, & cela par les mains de son propre pere.

Tout le monde prit part à la douleur de cette pauvre femme, on la plaignit beaucoup. Tout ce qu'on put faire pour la consoler, fut inutile, son affliction fut si grande, qu'elle ne put prendre aucune nourriture; elle tomba dans une rêverie, qui peu à peu tourna en délire, elle fut deux jours & une nuit, qu'elle ne faisoit qu'apeller son fils & son mari: enfin elle mourut de desespoir à l'entrée de la seconde nuit.

L'infortuné pere aprit dans sa prison le reste de ses malheurs, sa douleur dégénéra en une espéce de rage, il se cassa la tête contre les barreaux du cachot, & mit en même tems fin à ses malheurs & à sa vie.

On

On trouva sur le jeune homme une petite boëte, dans laquelle il y avoit des perles & des émeraudes pour la valeur de dix mille écus, outre dix quadruples & sept pistoles en or ; & dans ses poches quelques pièces de huit, des réaux, & des réalitos, pour près de cinq écus.

Don Alphonse se fit remettre le tout, & le rendit exactement aux plus proches parens de ces pauvres malheureux.

CHAPITRE XII.

Qu'on laisse au choix du Lecteur de lire, ou de passer.

Cet accident empêcha mon pere de satisfaire dans la matinée aux questions que les Dames lui avoient faites la nuit auparavant, mais on n'eut pas plûtôt achevé de dîner, que la Comtesse le pria de dégager sa parole & de satisfaire leur curiosité. D'abord elle lui demanda s'il croyoit qu'on verroit ce jour-là le Comte Ximenés à Leyva.

Mon pere répondit qu'elle le trouveroit toujours disposé à obéir à ses ordres ; & que pour le Comte Ximenés, il étoit assuré qu'à moins de mort ou de maladie, ou de quelque accident imprévu, il auroit l'honneur de souper avec elle ce même soir.

Je suis d'autant plus curieuse de le connoître, dit la Comtesse, que l'offre généreuse de donner une terre si considérable, me paroît un trait d'amitié bien rare & bien surprenant ; outre que ce Seigneur n'en ayant pas pris le titre jusqu'à present, que je sçache, cela marque un grand détachement du Monde.

Peut-être, dit ma tante, que le Comte a fait profession dans quelque Ordre Religieux, en ce cas il n'y auroit rien de rare dans dans son desintéressement. Et pour moi, reprit mon oncle, ce seroit au contraire ce qui augmenteroit mon étonnement. Vous imaginez-vous donc que les murs d'un Couvent soient un rempart inaccessible à l'ambition & à l'avarice?

Le Comte Ximenés, répondit mon pere, connoît trop bien le monde; il a bien éprouvé qu'il n'y a que du vuide ou de la fumée dans tout ce qu'on apelle plaisirs de la vie; il sçait combien c'est peu de chose que la confiance qu'on met aux hommes, & que le Sage ne se fie pas même aux Princes & aux Grands de la Terre. Il regarde comme pure grimace, ce qu'on leur marque de respect, de complaisance & de complimens; & il se rit de ces vains titres qui n'ajoutent pas un grain de mérite réel à la personne de celui qui les porte. Il vous dira même que la vie de ce Monde passe comme un souffle, & qu'on n'en jouit que par emprunt; qu'il faut être bien imprudent & dépourvu de bon sens pour en faire l'objet le plus important de ses soins. Qu'il y a une si grande vicissitude dans les choses de ce Monde, que tout homme qui est assez fou pour ajouter aux embarras inséparables de la vie humaine, les soins d'élever sa famille, de se faire un nom, de l'éterniser si vous voulez, devroit être envoyé aux petites maisons; car nous sçavons par l'Histoire, que les plus puissans Empires, les plus grandes Monarchies n'ont eu qu'un tems, & il n'en est passé à nous qu'un vain nom, pour nous montrer seulement la folie qu'il
y

y a à se reposer sur un phantôme de politique, ou de puissance humaine.

Où sont, pourra-t-il vous demander, ces Maîtres de l'Univers, ces fiers Romains dont l'ambition ne connoissoit d'autres bornes que celles du Monde entier ?

Mais sans sortir de chez nous, ne voyons-nous pas qu'une seule bataille a fait passer au pouvoir des Mores la Monarchie qui avoit eu pour Maîtres les Goths pendant deux cens quatre-vingt & dix-sept ans. Je dis plus, une seule bataille, donnée en sept cens quatorze, a éteint jusqu'au nom des Goths ; car depuis ce tems-là il n'est pas resté une seule province sous leur nom ; & cette nation, jadis si fameuse en Orient & en Occident dans les tems les plus reculés ; cette nation qui vainquit le Grand CYRUS & subjugua toute l'Asie, qui avoit soumis tant de puissans Royaumes ; qui avoit tenu tête au grand ALEXANDRE, ravagé les Pays qu'il avoit conquis, & fait prisonnier un Roi son successeur * ; cette nation qui avoit foulé aux pieds la Majesté de l'Empire Romain, qui avoit vaincu des Empereurs, de grands Généraux d'Armées, & même des Armées entiéres ; qui avoit soumis tant de villes en Italie, qui saccagea & pilla Rome la capitale de l'Empire ; qui s'étoit emparée de tant de provinces les plus belles & les plus peuplées de l'Occident, où elle a régné si long-tems avec autant d'équité que de valeur. Cette vaillante nation où est-elle ?

* LYCHIMACHUS.

elle ? Une journée l'a vue éteindre, il n'en est resté que le souvenir d'un grand nom.

Quant à la naissance, vous dira-t-il, comme elle est bien moins l'effet du mérite que du hazard, elle ne sçauroit d'un côté faire grand honneur au malhonnête homme, ni avilir de l'autre l'homme de mérite né de bas lieu.

Pour les titres, il n'en connoît pas de plus beau que celui de bon Chrétien, qui peut rendre heureux celui qui le mérite réellement, ce que ne sçauroient faire les Dignités les plus relevées que nous connoissions, comme de Prince, de Roi, d'Empereur, ou même de Pape.

En un mot, il regarde bien plûtôt comme un grand Conquérant, celui qui sçait vaincre ses passions, que celui qui désole & renverse des Empires. Toute son ambition se borne à présent, à vivre comme le doit une créature raisonnable ; c'est-à-dire, qu'il est dans une ferme résolution de n'avoir qu'un souverain mépris pour tout ce qui est passager ou emprunté, & de ne songer qu'à s'assurer ce qui est permanent & solide.

Vous nous donnez-là le portrait d'un vrai Philosophe, d'un de ces Chrétiens du vieux tems, dit Don Alphonse ; je crois qu'on auroit de là peine à trouver son semblable.

Il avoue cependant, reprit mon pere, que c'est votre exemple qui lui a inspiré de la honte de ses vanités, & qui lui a donné assez de courage pour vaincre ses passions & surmonter ses foiblesses. Il est

pénétré

pénétré d'admiration pour Don Alphonse, il l'aime, & il tâche de l'imiter. Je crois, Mesdames, continua-t-il, que tout ce que je viens de dire, peut répondre à la plûpart des questions que vouliez me faire, autant que j'en puis conjecturer par ce qu'en a dit le Comte. Ainsi je crois qu'en vous disant qu'il y a près de douze ans que j'ai fait à Madrid la découverte du Comte Ximenés, j'aurai entiérement contenté votre curiosité.

Vous me feriez presque croire que je le connois, dit Don Alphonse, par les choses obligeantes que vous avez bien voulu me dire de sa part.

Je vous dirai bien plus, reprit mon pere; c'est que vous l'honorez de votre amitié; du moins il s'en flatte, & il en est plus glorieux qu'il ne le seroit de tous les honneurs que le Roi pourroit lui faire.

Mais pour finir de vous satisfaire, si vous le voulez bien, je vai vous montrer sa généalogie. Alors il ouvrit un gros rouleau de vieux parchemins, où elle étoit. Elle ne commençoit que cinq cens seize ans avant la naissance du Sauveur, au tems que les Carthaginois furent apellés au sécours des Phéniciens, qui étoient serrés de près par les Peuples de l'Andalousie, connue alors sous le nom de Bétique, & qu'ils firent une descente en Espagne sous les ordres de Maherbal. Cet Arbre Généalogique commençoit à un certain Baucius Capetus, dont le fils aîné fut surnommé le Sicilien. Le fils de celui-ci s'apelloit Ramire, il étoit un autre Maherbal à la tête des Espagnols. Nous ne fîmes que passer legérement la vue sur ces vieux noms, dont la suite nous mena en droite ligne jusqu'à Don Garcias, Seigneur de Ximenés, qui fut tué dans la bataille contre les Mores, en mille trois cens quarante, que les Espagnols & les Portugais avec seulement cent quarante mille hommes de Cavalerie, & vingt-cinq mille d'Infanterie, attaquérent les Mores qui en avoient soixante & dix mille de Cavalerie & trois cens mille d'Infanterie, & remportérent sur eux une victoire complette, en laissérent trois cens mille sur le champ de bataille, prirent quatre femmes & trois fils du Roi More, & gagnérent des trésors immenses, tant en or qu'en argent & autres effets.

Ce Don Garcias laissa un fils, qui fut Don Manuel Comte de Ximenés, dont nous trouvâmes la descendance exactement suivie jusqu'à Don Henriquez, petit-fils d'un autre Don Henriquez né en mille cinq cens soixante & quatorze, du tems de HENRI IV.

A present nous pouvons passer, dit mon pere, à la branche collatérale; car quoique la ligne directe n'aille pas plus loin, vous sçavez cependant qu'elle a été continuée jusqu'à la mort du dernier Comte, qui mourut sans enfans il y a un peu plus de cinq ans, & pour cela il nous faut remonter jusqu'à Don Henriquez *.

Vous jugerez aisément combien la compagnie fut agréablement surprise, de trouver

* Nous mettons ici cette Généalogie.

ver que le Comte Ximenés, soutien d'une maison si ancienne & si illustre, étoit Gil Blas, qu'on avoit jusques-là regardé avec une espéce de mépris par raport à la bassesse aparente de son extraction. Don Alphonse en marqua la joye la plus sincere, ma mere & mon oncle ne sçavoient où ils en étoient. Pour mon frere & moi, je ne sçaurois vous exprimer à quel point cette découverte nous transporta.

Ce n'est point-là tout-tôt, dit mon pere, après qu'on se fut épuisé de part & d'autre en complimens de félicitation & de remercimens. Il faut à present que je vous aprenne comment cette Généalogie est tombée entre mes mains, & pour que vous ne la croyiez pas fabriquée à plaisir, je dois d'abord vous dire qu'elle est duement vérifiée par les Regîtres des Paroisses & par les Titres les plus autentiques de la Chambre des Hérauts d'Armes de Biscaye & de Madrid.

Il y a encore ici dans la même cassette certains vieux titres, que je ne me suis jamais donné la peine d'examiner, tant qu'il y a eu un héritier descendant de la ligne directe. J'ai même envie de les laisser jusqu'à l'arrivée des deux Avocats, que j'espére que vous voudrez bien me permettre de retenir ici, jusqu'à ce qu'ils ayent vu ce que c'est, & qu'ils nous en ayent rendu compte.

Don Alphonse lui répondit qu'il pouvoit ordonner à Leyva tout comme à Lirias. Mon pere ne répondit que par une révérence, & continua ainsi. Vous pouvez

vez vous ressouvenir, mon cher Patron, qu'il y a une douzaine d'années que j'allai à Madrid pour solliciter l'échange de Don Lopez de Cordoue, qui s'étant rendu prisonnier de guerre à l'affaire de Saint Venant, avoit été conduit en France. Comme ce cavalier étoit votre parent, je m'y portai avec tant de zèle, qu'enfin j'obtins qu'un Colonel François, qui avoit été pris à Saint Guilain lorsque cette place fut prise par Don Juan d'Autriche, seroit relâché sur sa parole, aux conditions que Don Lopez seroit échangé pour lui, dès qu'il arriveroit en France, ou bien qu'il reviendroit se constituer prisonnier en Espagne.

Comme j'allois un jour au Bureau de la Guerre, une personne fit signe à mon cocher d'arrêter, & s'en vint droit à moi.

Si je ne me trompe, Seigneur, dit cet Etranger, vous êtes Don Gil Blas. Vous ne vous trompez pas, répondis-je, c'est bien moi. Puisque c'est vous, continua-t-il, donnez-moi une heure où je puisse vous voir chez vous à mon aise, & sans que personne vienne nous interrompre. J'ai à vous communiquer quelque chose, que vous serez sans doute charmé d'aprendre; j'ai outre cela quelques papiers, que je pourrai aussi vous remettre, puisque la réputation que vous avez à present, me fait croire que vous n'êtes plus ce glorieux & impertinent gueux revêtu que vous étiez la dernière fois que je vous vis en cette ville, lorsque vous étiez le favori du Duc de Lerme; où logez-vous?

Je

Je ne laissai pas d'être un peu choqué de l'effronterie de cet homme, qui pourtant dans le fond ne faisoit pas mal le portrait de ce que j'avois été. Je fis en vain bien des efforts pour me le remettre, je ne pus y réussir.

Pendant que je l'examinois attentivement, pour voir si je pourrois reconnoître quelqu'un de ses traits, il me demanda encore très-séchement où je demeurois. Je le lui dis, & le priai en même-tems de venir me voir le lendemain matin, & que pour plus de précaution je donnerois ordre qu'on dît à tous ceux qui pourroient venir, que je n'étois pas au logis; mais qu'il falloit qu'il eût la bonté de me dire son nom, afin qu'en s'annonçant, mes gens connussent qu'il étoit celui pour qui seul je serois visible.

Je m'apelle, dit-il, Bernardo Muscada; je suis le fils du Marchand d'Oviédo; demain je serai sûrement chez vous; & il me quitta sans attendre de réponse.

Je me rapellai alors que je ne lui avois donné que trop de raison de peindre aussi naturellement qu'il avoit fait le Seigneur favori du Duc de Lerme; car alors il avoit voulu s'émanciper à me dire mes petites vérités, & mon Excellence avoit eu la politesse de le prendre par le bras, & de le mettre à la porte avec défense d'y revenir.

Le lendemain de bonne heure, on m'annonça Mr. Muscada; j'ordonnai d'abord qu'on le fît entrer, & pour réparer en quelque façon mon ancienne impolitesse, je

Pag. 264.

je lui allai au-devant jusqu'au milieu de la montée ; je le fis passer le premier, je lui fis donner un grand fauteuil, j'ordonnai qu'on aportât du chocolat, & je commandai en même-tems, que jusqu'à ce qu'il fût retiré de chez moi, on dit à tous ceux qui voudroient me voir que je n'étois pas au logis.

Dès qu'on nous eut laissé seuls, le Seigneur Muscada entama son discours à peu près en ces termes. Je suis venu Seigneur Don Gil Blas ; car je sçai fort bien que le Roi, qui est la source des graces & des titres, vous a donné un droit à celui de Don, qu'il ne vous auroit surement pas donné s'il vous avoit bien connu ; je suis venu, dis-je, pour vous aprendre à vous-même qui vous êtes.

Je vous avoue que ce début me parut singulier. D'abord je tâchai de passer en revue la vie que j'avois menée depuis quelques années, pour voir s'il me seroit encore échapé quelques traits de cette vanité, dont je n'avois été que trop enyvré dans les premiéres années que je m'étois vû en faveur.

Quoique je n'eusse pas la moindre chose à me reprocher sur cet article, je pris pourtant mon parti : ce fut de donner un champ libre à ce Cynique, car je le regardois comme tel ; de l'écouter patiemment, & de mortifier pour ainsi dire sa malice ou sa mauvaise intention, si tant étoit qu'il fût venu comme je le croyois pour m'aigrir ou pour m'insulter. Ainsi je lui répondis avec un grand sang froid,

M que

que si l'instruction qu'il venoit me donner, procédoit d'un fond de bonne volonté, je ne sçaurois lui refuser mes remercimens, & même mon amitié. Que si c'étoit encore quelque vieux levain de rancune de la manière impertinent & grossière dont je l'avois reçu autrefois, je l'écouterois avec encore plus de patience & de tranquilité, parce que j'y avois réellement donné sujet; & qu'enfin, si c'étoit par mépris, par envie, ou par un effet de sa propre vanité, j'étois tout disposé à l'excuser, & que je n'en ferois que rire; & qu'ainsi, quoique je ne crusse pas avoir grand besoin de ses instructions, il pouvoit pourtant continuer sur le ton qu'il avoit commencé, sans craindre que je l'interrompisse.

Il me répondit que je jugerois moi-même par son discours, du motif qui l'avoit amené chez moi.

Lorsque votre pere fut amené à Oviédo, il n'avoit tout au plus que douze ans. Il avoit été tiré de la Maison des Orphelins de Saint Sébastien, il avoit été envoyé de celle d'Estella; & celui qui le tira de la première, étoit un Maquignon.

Mon grand-pere sçût cela par le Maquignon même, qui étoit de notre ville, & fort ami de notre maison. Votre pere servit de garçon d'écurie & de palfrenier, & resta avec ce Maître jusqu'à l'âge de vingt ans. Il faut vous dire, quoique peut-être le sçavez-vous aussi-bien que moi, que lorsqu'on reçoit un Orphelin dans quelqu'une de ces Maisons, on lui donne ne d'abord un nom. Les Directeurs de celle d'Estella donnèrent à votre pere celui de Blas qu'il vous a laissé. Mais pour ne pas m'écarter de mon sujet, votre pere fut enrôlé dans les troupes à l'âge de vingt ans; il fut envoyé en Flandres, où il demeura sept ans dans le Régiment du Prince de Parme ALEXANDRE FARNESE, qui commandoit dans ce pays-là.

En ce tems-là le Roi voulut faire sentir tout le poids de son indignation aux Arragonois, pour avoir fait évader Antoine Pérez, qui ayant été Favori, Sécrétaire d'Etat, & Premier Ministre, avoit encouru la disgrace du Roi, & avoit été arrêté & mis en prison, d'où il s'étoit évadé, & retiré en Arragon, où il fut repris. On envoya pour les châtier un corps de troupes commandées par Don Alphonse de Vargas. Votre pere se trouva dans ces troupes-là ; & comme il avoit aparemment bien fait son devoir dès qu'on eut réduit ce Royaume dans l'état le plus déplorable, il obtint son congé, & on lui promit une hallebarde, en cas qu'il voulût resservir.

Il alla faire un tour à Oviédo ; il y trouva son ancien Maître au lit de la mort, & mon grand-pere auprès du lit du mourant.

Le Maquignon qui avoit toujours aimé Blas, fut charmé de le voir de retour en bonne santé, après avoir été si long-tems absent sans qu'on eût eu la moindre de ses nouvelles. Il l'embrassa avec tendresse, & lui dit.... Je suis bien aise de vous voir

voir, mon ami Blas; je ne vous ai jamais oublié, & pour preuve de cela, j'ai fait mention de vous dans mon testament, & vous ai fait un leg de deux cens pistoles, en cas que vous revinssiez à Oviédo, ou qu'on pût avoir de vos nouvelles dans le terme de dix ans depuis ma mort. J'ai aussi laissé une déclaration dans les formes, du lieu & de la maniére dont vous êtes venu à mon service. Je l'ai faite sous serment, & l'ai faite enregistrer. Mais puisque vous êtes ici, & qu'il n'y a pas de tems à perdre, je vai faire venir un Notaire, afin de déclarer entre ses mains, que vous êtes bien la même personne que j'ai pris dans sa jeunesse à la Maison des Orphelins de Saint Sébastien, & je prie mon ami Muscada d'être témoin, & de signer à l'enregistrement de cette déclaration. Vous, ayez soin de votre côté de vous faire reconnoître par les gens de la ville que vous connoissez, faites-leur en faire une déclaration dans les formes, & faites aussi enregistrer votre congé, car je supose que vous l'avez obtenu.

J'ai de plus un autre conseil à vous donner, qui est qu'avec ces certificats vous vous en alliez à Saint Sébastien, & que là vous vous en fassiez donner un par les Directeurs des Orphelins, par lequel ils déclarent que vous êtes le même qui leur a été envoyé par ceux d'Estella, & qu'au sortir de chez eux vous êtes entré à mon service, & venu avec moi à Oviédo.

Votre pere se trouva si sensible à ces bontés de son ancien Maître, qu'il lui en
marqua

marqua bien plus sa reconnoissance par des pleurs, que par des paroles.

Peu de jours après, le Maquignon mourut, mon grand-pere paya à Blas la somme qui lui étoit léguée, & lui répéta ce que le Défunt lui avoit recommandé, qui étoit que tant pour son propre avantage, que pour celui de ses descendans, il ne négligeât point de se faire donner les certificats, & d'aller à Saint Sébastien. Comme il étoit sur les lieux, il prit bien la peine de demander les témoignages, mais il ne se hâta pas de faire le voyage de Saint Sébastien; il n'y fut que l'année d'après.

Il se mit aussi à faire le Maquignon : comme il avoit fait son aprentissage sous un habile Maître, & qu'il entendoit lui-même fort bien son métier, il y réussit assez bien, & ses affaires n'alloient pas mal.

L'année suivante il partit d'Oviédo, il étoit alors âgé de vingt-huit ans. Comme il suivoit les foires, ses affaires le menérent à Saint Sébastien : alors il se ressouvint de ce que son Maître lui avoit recommandé : il obtint sans peine des Administrateurs de la Maison des Orphelins, un certificat tel qu'il le souhaitoit, avec tous ses titres : il s'en fut à Estella, où les Directeurs lui donnérent une déclaration comme quoi ils l'avoient reçu à l'âge de huit ans, qu'ils l'avoient ensuite envoyé à Saint Sébastien, & qu'ils l'avoient nommé Blas ; mais que son vrai nom étoit Ximenés, fils de Bernard Ximenés, du voisinage d'Estella.

De cette derniére ville il paſſa à Logrona, petite ville ſituée ſur l'Ebre. Il y devint amoureux de la ſervante de l'auberge où il étoit logé, ce qui fit qu'au lieu de paſſer outre il s'y arrêta trois jours. En attendant, comme il ne trouva pas à y vendre ſes chevaux, il les envoya devant à Sarragoſſe, ſous la conduite d'un hommes avec deux jeunes garçons, avec ordre de l'attendre-là pour aller enſuite à la foire de Sarragoſſe.

Sa paſſion pour cette fille devint ſi violente & ſi ſérieuſe, qu'il ſe réſolut de l'épouſer, ſi elle le vouloit. Il en fit d'abord la propoſition au Maître & à la Maîtreſſe de la fille, qui lui en dirent beaucoup de bien, & lui rendirent le témoignage le plus avantageux ſur ſa vertu, ſa fidélité, & ſon bon naturel ; & comme il leur parut auſſi que Blas étoit un parti avantageux pour elle, ils la firent venir, & lui dirent quelles étoient les intentions de votre pere.

Elle répondit avec beaucoup de modeſtie, qu'elle ne ſentoit aucune répugnance pour ſa perſonne, & qu'elle ne ſeroit point fâchée d'un établiſſement qui la mettroit à même d'avoir un peu plus de repos qu'il n'étoit raiſonnable d'en attendre dans un cabaret ; mais qu'elle ne vouloit prendre aucun engagement ſans le conſentement de ſon frere, qui étoit Prêtre à Ségura.

Mais comme votre pere ne pouvoit pas ſe repoſer entiérement ſur ſes valets du ſoin de ſes chevaux, on convint qu'il faudroit écrire au frere. Le Maître du logis

gis se chargea de cette commission, & Blas promit de revenir d'abord après la foire de Sarragosse.

Il fut assez heureux pour se défaire avantageusement de tous ses chevaux, il ne garda que celui qu'il montoit, & n'ayant plus besoin de valets il les congédia, & revint droit à Logronna, où arriva aussi le frere de la servante, Monsieur le Chanoine Pérez votre oncle.

Celui-ci, après bien des questions, dit qu'il ne desaprouvoit point que sa sœur épousât Blas ; mais il déclara en même-tems qu'il n'y consentiroit qu'à une condition, qui étoit que le Prétendant fût Christiano Viéjo *.

Blas lui dit naïvement : Je n'ai garde de vous dire de ma famille plus que je n'en sçai moi-même, à moins de vouloir vous mentir ; & quoique je me sente pour votre sœur la passion la plus tendre, j'ai encore plus d'égards pour la vérité, & je ne voudrois pas obtenir votre sœur par un mensonge.

Je loue fort votre sincérité, dit le petit bout d'homme de Chanoine ; mais je ne sçaurois démordre de cette condition, & je me flatte que ma sœur se gardera bien de rien conclure sans ma participation. Il est vrai qu'elle est une pauvre servante, que je ne suis pas riche, & que je

___
* On entend en Espagne par Christiano Viéjo, celui dans la famille de qui il n'y a jamais en aucun mélange de sang More *ou* Juif.

je ne vois même point d'aparence de le devenir jamais : mais avec tout cela, il ne faut pas que vous croyiez que nous soyons tout-à-fait nés de la lie du peuple. Il arrive quelquefois des changemens dans les affaires du monde, & de tels renversemens dans les familles, que comme Sénéque l'a fort bien remarqué, *Il n'y a peut-être pas de Prince qui ne descende de quelque Esclave, ou d'Esclave qui ne descende de quelque Prince.* Il y auroit de la vanité à vous en dire davantage.

Votre pere, que cette réponse inquiéta un peu, lui dit : Ecoutez, vous êtes établi à Ségura, il se pourroit bien que vous connussiez mieux ma famille que je ne la connois moi-même. J'ai pris naissance dans le voisinage d'Estella qui est tout proche de chez vous, & mon pere se nommoit Bernardo Ximenés : il n'y a même que très peu de tems que je le sçai, & je ne sçaurois vous en dire davantage.

Si cela est ainsi, & qu'on vous ait accusé juste, vous ne pouvez épouser ma sœur sans dispense, reprit le Chanoine Gil Pérez, vous êtes le fils de notre oncle.

Tenez, reprit Blas en lui remettant ses certificats, voilà tout ce que j'ai en main pour vous prouver ce que j'ai avancé, & c'est tout ce que j'en sçai.

Le Chanoine, après avoir bien examiné les papiers, & celui qui les lui remettoit, lui dit : L'âge que vous paroissez avoir s'accorde assez avec ces déclarations, & je suis plus que persuadé que vous êtes le fils de mon oncle, & en même-tems il l'embrassa ;

brassa ; puis appellant sa sœur, il lui dit qu'au lieu d'un mari, elle voyoit en la personne de Blas le plus proche parent qu'ils eussent dans le monde.

Blas dit au Chanoine, que quoique cette découverte lui fît beaucoup d'honneur, il ne laissoit pas d'être très-mortifié de se trouver son parent de si près, d'autant qu'il ne croyoit pas pouvoir être jamais content s'il n'obtenoit sa sœur en mariage.

Que cela ne vous inquiète pas, reprit le Chanoine ; pourvu que vous puissiez seulement avoir de l'argent, je trouverai bien le moyen d'avoir une Dispense. Blas répondit, qu'il donneroit volontiers tout ce qu'il avoit au monde, plûtôt que de se voir privé de la possession de la seule fille pour qui il eût jamais eu une passion sérieuse.

Ils soupérent ce soir-là avec le Maître & la Maîtresse ; & on convint que le Chanoine Pérez, en retournant à Ségura, prendroit sa sœur avec lui, & qu'à leur arrivée ils travailleroient à obtenir la Dispense pour chacun en son propre nom, au lieu de ceux qui n'étoient qu'empruntés ; & que par précaution, en faveur des enfans qui pourroient naître de leur mariage, Gil Pérez auroit soin de faire enregistrer par les Hérauts d'Armes les certificats dont on a parlé ci-dessus. Que de son côté, Blas iroit à Oviédo mettre ordre à ses affaires, & que d'abord que Pérez auroit obtenu les Dispenses, il iroit l'y joindre avec sa sœur pour conclure le mariage. Pour donner au Chanoine tou-

tes

tés les facilités, tant pour les lettres de Dispense, que pour les habits de Nôce, votre pere lui remit cinquante pistoles.

Le lendemain ils se séparérent, en se réitérant les plus vives protestations d'amitié, & prirent la route du lieu où leurs affaires les apelloient.

Il se passa près de deux mois avant que le Chanoine eût obtenu les Dispenses, & fait les autres arrangemens. Dès que tout fut fait, il vint à Oviédo avec sa sœur: ils n'y trouvérent point votre pere, il étoit allé à Léon, qui est à quarante-huit lieues de-là. Ils allérent l'y joindre, & les deux amans s'y mariérent, afin de tenir la Dispense plus secrette. En arrivant à Oviédo, ils eurent soin de déclarer leur mariage, & Blas en fit part à tous ses amis.

J'avois presque oublié de vous dire, continua Muscada, une circonstance essentielle, qui est que Gil Pérez, en consentant au mariage, y mit une condition, qui étoit que votre pere ne discontinueroit point de passer sous le nom de Blas, & qu'il tiendroit secret celui de sa famille, d'autant qu'en le divulguant dans les circonstances où ils se trouvoient les uns les autres, il ne leur en reviendroit aucun avantage; & qu'au contraire cela piqueroit les parens, qui se croyant deshonorés, pourroient les desavouer, & peut-être auroient assez de crédit pour les faire passer pour des imposteurs; ajoutant qu'ils seroient toujours à-tems de le divulguer, & de montrer leurs preuves; si jamais

Blas de Lirias.

jamais le cas échéoit qu'ils dussent le faire avec avantage.

Comme Muscada fit ici une pause, je pris ce tems pour lui dire que j'avois été jusques-là dans l'erreur sur l'origine de mon pere, & que j'avois toujours cru qu'il étoit natif d'Oviédo. J'ai écrit, lui dis-je, l'histoire de ma vie, & j'ai ordonné par mon testament qu'on la fasse imprimer après ma mort. Quand j'y parle de sa naissance, je la marque comme je la croyois dans cette ville ; mais d'abord que je me trouverai un peu de loisir pour repasser l'ouvrage, j'aurai soin de corriger cette faute ; & si vous vivez assez, comme je le souhaite, pour lire l'ouvrage, j'espére que vous me rendrez la justice d'avouer, que loin de me livrer à la sotte vanité qui est si ordinaire parmi les Auteurs, je me pique au contraire d'une grande sincérité *.

Pour reprendre le fil de mon discours, continua Muscada, votre oncle resta quelque tems à Oviédo avec sa sœur & son beaufrere. Lorsqu'il s'en retourna, les Religieuses du S. Sépulcre le chargérent d'une certaine commission auprès de l'Evêque. Il s'en acquita à leur satisfaction, & revint leur rendre compte lui-même du succès de sa négociation. Les bonnes Religieuses lui en sçurent si bon gré, qu'elles lui pro-

---

*Il y a beaucoup d'aparence que mon pere n'a jamais relu son Ouvrage ; ou du moins s'il l'a fait, il a oublié de corriger cette faute, puisqu'elle se trouve dans toutes les éditions de son Livre.

curérent un Bénéfice qui valoit le double de celui de Ségura, qu'il quitta pour aller prendre possession de l'autre qu'il a gardé jusqu'à sa mort.

Eh bien, vous voyez ce que c'est que le monde, lui dis-je: on m'avoit toujours dit, que ç'avoit été par le crédit de ces Religieuses que ce bon homme avoit été fait Prêtre, sans passer par la rigueur d'un examen qu'il n'auroit pu subir, tant il étoit ignorant.

Seigneur Don Gil, répondit Muscada, montrez-moi un peu un homme qui n'ait pas ses ennemis. Votre oncle n'étoit pas à la vérité ce qu'on pourroit dire un Savant, mais il n'étoit point si ignorant qu'on a voulu vous le faire croire; d'ailleurs il étoit déja Prêtre, quand il vint à Oviédo pour la première fois. Ce que je vous dis, je puis le prouver par de bons papiers de mon ayeul, qui étoit intime ami du Chanoine Pérez.

Voilà donc, lui dis-je, encore une erreur à corriger dans mon manuscrit*.

Ce Bénéfice a été d'un grand secours à votre mere, continua Muscada. Gil Pérez avoit d'excellentes qualités; il avoit beaucoup de piété & de christianisme; il étoit extrêmement charitable, il étoit bon ami, obligeant & prévenant envers ses voisins; il aimoit à payer, quand par hazard il devoit; il ne s'offensoit pas aisément; il étoit d'un caractére si doux, qu'on ne l'a jamais vu rien faire ni dire qui fît de la peine à

per-

---

* Cette faute aura encore échapé à mon pere, si tant est qu'il ait relu son manuscrit.

personne. Quoiqu'il fût, pour ainsi dire, serré envers lui-même, & qu'il se refusât bien des choses, il étoit charitable & généreux envers les autres; il étoit toujours prêt à prendre part aux afflictions d'autrui, à consoler les affligés, à nourrir ceux qui avoient faim, à abreuver ceux qui avoient soif, revêtir ceux qui étoient nuds. Une de ses grandes vertus étoit de visiter les malades & les prisonniers, & de partager son pain avec ceux-ci quand ils en avoient besoin.

Vous pouvez compter que la vie de ce bon Prêtre étoit une leçon continuelle pour les gens d'Eglise de son tems, qu'on voyoit pour la plûpart plongés dans la débauche, d'un orgueil insuportable, chicaneurs & piliers du Palais, ne sçachant ce que c'est que de pardonner, pleins de bonne opinion d'eux-mêmes, d'une avarice outrée & sordide, libertins à l'excès, rongés d'envie, méprisans tout le monde, arrogans, glorieux, intrigans & négocians; faisant un commerce honteux de cette même Religion, dont ils ne connoissent pas la pratique; peu touchés du salut des ames qui sont confiées à leurs soins, & ne mettant leur aplication qu'à ce qui peut tourner à leur profit, ou flatter leurs passions déréglées dont ils sont les vils esclaves; la vie de ce bon Prêtre, vous dis-je, devoit les couvrir de honte & de confusion. Outre toutes ces bonnes qualités, Gil Pérez étoit extrêmement bon frere, il a fait tous ses efforts pour assister sa sœur, & pour vous entretenir vous-mêmes pendant les malheurs

heurs de votre pere ; & tant que ses affaires ont été dérangées, jusqu'à ce qu'enfin votre mere, craignant de lui devenir à charge, chercha à se mettre en condition.

Pour le coup, m'écriai-je, si c'est-là le portrait de mon oncle Pérez, on m'en a furieusement imposé ; & moi par conséquent je lui ai fait un tort irréparable dans mes écrits, en le donnant pour un vrai Epicurien, dans la Vie de Gil Glasque je veux qui soit imprimée ; mais je vous assure que j'aurai grand soin de rectifier cet article *.

N'y manquez pas je vous en prie, dit Muscada : il y en a vérité une espece de cruauté impardonnable dans un Auteur, de hazarder ainsi de noircir les morts sur un simple ouï-dire.

Si tous ceux qui font imprimer leurs Ouvrages, considéroient le tort que doit leur faire dans le Public leur négligence sur ce point, ou s'ils étoient d'un côté incapables de rendre leur plume vénale, & de l'autre exemts de tout préjugé, les hommes connoîtroient au naturel le vrai caractere de ceux qui ont vécu avant eux. Si les anciens Ecrivains avoient été fidèles, sincéres & exacts, peut-être respecterions-nous la mémoire d'un bon compatriote, dans la personne de tel que nous regardons dans

l'His-

---

* Cette correction n'ayant point été faite, je suis très-persuadé, & je crois que le lecteur charitable le sera aussi, que mon pere a oublié de revoir son manuscrit, ou qu'il n'en a pas eu le tems.

l'Histoire comme un traître, ou comme un homme qui a pillé & ruiné le pays; tandis que tel autre qui nous est donné dans l'Histoire comme un homme qui a sauvé la patrie par une politique consommée, ne se trouveroit dans le fond qu'un génie très-borné, & dont toute la politique ne consistoit qu'à sçavoir se livrer à l'argent ou à la faveur : un homme qui lorsqu'il se voyoit pressé, n'avoit de meilleur expédient qu'à dissiper les Trésors de l'Etat, ouqu'à sacrifier les fortunes & le commerce des particuliers, qui se soucioit peu de la gloire de sa nation, & qui pourvu qu'il vint à ses fins, s'embarrassoit peu qu'elle fût avilie & méprisée; & dont enfin le but principal étoit d'élever son indigne famille sur les ruines de millions d'honnêtes-gens, qu'il aura réduits à la dernière misère.

Il n'y a rien à dire à cela, lui dis-je : car en effet il est peu d'Ecrivains qui se piquent assez de candeur pour écrire sans partialité : & tout aussi peu qui soient à même de pouvoir nous fournir des relations exactes sur les faits, & peut-être sur les ressorts secrets de ce qui est renfermé sous le sceau d'un profond silence dans les Cabinets des Princes.

Ceux qui sont à la tête des affaires, & qui peuvent lâcher ou resserrer les ressorts cachés qui font mouvoir la grande machine d'un Etat : seroient peu propre à un poste si éminent, s'ils n'étoient bien reconnus pour des gens du dernier secret : de tels personnages ont rarement le tems, &

peut-

peut-être moins l'inclination d'instruire fidèlement la Postérité, & quand ils le feroient, pourroit-on s'attendre à autre chose qu'à une grande partialité de leur part?

Ceux qui écrivent l'Histoire, ne peuvent tout au plus que deviner les causes, par ce qu'ils voyent des effets : & donner leur sentiment, ou celui de ceux qui ont écrit avant eux : ou même nous débiter les opinions des Ecrivains étrangers.

Ce défauts des connoissances qui seroient nécessaires à un homme qui écrit pour le Public, fait par exemple qu'ils sont toujours dans l'obscurité sur tout ce qui regarde le fond du caractère d'un Souverain, ou d'un Premier Ministre.

Si quelque grande affaire, quand même ce ne seroit que par un pur effet du hazard, on ne manquera pas de gens qui l'attribueront à une prudence consommée, & à la prévoyance la plus rafinée. Arrive-t-il quelque disgrace, je veux qu'il en ait prévu jusqu'à la moindre circonstance, & qu'il ait pris toutes les mesures qu'on pouvoit humainement prendre pour s'en garantir, on en rejettera infailliblement toute la faute sur son indolence & sur son incapacité.

On a vu la preuve de ce que je dis, sous le Ministére du Comte Duc. Il avoit prévu la perte du Portugal; & pris les meilleures mesures pour l'empêcher. Il avoit proposé d'éloigner Vasconcellos, dont la mauvaise conduite ne pouvoit manquer de causer la perte de ce Royaume : mais la révolte des Catalans ayant diminué de beaucoup la confiance du Roi pour le Ministre,

Il fut plus aisé à Vasconcellos de se soutenir par le crédit de la Duchesse de Mantouë Vice-reine de Portugal, & par l'influence de la Reine, qui dans le fond ne pouvoit souffrir le Comte Duc.

Dès que le Comte d'Olivarez vit qu'il ne pouvoit réussir de ce côté-là, il déclara en plein Conseil qu'il prévoyoit la défection du Royaume de Portugal, qui infailliblement entraîneroit sa disgrace : il prit cependant toutes les mesures que pouvoit suggérer la prudence humaine pour prévenir l'une, & se garantir de l'autre.

Il envoya au Duc de Bragance une Commission qui paroissoit des plus honorables, mais qui dans le fond n'étoit qu'un piége qu'on lui tendoit pour trouver moyen de s'assurer de lui. En vertu de cette Commission, le Duc ne pouvoit se dispenser de visiter toutes les places fortes du Portugal, & de donner des ordres pour mettre en bon état celles qui n'y étoient pas.

On avoit en même tems envoyé des ordres secrets à tous les Gouverneurs, de tâcher de se saisir de sa personne avec le moins d'éclat qu'il seroit possible, & de l'envoyer sous bonne escorte en Espagne. On avoit eu aussi la prévoyance de tenir prêts sur la frontiére des carosses & des gardes pour le recevoir, & les relais nécessaires sur la route pour le conduire en toute diligence à Madrid.

Le Duc de son côté, aussi prudent que le Comte Duc étoit vigilant, exécuta à la vérité les ordres de la Cour : mais il avoit eu la précaution d'être si bien accompagné, qu'il qu'il rendit inutiles les desseins du Ministre, qui n'avoient point échapé à sa pénétration.

Le Comte Duc, voyant combien le Duc de Bragance se tenoit sur ses gardes, en fut d'autant plus allarmé. Alors il tâcha de l'attirer à la Cour avec la plûpart de la première Noblesse du Portugal, avec les assurances les plus fortes de l'affection de Sa Majesté, & de la vénération qu'il avoit lui-même pour le Duc, & de son estime pour la Nation Portugaise en général. Le Duc eut soin de répondre avec la même dissimulation, qu'il rendoit de très-humbles graces à Sa Majesté ; qu'il étoit pénétré aussi de la plus vive reconnoissance pour le Comte Duc, à qui, disoit-il, il se croyoit redevable des bonnes intentions du Roi ; & qu'enfin il alloit partir incessamment pour se mettre aux pieds de Sa Majesté.

Et de fait le Duc ordonna des livrées & des équipages d'une magnificence extraordinaire, & fit tous les préparatifs pour se rendre à Madrid. Il fut imité en cela par la plus grande partie de la Noblesse Portugaise, & il joua si bien son jeu, que le Comte Duc se flattoit déja que Bragance avoit mordu à l'hameçon. Mais les différens prétextes que celui-ci aporta pour différer son voyage, ouvrirent enfin les yeux au Ministre, & la révolte entière du Portugal ne vérifia que trop ce qu'il avoit prévu & annoncé dès long-tems. A la vérité, quoique sa faveur diminuât à vûe d'œil, il ne fut cependant pas disgracié d'abord.

Il eſt tems, dit Muſcada, de reprendre la ſuite de mon hiſtoire, qui a été un peu interrompue par nos réflexions, ainſi je vai continuer, ſi vous le voulez bien.

Votre pere pouvoit avoir environ trente ans lorſque vous nâquites, en mille cinq cens quatre-vingt quatorze. Cette année fut remarquable par la grande mortalité qu'il y eut entre les Beſtiaux, & par une maladie juſqu'alors inconnue, & qui attaqua particuliérement les chevaux. Votre pere en avoit par malheur alors un grand nombre qui crevérent tous, ce qui le ruina entiérement.

Dès qu'il ſe vit dans un ſi triſte état, & dénué de toute reſſource, il ſe reſſouvint de la promeſſe qu'on lui avoit faite d'une hallebarde, & il prit le parti de rentrer au ſervice, & de retourner joindre l'Armée. Il communiqua cette réſolution au Chanoine Pérez, qui lui promit d'avoir ſoin de votre mere & de vous, juſqu'à ce que votre pere fut en état de revenir, & de racommoder ſes affaires.

Cela étant ainſi réglé, votre pere partit pour l'Armée, & alla chercher ſon ancien Officier; mais le trouvant mort, & ſe voyant lui-même ſans reſſource & ſans apui, il s'engagea pour ſimple ſoldat, & fut envoyé en Flandre avec les autres recrues. Le Roi ayant fait là paix avec la France en mille cinq cens quatre-vingt dix-huit, le Régiment où étoit votre pere fut employé dans les Guerres de Hollande. Blas y fut bleſſé, on lui donna ſon congé comme a pluſieurs autres; & pour ré-

récompense de leurs services, on les gratifia de la permission de s'en retourner chez eux comme ils le pourroient.

Il revint à Oviédo après une absence de sept ans. Il vous trouva encore chez son beau-frere : votre mere s'étoit mise en condition dans une bonne maison, où elle étoit assez bien : pour lui, il se présenta pour valet d'écurie dans le meilleur logis de la ville, & y fut reçu.

Après vous avoir raporté l'histoire de votre famille jusqu'à un point où vous n'avez pas besoin d'autres éclaircissemens, je passerai ce que vous sçavez, pour vous en aprendre ce que vous avez ignoré jusqu'à présent.

Je crois vous avoir dit que votre oncle & mon ayeul étoient intimes amis. Celui-ci étant venu à mourir, le bon Chanoine, qui estimoit beaucoup mon pere, eut pour lui la même amitié qu'il avoit eue pour mon ayeul, & la lui continua jusqu'à mort. Lorsqu'il la vit proche, il fit apeller mon pere, & lui tint à peu près ce discours.

» Vous me voyez, mon cher Bertrand,
» à la veille de payer le dernier tribut. J'ai
» enfin atteint le terme auquel tous les hom-
» mes tendent dès le premier instant de leur
» naissance. Je ne suis point fâché d'être
» né, puisque c'étoit le bon plaisir de mon
» Créateur. J'ai toujours pris en patience
» les peines que j'ai rencontrées pendant
» ma vie, & n'ai point été fâché de la
» petite figure que j'y ai faite : car Dieu,
» qui est infiniment sage & miséricordieux,

avoit

» avoit jugé cette situation humiliante com-
» me la plus propre à contribuer à mon sa-
» lut ; & bien loin de m'attrister aux apro-
» ches de la mort, ce m'est au contraire
» un sujet de joye & de consolation très-réel-
» le. Je quitte un domicile plein de bruit
» & de troubles, pour aller dans un séjour
» de paix éternelle, où le repos n'est jamais
» interrompu d'aucun souci.

» J'ai été toute ma vie un grand pécheur,
» sujet aux passions, & aux autres foiblesses
» inséparables de l'humanité ; mais par la
» grace de Dieu, je n'ai jamais fait tort à
» personne, que je sçache, ni en son hon-
» neur, ni en ses biens. Je mets toute ma
» confiance en la miséricorde infinie de mon
» Dieu, & aux mérites de mon divin Re-
» dempteur, pour la remission de mes pé-
» chés, espérant qu'ils me seront pardonnés,
» comme de mon côté je pardonne du meil-
» leur de mon cœur à ceux qui pourroient
» m'avoir fait quelque tort, en quelque
» manière que ç'ait été.

» Je vous ai fait prier de venir ici pour
» une affaire extrêmement délicate, & de
» très-grande importance dont je veux con-
» fier le secret & l'exécution à votre pru-
» dente conduite «.

Mon pere en étoit-là de son récit, lorsqu'un laquais vint l'interrompre, pour lui
dire qu'il y avoit à la porte deux Messieurs
qui arrivoient dans un carosse à quatre mules, & qui souhaitoient de lui parler. Il
donna ordre sur le champ qu'on les fît entrer. C'étoient les deux Avocats.

CHA-

CHAPITRE XIII.

Continuation de l'Histoire de Blas par Muscada. Droit de Gil Blas sur la Terre de Ximenés.

DOn Alphonse fit les honneurs de chez lui, & fit fort bon accueil aux Avocats, d'autant qu'il les connoissoit déja, & qu'ils étoient des personnes de mérite.

Après qu'ils se furent un peu reposés, un d'eux demanda à Don Gil Blas en quoi ils pouvoient lui être utiles ; parce que la lettre qu'il leur avoit écrite pour les prier de se rendre à Leyva étoit conçue en termes généraux, & ne spécifioit aucune affaire particuliére qui demandât leur ministére.

Mon pere lui répondit qu'il se faisoit tard, & qu'il ne valoit pas la peine d'entamer aucune affaire ; mais que le lendemain matin il leur montreroit certains papiers, sur lesquels il les prieroit de lui donner leur avis. Après cela la conversation roula sur des objets indifférens.

Le lendemain matin, dès qu'on eut pris le chocolat, mon pere se retira avec les deux conseillers ; il leur remit les papiers dont il leur avoit parlé la veille ; il les laissa seuls, & revint joindre la compagnie. La Comtesse le pria d'abord de vouloir
bien

bien continuer le récit qu'il avoit commencé la veille. Il le fit en ces termes. L'honnête-homme de Chanoine poursuivit ainsi.

» Quoique tout le monde sache fort bien,
» que nous ne sommes pas les arbitres de
» notre naissance, il n'est presque per-
» sonne qui ne voulut pourtant bien qu'on
» le crut descendu de parens d'une naif-
» sance distinguée, quelque peu favorisés
» qu'ils fussent des dons de la fortune. Je
» puis vous dire que je n'ai point été enti-
» ché d'un foible si ridicule. J'ai toujours
» cru au contraire, qu'il y a de l'erreur à
» s'imaginer que pour venir d'un sang noble
» on en sera plus respecté. Je pense bien
» loin de-là, que lorsqu'un gueux vante le
» lustre & l'antiquité de sa maison, quel-
» que preuve qu'il en puisse donner, au
» lieu de lui attirer du respect, cela pro-
» duit un effet tout oposé, chacun se mo-
» que de sa vanité. Malgré tout cela, rien
» ne sçauroit guérir certains petits génies
» infatués du rang que leurs ancêtres ont
» tenu dans le monde. L'exemple des au-
» tres ne les rend pas plus sages ; & ils ont
» beau s'apercevoir qu'ils sont l'objet de la
» risée de tous ceux qui les connoissent,
» ils n'ont garde de se corriger pour cela.

» Lorsqu'on a dequoi soutenir une il-
» lustre naissance par de grands biens,
» alors on est respecté : mais un pauvre
» Gentilhomme ne peut qu'être méprisé
» par tels qui lui portent envie, ou qui
» sont piqués dans l'ame de devoir pourtant
» lui céder en certains cas : c'est une espéce
» de

» de dédommagement, que le riche faquin
» n'a garde de se refuser.

» Un Grand qui n'a pas de bien, est
» toujours en bute aux railleries du Ma-
» nant qui a dequoi. J'ai fait là-dessus tant
» & de si sérieuses réflexions, mon cher
» Bertrand, que je suis enfin venu à bout
» de vaincre & de dompter, non seulement
» ma propre vanité, mais encore celle de
» ma sœur, & de mon beaufrere Blas sur
» cet article.

» Nous avons eu un soin tout particulier
» de cacher l'origine de notre famille, &
» comme par le malheur des tems nous nous
» voyons confondus dans la lie du peuple,
» nous n'avons pas été fâchés qu'on nous
» ait cru descendus de parens aussi bas qu'il
» convenoit à la situation où nous étions;
» & je vous assure que ce secret auroit été
» enseveli avec moi, & que je n'aurois ja-
» mais dit le mot de ma famille, n'étoit
» que je me crois obligé en conscience par
» raport à mon neveu Gil, d'en faire con-
» fidence à quelque personne discrette. Et
» c'est pour cela que j'ai jetté les yeux sur
» vous, préférablement à toutes mes autres
» connoissances. Vous trouverez dans cet-
» te cassette certains vieux titres en par-
» chemin, qui regardent nos biens, & qui
» contiennent des preuves incontestables
» de notre famille. Je vous conjure de vou-
» loir bien vous en charger, & de ne les
» remettre à mon neveu que lorsque vous
» serez bien assuré par sa manière de vivre,
» qu'il aura assez de fermeté & de bon sens
» pour regarder d'un œil indifférent, &

» mé-

» mépriser également & la flatterie & le
» mépris des gens, & ne faire cas que de
» la vertu, qui est la véritable noblesse, ou
» bien en cas que vous veniez à aprendre
» que la branche masculine des Ximenés
» fût sur le point d'être éteinte. Jusqu'à
» l'un de ces deux cas, je vous prie & vous
» conjure, par cette bonne amitié qui a si
» long-tems subsisté entre votre pere &
» moi, & qui subsiste encore entre vous
» & moi, de garder soigneusement & la
» cassette, & le secret que je vous confie.

Mon pere ne put refuser ce plaisir à un
ami mourant; il emporta la cassette, après
lui avoir bien promis d'exécuter ponctuellement ce qu'il exigeoit de lui.

Lorsque mon pere se vit lui-même près
de sa fin, il me prit en particulier, &
me confia tout le secret de cette affaire,
en me chargeant des mêmes conditions
qu'il avoit promises à votre oncle.

A présent le Comte Ximenés est le seul
qui reste de la famille, & il n'y a pas d'a-
parence qu'il laisse d'héritier mâle. Et vous
de votre côté, vous montrez en tout, à
ce que j'ai oui dire, cette prudence que
votre oncle a exigée pour vous aprendre
l'origine de votre famille, & vous faire connoître à vous-même ce que vous êtes.

Je vois par-là concourir les deux circonstances, dont l'une auroit suffi pour vous
découvrir cet important secret; je me trouve en pleine liberté de vous saluer & de
vous apeller Don Gil Ximenés, comme
seul héritier présomptif de ce titre. Et voilà pourquoi, Seigneur, j'ai dit que si le Roi
vous

vous avoit bien connu, il se seroit épargné la peine de vous donner des Lettres de noblesse, d'autant qu'elles vous sont inutiles. Et vous, Seigneur, si vous vous étiez connu vous-même, vous n'auriez pas accepté ce présent, dont au reste je me suis laissé dire que vous avez tiré si peu de vanité, que loin d'en faire une vaine parade, vous ne l'avez communiqué que lorsqu'il a été question d'en faire usage à l'occasion de votre second mariage.

Je vai incessamment faire venir cette cassette, & vous la remettrai, avec tout ce qu'elle contient, dans le même état où elle m'a été confiée : par bonheur j'en ai la clef, & tous les titres qui vous regardent y sont enfermés.

Je ne vous ennuyerai pas de tout ce qui fut dit ensuite entre Muscada & moi ; vous sentez bien que je pris pour lui des sentimens différens de ceux que m'avoit inspiré le commencement de son discours. Je le retins à dîner, & comme j'avois dans ma maison un apartement assez commode, & dont je ne me servois pas, je l'engageai à venir l'occuper pendant le séjour qu'il feroit à Madrid, & même à accepter ma soupe : à la vérité il n'accepta mes offres qu'après que je l'en eus fort prié.

Enfin la cassette en question arriva, Muscada me la remit avec tous les papiers ; mais après les avoir examinés, je crus qu'il me convenoit de faire comme mon oncle, & de n'en point parler. Je priai Muscada de me garder le même secret, que son pere & lui avoient gardé précédemment. Il entra

tra dans mes raisons, & me le promit; & je vous assure que je n'en aurois peut-être jamais fait mention jusqu'à l'heure de la mort, si la passion de Sanche pour la jeune Comtesse ne m'eut comme forcé à révéler ce que je viens de vous en dire.

Il y a aussi dans cette cassette de grandes pancartes de parchemin, qui regardent la terre de Ximenés, mais je ne les ai jamais lues, parce qu'elles sont écrites en cette écriture de Barreau qui est particuliére aux Procureurs, que je ne sçaurois lire, & je n'ai voulu jusqu'à présent les faire lire à personne, crainte de trahir mon secret; & c'est pour cela que j'ai fait venir de Valence les deux Avocats qui les ont à présent entre les mains, pour qu'après les avoir lus & examinés, ils m'en donnent leur avis.

Il fallut du tems aux Avocats pour venir à bout de lire tant de titres & de papiers. Comme ces Messieurs avoient de l'esprit & du monde, ils ne laissèrent pas d'égayer & d'animer souvent la conversation à table, durant le séjour qu'ils firent à Leyva. Entre autres un jour, ce qui nous étonna fort, ils déclamérent beaucoup sur ce que la longueur & les détours que la chicane avoit introduit dans le barreau, étoient un fardeau extrêmement à charge au peuple, & insuportable sur-tout aux Pauvres. Il seroit à souhaiter, disoit l'un que le Roi & les Cortes * fissent une bonne réforme dans toutes les Cours inférieures de Justice, & qu'ils en suprimassent tous
les

---

* Le Sénat, ou Parlement, ou plûtôt les Etats.

les abus, qui ne faifoient que ruïner l'Etat, rendre bien des citoyens inutiles, peupler les villes & les campagnes de voleurs & de vagabons, & remplir les prifons de pauvres débiteurs, quelquefois pour des dettes de bibus.

La Loi fera toujours un fardeau intolérable, dit l'autre, tant qu'on n'exterminera pas cette vermine de Scribes, cette engeance de barbouilleurs de papier, qui fuccent le fang du peuple, ces vautours fous les plumes de pigeons, qui n'établiffent leur fortune que fur la folie & fur les ruïnes des plaideurs infenfés.

Ces fang-fues n'ont d'autre métier que de multiplier les procès, de noircir la réputation des honnêtes-gens, de diffamer un bon Négociant en le faifant paffer pour un homme qui eft fur le point de faire banqueroute: ils font adroits à découvrir fes créanciers, leur perfuadent de demander leur payement, en leur faifant entrevoir que bientôt il fera infolvable.

Par-là ils accumulent nombre de procès; & quand ils ont fait jetter un pauvre homme en prifon, pillé fa maifon, & réduit une femme & des enfans à la trifte néceffité de gueufer, comme firent autrefois les Carthaginois quand ils envahirent l'Efpagne, ils tombent fur ceux à qui ils avoient fait accroire qu'ils leur tendoient une main fecourable; ils leur aportent de longues liftes de vacation; après cela ils citent eux-mêmes les créanciers leurs cliens; & pour peu qu'ils difputent fur leurs prétentions exorbitantes, ils leur intentent un nouveau procès : les loups ne fe mangent pas les
uns

uns les autres : bientôt on triple les frais, on fait exécuter les biens, la maison, & souvent on envoye le créancier tenir compagnie au débiteur.

Si l'on ne souffroit parmi tous ces gens du Barreau que des personnes éclairées, & qui eussent de la probité, il s'en faudroit de beaucoup qu'on entendît tant de plaintes de toutes parts contre la Justice & les Loix; & les Procureurs ne seroient pas, comme ils le sont à présent pour la plûpart, l'objet de la haine, du mépris, & de l'exécration de tout le monde.

Vous avez raison en un sens, mon confrere, dit l'autre; mais avouons-le de bonne foi, ce n'est point aux seuls Scribes d'un rang inférieur qu'on doit attribuer tout le mal : il y a certainement de grands abus dans le nôtre ; la plûpart d'entre nous s'attachent bien plus à la Logique & aux Sophismes, qu'à l'exacte étude de la Justice & de l'Équité. On ne s'étudie, diroit-on, qu'à donner la torture au Droit, & à le faire paroître sous de fausses couleurs. Nous étouffons le texte par un tas de gloses dont nous connoissons pourtant en nous-mêmes la fausseté. Nous ne nous attachons qu'à nous saisir d'une cause, & à la défendre, quoique très-persuadés souvent qu'elle est mauvaise, & que notre client n'a pas raison. Nous mettons toute notre étude à détourner par nos sophismes le vrai sens de la Loi pour l'apliquer à notre sujet, & nous ne cherchons qu'à jetter de la poudre aux yeux des Juges, & à gagner notre cause.

Combien en trouvera-t-on parmi nous, qui commencent par examiner à fond la justice d'une cause avant que de l'entreprendre ? Quelque mauvaise qu'elle puisse être, s'il y a de l'argent à gagner, ne la saisissons-nous pas avec avidité, pour ne pas perdre l'honoraire qui nous en doit revenir ? Non, non, à parler franchement, plus une cause est mauvaise & intriguée, plus aussi est grande notre avidité à la saisir; parce qu'il y a plus à travailler, & par conséquent plus à gagner. C'est ainsi que de tems en tems ces sages conseillers raisonnoient, & blâmoient les abus de leur profession.

Il leur fallut près de trois jours pour examiner tous les papiers que mon pere leur avoit remis. Quand ils eurent fait, ils lui en mirent en main un précis, qu'ils en avoient tiré, & lui dirent qu'il n'y avoit pas le moindre doute qu'il ne fût héritier de plein droit tant de la terre que du titre de Ximenés. Voici comment ils le lui démontrérent. Don Henriquez son bisayeul, né en 1474, eut trois fils. 1. Don Francisco. 2. Don Lorenzo. 3. Don Garcias. L'aîné eut un fils nommé du nom de son ayeul, Don Henriquez. Ses Descendans ne se trouvoient pas à la vérité dans l'arbre généalogique que mon pere leur avoit remis; mais ils l'assurérent qu'ils étoient en état de supléer par eux-mêmes à ce défaut, par la parfaite connoissance qu'ils avoient de cette famille, pour laquelle ils avoient souvent été employés; que nous trouve-

rions

rions dans une généalogie qui étoit entre les mains de la Comtesse Douairiére de Ximenés, & dans les Archives des Hérauts d'armes, que le fils de ce Don Henriquez second étoit Don Pédro ayeul du dernier Comte; & que celui-ci étant mort sans postérité masculine, le bien devoit revenir de droit, comme ils pourroient le prouver, à la branche collatérale, & aux descendans de Don Lorenzo, dont Blas venoit en droite ligne, comme il pouvoit le prouver par des titres autentiques; & que le dernier descendant de Don Garcias, le troisiéme frere par Donna Éléonor Juttella, étoit Don Sanche, qui de Donna Maria Tordésillas avoit eu Gil surnommé Pérez, & Catherine. Don Juan, surnommé Blas, épousa ladite Catherine, & en eut Gil, en qui se réunissent par le sang les droits des deux branches collatérales.

Ils ajoutérent que le premier Don Henriquez avoit choisi & institué Curateurs à l'hoirie par maniére de fidéi-commis de tous ses biens, Don Tomaso de Vélasco, & Don Gullermo de Fuente-Séca, en réglant l'ordre de succession comme s'ensuit. Son héritage viendroit à son fils aîné & à ses descendans de mâle en mâle, & au défaut de ceux-ci, en cas qu'il y eût des filles on devoit lever sur le fond une somme de deux cens mille écus pour les filles, soit qu'il y en eût une, ou plusieurs; que les descendans mâles de l'aîné venant à manquer, la succession passeroit au fond ou à ses descendans mâles aux mêmes conditions que ci-devant, c'est-à-dire, qu'en cas qu'il n'y eût que des filles, une ou plusieurs, on leur donneroit une fois pour toutes la somme de deux cens mille écus, & que les biens & titres passeroient au troisiéme fils, & à ses descendans mâles. Que si celui-ci venoit aussi à manquer d'héritiers mâles, ou que dans ses descendans la ligne masculine vînt à s'éteindre, on préleveroit d'abord une somme de deux cens mille écus pour être donnée aux Religieux de la *Sainte Trinité de la Rédemption*, pour en racheter des Espagnols captifs chez les Infidèles, & qu'alors le bien & le titre passeroient aux filles ; mais qu'en cas qu'il y en eût plus d'une, l'aînée auroit la moitié des biens, le titre, le château & la terre de Ximenés ; & que l'autre portion seroit partagée entre les cadettes, s'il y en avoit plus d'une.

Sur le revers de cet Acte, étoit écrit comme s'ensuit. " *Memorandum.* Ce jour &
" an, ci-dedans spécifiés, j'ai signé six Ac-
" tes & Testamens tous de la même for-
" me & teneur que celui-ci, chacun en sept
" feuilles de parchemin, chaque feuille si-
" gnée par moi, & scellée du cachet de
" mes armes, & certifiée par les témoins
" qui ont aussi signé au bas. J'en ai remis
" deux originaux entre les mains de mes
" deux amis Don Tomaso de Vélasco &
" Don Gullermo de Fuente-Séca, un troi-
" siéme à mon fils aîné Francisco, le qua-
" triéme à mon second fils Don Lorenzo,
" le cinquiéme à Don Garcias mon troisié-
" me fils, & le sixiéme au Prieur du Couvent

des

» des Révérens Peres de la *Sainte Trinité de*
» *la Redemption des Captifs.*

Etoit signé

Don Henriquez, Comte de
Ximenez.

Ceci paroit avoir été tout écrit de la propre main de Don Henriquez, & signé par les mêmes témoins qui ont signé aux Actes du testament.

Nous avons aussi examiné, continuérent les Avocats, la généalogie des O' Néals, dont votre ayeule étoit issue. Nous avons trouvé qu'elle remonte jusqu'au tems de Moyse; on y voit nombre de ses ancêtres qui ont été distingués par leur rang, par leur mérite & par leur valeur, la plûpart alliés aux Rois & à la principale Noblesse du Royaume d'Irlande.

Cette généalogie est en Latin, & & porte avec soi toutes les preuves de la plus grande autenticité : elle est signée & attestée non-seulement par les Hérauts d'armes, mais encore par une vingtaine de Lords Irlandois.

Ils entrèrent après cela dans un détail circonstancié de quelques autres titres, dont je ne veux pas fatiguer mes lecteurs.

De-là ils remirent à mon pere un manuscrit de la propre main de son oncle Gil Pérez : après que mon pere l'eut un peu examiné, il dit qu'une autrefois il nous en feroit la lecture à loisir.

On se répandit ensuite en différens raisonnemens, pour voir & consulter comment Don Blas devroit s'y prendre dans cette affaire. Les Avocats donnérent leur avis, qui se trouva ensuite tout-à-fait conforme à celui des conseillers de Madrid, & dont j'aurai occasion de parler dans la suite.

Pour ce qui regarde la terre de Ximenés, leur sentiment fut qu'il falloit donner part de ses droits & prétentions aux héritiers des premiers Fidéi-Commissaires, à qui le droit du Fidéi-commis étoit dévolu; & qu'il n'y avoit point de tems à perdre, d'autant plus que les Peres de la Trinité avoient déja formé leur demande sur les deux cens mille écus, croyant qu'il n'y avoit plus aucun héritier mâle.

Iis ajoutérent à tout cela, que rien ne conviendroit mieux à la Comtesse, qui étoit du même sang, & qu'elle feroit beaucoup mieux de donner sa fille à un des fils de Don Blas, afin de lui éviter les embarras de bien des recherches, que de se réjouir de voir que la branche mâle n'étoit pas entiérement éteinte; & que ce mariage seroit un avantage commun aux deux familles. Vous comptez bien que mon frere ne leur sçut pas mauvais gré de ce dernier avis.

Là-dessus mon pere leur fit part des sentimens que Don Sanche avoit déja conçu pour la jeune Comtesse, & leur declara que ce n'étoit que par ce seul motif qu'il s'étoit déterminé à faire valoir ses droits, & que sans cela il n'y auroit peut-être jamais songé, dans l'idée où il avoit été jusques-là, que ses prétentions ne pouvoient s'étendre que sur le titre tout seul.

Le lendemain les Avocats s'en retournérent, très-satisfaits de la reception & du bon accueil qu'on leur avoit fait, aussi-bien que de la gratification dont mon pere avoit récompensé leurs peines & leurs avis. Ensuite mon pere trouvant qu'il étoit tems de se retirer & de retourner à Lirias, dit à Don Alphonse, qu'il avoit envie de s'en aller chez lui dans trois jours, & de faire tous les préparatifs nécessaires pour son voyage de Madrid. A cela mon Patron répondit, suivant sa politesse ordinaire, qu'il y auroit de la dureté à laisser la Comtesse seule; que pour lui il vouloit accompagner mon pere, afin de voir si par lui ou par ses amis, il pourroit lui être de quelque utilité à la Cour; & que pour cela il se flattoit que les Dames voudroient bien avoir la bonté de rester à Leyva avec mon oncle & Don Scipion, pour tenir compagnie à la Comtesse.

Il se passa encore entr'eux quelques complimens là-dessus. Enfin ils convinrent de leur fait, & on régla que mon frere seroit du voyage. Comme je n'avois jamais vu Madrid, je témoignai à mon Patron que je serois bien aise d'être de la partie, & il me le promit très gracieusement.

Le lendemain Don Alphonse donna ses ordres pour que tout fût prêt pour notre voyage. Sur ces entrefaites la Comtesse fit ressouvenir mon pere, qu'il avoit promis de communiquer à la compagnie la lécture du Manuscrit dont il est parlé plus

300 *La Vie de Don Alphonse*

haut, & le pria de dégager sa parole. Il lui répondit avec la même civilité, que ses priéres étoient des ordres pour lui : en même-tems il alla le chercher & revint à l'inſtant. Voici à peu près ce qu'il contenoit.

CHAPITRE XIV.

La Vie de Don Bernardo, &c.

» COmme il est très-possible que la con-
» noissance de sa famille pût être un
» jour d'un très grand avantage à mon
» neveu Gil, connu jusqu'à présent sous
» le surnom de Blas ; comme il a ignoré
» jusqu'à présent le vrai nom & la qualité
» de ceux dont il tient le jour, je me suis
» cru obligé en justice & en conscience,
» de lui laisser des éclaircissemens qui puis-
» sent le mettre un jour à même, lui ou
» ses descendans, de rentrer dans les droits
» qui pourront lui apartenir, tant par les
» loix de la Nature, que par celles du
» Royaume.

» Comme mon intention n'est point que
» cet écrit tombe jamais entre les mains
» de qui que ce soit tant que je vivrai,
» ou du moins jusqu'au tems de ma mort,
» j'espére qu'on n'attribuera point au
» moindre mouvement d'ambition, ce que
» je ne puis refuser à la force de la véri-
» té. J'avoue devant mon Créateur, à
» qui j'en demande très-humblement par-
» don, que j'ai été un grand pécheur ;
» mais je rends graces à la Bonté Divine
» de m'avoir toujours préservé de toute
» tentation du côté de la vaine gloire &
» de l'amour-propre. Ce seroit donc avec
» la

» la plus grande injustice qu'on m'en ta-
» xeroit, sur ce que je vais écrire de l'ori-
» gine de notre famille.

Le commencement du Manuscrit ne contient qu'une répétition des mêmes raisonnemens des Avocats sur notre généalogie; ainsi je passerai tout cet article pour ne pas vous ennuyer.

» Tout ce détail est amplement vérifié
» par les généalogies autentiques qui sont
» entre mes mains; & qui sont duement
» attestées par les Hérauts d'armes, &
» collationnées sur les Titres originaux,
» où la descendance est exacte & non in-
» terrompue, jusqu'à la naissance de mon
» beaufrere, de ma sœur Catherine, &
» à la mienne, y ayant été enregistrées
» dans les formes par nos parens respec-
» tifs. Don Henriquez, qui fait la tige
» d'où descendent nos deux familles, don-
» na dès l'âge de vingt-cinq ans des preu-
» ves d'une valeur extraordinaire, & se si-
» gnala dans la bataille contre les Mo-
» res des Montagnes d'Alpujarras, dans
» le Royaume de Grenade, qui s'étoient
» révoltés. Les rebelles avoient déja en-
» velopé le Comte de Tendilla Gouver-
» neur de ce Royaume; & quoiqu'il se
» défendît vaillamment, & qu'il en eût
» déja fait tomber plusieurs aux pieds de
» son cheval, ils l'auroient infailliblement
» massacré, ou du moins fait prisonnier,
» si Don Henriquez, voyant son oncle
» (il étoit frere de sa mere) dans cette
» extrêmité, ne se fût fait jour en terras-
» sant ou en écartant tout ce qui s'opo-
» soit

» soit à sa fureur, & ne fût arrivé à tems
» pour le débarrasser, au moment que
» n'espérant plus de salut, il ne songeoit
» qu'à vendre sa vie le plus cher qu'il
» pourroit.

» Après cette première action, où les
» Mores furent défaits, & où il en périt
» un très-grand nombre, Muley-Ben-
» Hamet-Ben-Abdallah, homme brave &
» d'une force prodigieuse, envoya défier
» le plus brave des Espagnols dans l'Ar-
» mée du Comte de Tendilla.

» Don Henriquez, qui étoit present
» lorsque celui qui étoit chargé du messa-
» ge du Roi More proposa le défi, fut le
» premier à s'offrir de l'accepter.

» Il en demanda la permission à son on-
» cle, qui ne la lui accorda qu'avec beau-
» coup de peine & de répugnance. Après
» l'avoir obtenue, il chargea le messager de
» Muley-Ben-Hamet-Ben-Abdallah de lui
» dire, que quoiqu'il n'eût pas la témeri-
» té de se donner pour le plus brave d'en-
» tre les Espagnols, il osoit cependant es-
» pérer que le Roi More ne feroit pas dif-
» ficulté de se rendre au lieu & au tems
» qu'il avoit lui-même marqué & propo-
» sé : qu'au reste il étoit fâché de devoir
» trouver un ennemi en la personne d'un
» Prince brave & courageux, & qu'il ai-
» meroit beaucoup mieux embrasser com-
» me ami. Il ajouta que quelle que fût
» l'issue de cette affaire, il ne pouvoit que
» lui en revenir beaucoup de gloire, puis-
» qu'il auroit eu à combattre le vaillant
» Muley-Abdallah.

»Les

» Les deux champions se trouvèrent sur
» le champ de bataille au tems marqué.
» Leurs Armées étoient rangées de cha-
» que côté, & attendoient de ce combat
» singulier la décision de leur sort. On bat-
» tit de part & d'autre avec autant d'a-
» dresse que de courage ; ils se portèrent
» l'un à l'autre différens coups ; le com-
» bat fut long ; mais enfin le More, af-
» foibli par la perte du sang qui avoit cou-
» lé de ses blessures, tomba de son che-
» val, on le crut mort.

» D'abord Don Henriquez mit pied à
» terre pour lui donner du secours, en cas
» qu'il fût en état d'en recevoir : effecti-
» vement il n'étoit qu'évanoui, il fut por-
» té dans la tente de Don Henriquez,
» où l'on eut soin de le panser de ses bles-
» sures.

» Les Mores ayant vû tomber leur chef,
» avancèrent pour le retirer & le venger
» de Don Henriquez ; mais les Chrétiens
» sçurent retenir l'un, & défendre l'autre.

» Les deux Armées en vinrent aux mains,
» le combat fut long & sanglant, & du-
» ra jusques sur le soir, que les Mores fu-
» rent mis en déroute, & poursuivis avec
» une ardeur qui répandit le carnage &
» l'horreur dans leur camp, & ne finit
» que par l'obscurité de la nuit.

» Les soins que l'on prit de Muley-Ben-
» Hamet eurent un si bon succès, qu'au
» bout de six semaines il fut entièrement
» guéri de ses blessures, dont il n'y en
» avoit eu aucune de dangereuse.

» Le Comte de Tendilla, qui alloit sou-
» vent

Pag. 304.

» vent lui faire visite, gagna sur lui, par ses
» bonnes maniéres & par ses discours, une
» promesse d'écouter sans préjugé les Prin-
» cipes fondamentaux de la Religion Chré-
» tienne. Le Comte ne doutoit pas que
» son prisonnier ne se sentît convaincu,
» lorsqu'on lui feroit voir que tout ce qui
» a été prédit sur le Messie, se trouve
» exactement accompli en la vie de Jesus,
» fils de la Vierge Marie.

» Muley reçut de fréquentes visites de
» quelques sçavans & pieux Ecclésiasti-
» ques : il les écouta avec patience & at-
» tention, & leur répondit avec tant de
» douceur, qu'à la fin il fut convaincu
» de la vérité de la Religion Chrétienne
» & reçut le baptême. Il fit alors avec le
» Comte de Tendilla un Traité, par le-
» quel il seroit permis à tous les Mores
» qui ne voudroient pas renoncer aux er-
» reurs du Mahométisme, de se retirer
» en Afrique ; & que ceux qui embrasse-
» roient le Christianisme, seroient regar-
» dés & traités comme tous les autres fi-
» deles sujets & serviteurs du Roi.

» En vertu de ce Traité, plusieurs fa-
» milles Moresques quitérent le Royau-
» me. Il y eut aussi plusieurs Mores qui
» embrassérent le Christianisme ; à la vé-
» rité ils n'en furent pas moins Mahomé-
» tans dans le cœur.

» Le Roi FERDINAND & ISABEL-
» LE voulant récompenser la valeur de
» Don Henriquez, & reconnoître le ser-
» vice qu'il avoit rendu à l'Etat & à la
» Religion, l'honorérent de l'Habit &

» de

» de la Croix de l'Ordre d'Alcantara *.

» Je n'ai pu me dispenser de m'étendre » sur ce trait remarquable de la vie de » Don Henriquez, parce que soit par en- » vie, ou par ignorance, il a été omis dans » nos Histoires, quoiqu'il soit détaillé dans » toutes ses circonstances dans la Patente » dont j'ai vu & lu l'original dans les Ar- » chives de l'Ordre d'Alcantara ; elle est » datée de l'an 1499.

» Comme je n'écris ceci que pour le pro- » fit & l'instruction de mon neveu, en » qui se réunissent les deux branches ca- » dettes des descendans de ce Henriquez, » je ne parlerai point de la lignée de Don » Francisco son aîné.

Ici le Manuscrit rend compte de notre généalogie, de la même manière que j'ai déja eu l'honneur de vous dire, & il continue ainsi.

» Don Bernardo mon oncle servit com- » me volontaire à l'âge de dix-neuf ans » sous le Duc de Médina-Céli Viceroi de » Sicile, & se trouva avec lui lorsqu'il
» prit

---

* Cet Ordre de Chevalerie fut institué dans le onziéme siécle par le Roi ALPHONSE, à l'occasion de la prise de la ville de ce nom dans la Province d'Estramadure. Il fut séparé en 1219. de celui de Calatrava, & depuis a eu ses Grands Maîtres particuliers. Les Chevaliers portent une Croix verte. Il y a trente-huit Commanderies, dont le revenu se monte à deux cens quarante-huit mille cent quatorze ducats par an.

» prit l'Isle de Gelves; mais la Flotte des
» Infidèles tombant sur le Viceroi lors-
» qu'il s'y attendoit le moins, son Armée
» fut en partie détruite, & le reste réduit
» à l'esclavage. Il s'en falut même très-peu
» que lui-même ne fût pris prisonnier.
» Un de ses fils, qui se trouva sur le mê-
» me vaisseau où étoit Don Bernado, fit
» une résistance vigoureuse mais inutile.
» Les Ottomans vinrent à l'abordage, se
» rendirent maîtres du vaisseau & de tout
» l'équipage. On conduisit le vaisseau &
» les prisonniers à Tripoli.

» Ce fut en 1559. que se passa cet ac-
» tion. La rançon de Don Bernardo fut
» mise à si haut prix, qu'il fut obligé de
» faire vendre presque tout son bien, pour
» mettre fin à un esclavage qui dura ce-
» pendant trois ans, & que son Patron
» avoit soin de rendre de jour en jour plus
» dur & plus insuportable. Ayant apris
» qu'il étoit d'une des meilleures familles
» d'Espagne, & même parent du Viceroi,
» il comptoit par-là le forcer d'autant plû-
» tôt à se racheter au prix qu'il voudroit.

» Dès qu'il fut de retour en Espagne,
» il fut presenté à Philippe II. qui
» régnoit alors. Il en fut reçu très-gra-
» cieusement, & le Roi eut la bonté de lui
» faire espérer quelque dédommagement
» pour tout ce qu'il avoit souffert : on
» commença par lui donner d'abord une
» Compagnie.

» Le Grand O' Néal, Irlandois, étoit
» alors incognitò à Madrid, pour des af-
» faires très-importantes. Il avoit amené
» avec

» avec lui sa fille, qu'il destinoit au Cou-
» vent, & à qui il vouloit faire prendre
» le Voile en Espagne.

» Cette jeune Demoiselle logeoit chez
» la Comtesse d'Alcaudéte, dont le mari
» étoit Gouverneur d'Oran, & Colonel
» du Régiment où étoit la Compagnie
» qu'on venoit de donner à Don Bernar-
» do. Comme il faisoit les aprêts pour se
» rendre à son Régiment, qui étoit à Oran,
» il eut besoin d'aller souvent chez la
» Comtesse, épouse de son Colonel. Dans
» toutes ses visites il eut occasion de voir
» la jeune Demoiselle Irlandoise, il en
» devint éperdûment amoureux, il fut
» assez heureux, & la belle Irlandoise
» prit aussi pour lui les sentimens les plus
» tendres.

» Il fit confidence de sa passion à la
» Comtesse, & la pria de vouloir bien
» s'intéresser auprès du pere de la Demoi-
» selle ; ce qu'elle fit en effet dès le lende-
» main. O' Néal étant venu la voir, elle
» fit tomber la conversation sur Bernardo,
» elle parla de sa famille, de son carac-
» tére, de son bien, de ses malheurs.

» Comme elle n'en parloit que dans la
» vue de servir Bernardo, tout ce qu'elle
» en dit prévint si fort O' Néal en sa fa-
» veur, que la Comtesse profitant de ces
» bonnes dispositions, obtint qu'il consen-
» tiroit à marier sa fille avec un cavalier de
» ce mérite, & dont l'alliance ne pouvoit
» que lui faire honneur. Il vit Bernardo,
» il le goûta, & ratifia ce qu'il avoit pro-
» mis. Le mariage se conclut, & il se cé-
» lébra

» lébra le premier de Janvier mil cinq
» cens soixante-deux. Au mois de Février
» suivant Bernardo partit pour aller join-
» dre sa Compagnie: il laissa sa jeune épou-
» se auprès de la Comtesse.

» Il étoit trop bien recommandé pour
» n'être pas des mieux reçus chez le Gou-
» verneur, qui eut pour lui toutes les at-
» tentions possibles. Le reste de l'année se
» passa assez tranquilement ; mais en mil
» cinq cens soixante-trois SALARRACZ
» Roi d'Alger troubla leur repos pour le
» siége d'Oran & de Mazalquivir.

» Les Infidéles assiégerent Oran avec dix
» mille hommes, & un nombre considé-
» rable de vaisseaux & de galéres, pour
» priver la ville de tous les secours qu'elle
» pourroit recevoir d'Espagne ou d'Italie.
» Ils avoient outre cela vingt piéces de
» gros canon ; ce qui faisoit en ce tems-là
» une artillerie formidable.

» Les assiégés se défendirent avec toute
» la valeur imaginable. Dès qu'ils virent
» que la bréche étoit suffisante pour un
» assaut, ils résolurent unaniment de mou-
» rir, plûtôt que d'accepter aucune capi-
» tulation.

» Heureusement pour eux, & lorsqu'ils
» s'y attendoient le moins, lors même que
» les Barbares faisoient toutes les dispositions
» pour donner un assaut général, Don
» Juan de Cordoua, Général des Galéres
» d'Espagne, parut à Offing avec un se-
» cours qu'il amenoit de Cartagéne. A cet-
» te vue les Mahométans pritent la fuite
» avec tant de hâte & de confusion, qu'ils
» aban-

» abandonnèrent leur canon aux assiégés;
» ils s'embarquérent du mieux qu'ils pu-
» rent, & tâchérent de se sauver à Alger.

» Don Juan les poursuivit vivement,
» leur donna la chasse, & leur prit vingt-
» deux galliotes, & trois gros vaisseaux
» Mores.

» Après cet échec les Mores se conten-
» tèrent de menacer de recommencer le
» siége l'année suivante. Mais le Roi ayant
» envoyé en mer une puissante Flotte sous
» les ordres de Don Garcias de Toléde,
» les Infidèles jugèrent à propos de remet-
» tre à un autre tems l'effet de leurs me-
» naces.

» Don Bernardo ayant été dangereuse-
» ment blessé à ce siége, le Comte d'Al-
» caudéte l'envoya à Madrid, où ayant
» trouvé de plus habiles Chirurgiens que
» ceux d'Oran, il fut parfaitement rétabli
» de ses blessures.

» En mil cinq cens soixante-quatre,
» sa femme accoucha d'un fils, nommé
» Jean, dans le château d'Estalla, où il
» laissa la mere & le fils. Il s'embarqua à
» bord de la Flotte selon les ordres qui lui
» avoient été donnés, & arriva assez tôt
» pour aider à la prise du Fort del Pennon.
» Ce château avoit été bâti anciennement
» par le Comte Don Pédro de Navarro
» proche la ville de Vélez sur les côtes
» d'Afrique, & il étoit alors en la posses-
» sion des Mores.

» Deux ans après cette expédition, les
» Mores du Royaume de Grenade arborè-
» rent l'étendart de la rebellion. Don Ber-
» nardo

» nardo, à qui le Roi venoit de donner
» un Régiment, fut envoyé pour les châ-
» tier, sous les ordres du Marquis de Mon-
» déjar : les rebelles furent entiérement
» défaits en sept différens combats.

» L'année mil cinq cens soixante-six
» fut remarquable par la mort de l'Infant
» DON CARLOS, qui par ordre du
» Roi son père eut les veines ouvertes, &
» expira dans un bain chaud.

» La Duchesse de Parme, sœur naturel-
» le du Roi, étoit alors Gouvernante des
» Pays-Bas. Elle étoit fille de l'Empereur
» CHARLES-QUINT, premier Roi d'Es-
» pagne de ce nom.

» Les Peuples des dix-sept Provinces ne
» s'accommodoient point d'être gouvernés
» par une femme, ils commencérent par
» murmurer, ils en vinrent enfin à une
» rebellion formée; la Populace qui se joi-
» gnit à ceux de la Religion Réformée,
» se laissa aller à toutes sortes de violen-
» ces.

» Le Roi envoya le Duc d'Albe pour
» tâcher de réduire les séditieux, & d'é-
» touffer la révolte dans son principe. Ce-
» lui-ci, loin d'adoucir les esprits, ne fit
» au contraire que les aigrir, en arrêtant
» les Comtes d'Egmont & de Horn : &
» bien en prit au Prince d'ORANGE de
» s'être évadé à tems, sans quoi il auroit
» infailliblement subi le sort des deux au-
» tres, à qui le nouveau Gouverneur fit
» trancher la tête au mois de Juin. On
» dit que lorsque les Comtes virent que ce
» Prince alloit s'éloigner, ils lui dirent, adieu

» Prince

» Prince sans terre ; & qu'il leur répon-
» dit , adieu Comtes sans tête.

» En mil cinq cens soixante-sept, Shan
» O' Néal beau-pere de Don Bernardo ex-
» cita une espéce de soulévement dans le
» Nord de l'Irlande, dans le dessein de
» rétablir ce Royaume dans son ancienne
» liberté, en secouant le joug de l'Angle-
» terre ; de faire rentrer la Noblesse dans
» tous ses droits & prérogatives, & de ré-
» tablir la Religion Catholique-Romaine,
» que la Reine ELISABETH d'Angle-
» terre vouloit abolir dans les trois Royau-
» mes.

» Il fut malheureusement assassiné par
» un des siens. Cette nouvelle causa tant
» d'affliction à l'épouse de Don Bernardo
» qui étoit alors enceinte, qu'elle en fit
» une fausse-couche dont elle mourut.

» Don Bernardo fut inconsolable de la
» perte d'une si digne épouse, il fut aussi
» extrêmement afligé de la triste fin de
» son beau-pere. C'étoit un Seigneur qui
» avoit beaucoup de crédit à la Cour d'Es-
» pagne ; c'étoit lui qui avoit le plus con-
» tribué à faire avoir à son gendre le Ré-
» giment dont il étoit Colonel. D'ailleurs,
» comme il tiroit de tems en tems & en
» secret des remises considérables pour ai-
» der à la réussite du dessein dont j'ai par-
» lé ci-dessus, il contribuoit à l'entretien
» de Don Bernardo, de maniére qu'il ne
» se pressoit pas de solliciter le payement
» des arrérages qui lui étoient dus par la
» Cour, tant pour ses propres apointe-
» mens, que pour les avances de l'habil-
» lement

» lement de son Régiment qu'il avoit fait
» à ses frais, & que la Cour lui devoit
» encore dès le tems qu'il en avoit été fait
» Colonel.

» Les rigueurs du Duc d'Albe dans les
» Pays-Bas, bien loin d'éteindre le feu de
» la révolte, ne faisoient au contraire que
» l'allumer davantage. Plus il augmentoit
» de rigueur, & plus les Flamans s'aigris-
» soient : cela obligea le Roi à faire pas-
» ser de tems à autre ses meilleures trou-
» pes dans ce Pays, pour faire rentrer les
» Flamands dans leur devoir.

» Comme le Régiment de Don Bernar-
» do fut aussi nommé pour cette expédi-
» tion, il fit un voyage à Madrid pour
» solliciter les arrérages tant de ses apoin-
» temens, que des avances pour l'habil-
» lement, outre une nouvelle somme pour
» habiller le Régiment avant qu'il se mit
» en marche.

» Le Ministre le reçut avec toute la po-
» litesse imaginable, lui fit toujours bien
» des complimens, il lui donnoit toujours
» les plus belles paroles du monde, & en
» attendant le remettoit d'un jour à un
» autre, & voilà tout ce qu'il en put ti-
» rer. Lui qui étoit d'un naturel altier,
» se piqua d'honneur : il prit de l'argent
» à emprunt sur ses biens, & habilla en-
» core une fois son Régiment : après ce-
» la il le fit marcher vers Cadiz, & le fit
» embarquer sur un vaisseau de transport,
» sous les ordres de son Lieutenant-Colo-
» nel ; & pour lui il freta un bâtiment plus
» leger, & fit voile pour les Pays-Bas

» quel-

» quelques jours avant le reste de la Flot-
» te.

» Après quelques jours de navigation,
» il fut surpris en pleine mer d'un orage
» si violent, qu'on fut obligé de couper
» tous les mâts du navire, & de s'aban-
» donner au gré des vagues.

» Ils furent ensuite le jouet des flots
» pendant vingt-cinq jours, toujours ba-
» lottés par la fureur des vents, jusqu'à
» ce qu'enfin ils furent portés sur les cô-
» tes de Plymouth en Angleterre, où ils
» échouèrent. Ils perdirent tout ce qu'ils
» avoient, trop heureux encore de pou-
» voir sauver leur vie ; par bonheur il ne
» périt personne de l'équipage, ni des pas-
» sagers.

» Don Bernardo, dans ce triste état,
» écrivit d'abord à Don Gerardo de Spélio,
» qui étoit alors Ambassadeur pour le Roi
» d'Espagne auprès de la Reine ELISA-
» BETH. Son Excellent lui fit à l'instant
» des remises pour s'équiper, & pour se
» transporter à Londres, où il lui man-
» doit de se rendre, d'autant que sa pré-
» sence dans ce Pays-là pourroit être de
» quelque utilité pour le service du Roi.

» En ce tems-là, vers la fin de mil cinq
» cens soixante-huit, il y avoit déja quel-
» que mésintelligence entre la Cour d'Es-
» pagne & celle d'Angleterre, par raport
» à certain argent que des Marchands Gé-
» nois avoient prêté au Roi, & qu'on en-
» voyoit au Duc d'Albe pour l'habille-
» ment & la paye des Garnisons des Pays-
» Bas.

» Les

» Les vaisseaux qui transportoient cet
» argent pour les Génois se trouvant pour-
» suivis par quelques Armateurs François,
» cherchérent un azile dans les Ports d'An-
» gleterre, & se réfugiérent à Plymouth,
» à Falmouth, & à Southampton.

» La Reine ayant eu des avis certains
» que cet argent étoit destiné à être em-
» ployé contre les Flamans, qu'elle soute-
» noit sous main, ayant même fait des
» avantages à plusieurs qui s'étoient retirés
» dans ses Royaumes, fit saisir le tout,
» & se contenta d'en donner des suretés
» aux Marchands Génois.

» Sur cette saisie, & sur le refus que fit
» la Reine de restituer cet argent, le Duc
» d'Albe fit saisir à son tour les effets qui
» apartenoient aux Marchands Anglois
» dans les Pays-Bas; & la Reine par con-
» tre-represailles en fit saisir bien davanta-
» ge sur les Flamans en Angleterre.

» Au mois de Janvier mil cinq soi-
» xante-neuf, la Reine publia pour jus-
» tifier son procédé, que le Duc d'Albe
» avoit été l'agresseur, & que c'étoit lui
» qui avoit commencé par saisir les effets de
» ses Sujets; & elle jetta le blâme de tou-
» te cette brouillerie sur Don Gerardo Am-
» bassadeur d'Espagne. Celui-ci se défen-
» dit, & donna à entendre que c'étoit
» bien moins la Reine que les ennemis de
» l'Espagne qui faisoient courir ce bruit,
» & pour se justifier plus amplement, il dit
» tout net que la Reine étoit la principa-
» le cause des dissentions: il parla même
» à Sa Majesté en des termes si peu mé-
» nagés

» nagés, qu'elle en fut outrée, & fit met-
» tre cet Ambassadeur aux arrêts, où il
» fut pendant deux jours ; outre qu'elle
» fit de fortes plaintes au Roi contre son
» Ministre.

» Il n'y avoit que peu de jours que l'Am-
» bassadeur avoit reçut cet affront, lors-
» que Don Bernardo arriva à Londres. Le
» Ministre regarda ce procédé de la Reine
» à son égard comme une insulte faite au
» Roi son Maître, dont il étoit repre-
» sentant. Il envoya d'abord un Exprès
» à la Cour de Madrid, à qui il fit les
» plaintes les plus améres contre la Cour
» d'Angleterre.

» A Madrid le Roi ne sçut pas plûtôt que
» l'argent des Génois étoit arrêté & saisi en
» Angleterre, qu'il fit saisir tous les effets
» des Anglois qui se trouvoient dans ses
» Domaines & Royaumes, & fit tout ce qu'il
» put pour exciter un soulévement & une
» révolte en Angleterre & en Irlande.

» Quoiqu'il n'y eût pas de guerre dé-
» clarée dans les formes entre l'Espagne
» & l'Angleterre, les Anglois ne laissérent
» pas de faire des prises continuelles des
» Vaisseaux Espagnols. Ces sortes de repre-
» sailles & d'excès furent poussés si loin,
» & faisoient tant de tort aux Sujets de la
» Monarchie d'Espagne, que la Reine
» craignant enfin qu'une simple brouille-
» rie ne tournât en une guerre ouverte
» entre les deux Couronnes, prit le sage
» parti de faire finir ces excès, en défen-
» dant à ses Sujets de ne plus inquiéter les
» Vaisseaux Espagnols.

» Don

» Don Bernardo pendant son séjour à
» Londres, envoya des ordres à son In-
» tendant en Espagne de prendre encore
» de l'argent sur ses terres sur le même
» pied qu'il en avoit emprunté lui-même
» avant son départ, & de le lui faire adres-
» ser en Flandre ; & il prit en Angleterre
» d'un Marchand que lui recommanda
» l'Ambassadeur, des Lettres de change
» pour avoir de quoi se mettre en équi-
» page, après quoi il se disposa à partir
» pour aller joindre son Régiment, qui
» étoit arrivé plus heureusement que lui.

» Il fit part à l'Ambassadeur du dessein
» qu'il avoit de s'embarquer incessamment
» pour les Pays-Bas. Son Excellence lui
» répondit qu'elle en avoit disposé autre-
» ment, & qu'elle vouloit l'employer plus
» utilement pour le service du Roi ; qu'au
» reste ce ne seroit que pour une affaire
» qui ne devoit pas être de longue halei-
» ne ; mais qu'il falloit qu'il eût la pré-
» caution de continuer de faire les prépa-
» ratifs comme s'il alloit effectivement
» partir, & qu'il fît prendre les devans
» à tous ses domestiques ; qu'après cela il
» se logeât dans une maison particuliére
» qu'il lui indiqua, qu'il ne se montrât
» que le moins qu'il pourroit, qu'il ne pa-
» rut plus à l'hôtel, & que Son Excellen-
» ce iroit le voir fort souvent.

» Que ses visites ne pourroient du moins
» que le constituer en quelques dépenses ;
» & que comme c'étoit pour le service du
» Roi, il ne seroit pas juste que ce fût
» aux frais de Don Bernardo. En même-
» tems

» tems il lui mit en main une bourse de
» cinq cens guinées, & lui dit en même-
» tems de lui faire sçavoir dès qu'il seroit
» dans son nouveau logement : mais sur-
» tout, continua l'Ambassadeur, prenez
» garde qu'aucun de vos gens ne puisse
» seulement soupçonner que vous restiez
» ici, & ayez soin qu'ils soient tous bien
» persuadés que vous partez.

» En vertu de ces instructions, Don
» Bernardo fit embarquer le lendemain tout
» son monde avec ses nouveaux équipages
» sur la Tamise, avec ordre d'aller l'atten-
» dre à Douvres, où il iroit les joindre
» par terre ; mais qu'en tout cas, s'il n'y
» étoit pas quand ils arriveroient, ils n'a-
» voient qu'à partir d'abord, & passer la
» mer sans s'amuser à l'attendre ; & qu'en
» arrivant en terre-ferme, ils poursuivis-
» sent incessamment leur route pour Bru-
» xelles, & lui louassent d'abord une mai-
» son dans le voisinage de la Cour, ou
» s'il se pouvoit, sur le Sablon.

» Après avoir fait embarquer ses gens,
» Bernardo entra dans son nouveau loge-
» ment, qui se trouva commode, & fort
» propre. Après y avoir fait ses premiers
» arrangemens, il s'en fut chez Don Gerar-
» do, comme pour prendre congé de lui ; ce
» qu'il fit en présence des domestiques de
» l'Ambassadeur, qui crurent tous qu'il par-
» toit effectivement. Dans le particulier,
» il rendit compte de tout à Son Excellen-
» ce, & se retira dans son petit logement.

» A peine avoit-il été quatre heures chez
» lui, où il se faisoit passer pour un Mar-
» chand

» chand Génois sous le nom de Brocardo,
» qu'un laquais en habit de livrée deman-
» da à parler au Signor Brocardo. Il lui
» remit une lettre de l'Ambassadeur, par
» laquelle Son Excellence lui mandoit,
» que comme il ne pourroit se passer d'a-
» voir du moins un domestique, elle lui
» envoyoit un Italien qui parloit parfai-
» tement Anglois, & en qui il pouvoit
» avoir une entière confiance, d'autant
» que sa fidélité étoit connue à Son Ex-
» cellence, qui marquoit de plus dans la
» lettre, que ce garçon seroit propre pour
» leur correspondance mutuelle ; mais que
» cependant le Signor Brocardo eût atten-
» tion de ne jamais l'envoyer de jour à
» l'hôtel.

» L'Ambassadeur ajoutoit à la fin de sa
» lettre, qu'il viendroit ce soir même sou-
» per avec le faux Génois, qu'ainsi il don-
» nât ses ordres à son nouveau laquais de
» faire préparer un bon souper, parce que
» Son Excellence devoit amener encore
» quelques amis ; que le laquais étoit au fait
» & que Don Bernardo, ou plûtôt le Si-
» gnor Brocardo pouvoit dès ce jour le
» regarder comme son propre domestique.

» Vers les six heures du soir le feint
» Marchand ne fut pas peu surpris de voir
» arriver chez lui le Marquis Vitelli,
» suivi d'un homme qui portoit une cas-
» sette.

» Dès que le porteur fut retiré, le Mar-
» quis ouvrit la cassette, & dit au Signor
» Brocardo qu'il y avoit-là six mille gui-
» nées qu'il lui remettoit, & qu'il seroit
» chargé

» chargé de les distribuer, ainsi que les
» autres sommes qui lui seroient envoyées
» par la suite, à certaines personnes qui
» viendroient avec des billets, spécifiant
» la somme que chacun devroit toucher,
» & un signe particulier qu'il lui donna.

» Après cela le Marquis lui fit confi-
» dence qu'il avoit été envoyé en Angle-
» terre, sous le prétexte aparent de tra-
» vailler à accommoder les différends qui
» étoient survenus entre les deux Cours ;
» mais que dans le fond le vrai motif de
» son voyage, étoit de se mettre à la tête
» des troupes que le Duc d'Albe devoit
» envoyer, pour seconder & soutenir
» les Comtes de Northumberland & de
» Westmorland, deux Lords qui pou-
» voient beaucoup dans le Nord de l'An-
» gleterre, & qui tramoient un soulève-
» ment dans le Royaume ; qu'à cette fin
» on avoit omis dans ses instructions cer-
» taines formalités qui les rendoient dé-
» fectueuses, afin de pouvoir profiter du
» tems qu'il faudroit employer à en de-
» mander & en faire venir de plus amples
» & mieux expliquées, pour avoir l'œil à
» tout ce qui se passeroit.

» Que le Duc d'Albe s'étoit engagé à
» soutenir ces deux Seigneurs, par des
» troupes choisies qu'il leur devoit en-
» voyer des Pays-Bas ; qu'il avoit déja en-
» voyé le Gouverneur de Dunkerque dé-
» guisé en habit de matelot, avec des gens
» experts dans le pilotage, pour examiner
» & sonder les Ports d'Angleterre, & voir
» ceux qui seroient les plus propres pour
» une

,, une descente ; mais que cependant il ne
,, vouloit pas hazarder les meilleures trou-
,, pes du Roi, avant que d'être sûr, & de
,, voir à quoi se monteroient les hommes
,, que ces Seigneurs pourroient mettre
,, sur pied ; qu'il vouloit aussi voir quel
,, effet produiroit sur l'esprit du Peuple,
,, le motif qu'ils allégueroient pour justi-
,, fier cette levée de bouclier ; à quoi se
,, détermineroient le Catholiques-Romains
,, d'Angleterre, qui paroissoient déja tout
,, déconcertés depuis la prison du Duc de
,, Norfolck ; & enfin quel parti prendroit
,, en général la Noblesse d'Angleterre, &
,, combien de troupes la Reine ELISA-
,, BETH pourroit d'abord mettre sur pied.

,, Le Duc s'attend que je lui envoye,
,, continua Vitelli, un compte fidèle sur
,, tous ces articles, sans quoi il aura de la
,, peine à se déterminer.

,, Les deux Comtes doivent souper ce
,, soir avec nous ; & pour vous Monsieur
,, l'Ambassadeur & moi nous avons jugé
,, à propos de vous retenir en Angleterre,
,, afin de discipliner les Paysans que ces
,, Lords doivent armer. Pour cela vous
,, serez bien-tôt obligé de vous mettre en
,, marche vers le Nord de l'Angleterre ;
,, vous trouverez plusieurs personnes de
,, votre connoissance, & plusieurs braves
,, Officiers avec qui vous avez déja servi,
,, & qu'on a tenu quelque tems dispersés
,, & cachés dans les maisons des Gen-
,, tilshommes, & des principaux des mé-
,, contens.

,, Il y avoit près de deux heures que le

,, Mar-

„ Marquis Vitelli étoit avec Brocardo,
„ lorsqu'on vint dire à l'oreille à celui-ci
„ que le Comte de Northumberland de-
„ mandoit à le voir. Il ordonna qu'on le
„ fît entrer, & le dit en même-tems au
„ Marquis.

„ Dans cet intervale, Vitelli lui dit
„ en peu de mots qui étoit ce Comte
„ qui étoit venu à pied, envelopé dans
„ son manteau & sans domestique.

„ Ils en étoient encore aux premiers
„ complimens, que le Comte de West-
„ morland entra. L'autre Comte salua ce-
„ lui-ci par son nom & assez haut, apa-
„ remment par mégarde.

„ Bernardo, qui jouoit déja à merveille
„ le rôle de Signor Brocardo, leur repre-
„ senta qu'il seroit à propos d'être un peu
„ plus sur leurs gardes ; crainte que si
„ quelqu'un de la maison venoit à les en-
„ tendre se nommer, cela n'excitât une
„ certaine curiosité, & même ne fît naî-
„ tre des soupçons, de voir des person-
„ nes de leur rang venir comme en cachet-
„ te faire visite à un simple Marchand ;
„ & que de la curiosité on pourroit passer
„ à des informations, dont les consé-
„ quences ne pourroient qu'être dangereu-
„ ses, & peut-être même fatales.

„ Ils aprouvérent unanimement les ré-
„ fléxions de Brocardo, & convinrent
„ qu'on ne sçauroit prendre trop de pré-
„ cautions ; & le Comte de Westmorland
„ lui mettant la main sur l'épaule, lui dit :
„ Eh bien mon ami ! j'espére que nous au-
„ rons en vous un correspondant zèlé &
„ fidele:

„ fidèle : j'ai deux mille piéces de Ratine
„ ordinaire prête à remettre en vos mains,
„ je ne doute pas que vous ne nous en
„ rendiez bon compte, comme j'espére
„ sur-tout qu'elles vous arriveront à pro-
„ pos pour en tirer bon parti.

„ Et moi j'en ai trois mille, dit le Com-
„ te de Northumberland; ils entendoient
„ l'un & l'autre des hommes par les piè-
„ ces de Ratine.

„ Brocardo qui les comprit, répondit
„ que quand ils en auroient chacun dix
„ mille, il n'y en auroit pas de trop, qu'il
„ sçauroit où les employer avec avanta-
„ ge, & que c'étoit la marchandise dont
„ on avoit le plus de besoin à la Foire.

„ Don Gerardo, qui avoit déja mis au
„ fait les Comtes sur ce qu'étoit Don Ber-
„ nardo, arriva aussi déguisée, en man-
„ teau, & sans domestiques.

„ Signor Brocardo, dit-il après avoir
„ salué la compagnie, je vous aporte le
„ montant des Lettres de change que vous
„ aviez à prendre sur moi ; j'ai autant ai-
„ mé aporter la somme avec moi, parce
„ qu'étant toute en or, elle n'est pas d'un
„ si grand poids, que si c'étoit en argent,
„ ainsi je vous prie de m'en débarrasser, en
„ même-tems il lui remit le sac. Vous n'a-
„ vez que faire de vous donner la peine
„ de les compter, continua-t-il, vous pou-
„ vez m'en croire sur ma parole, vous y
„ trouvez justement quinze cens guinées,
„ je compte vous en faire tenir davanta-
„ ge demain.

„ Après cela on entra en discours „ &

,, on entama la matiére qui faisoit le prin-
,, cipal motif de cette assemblée secrette.
,, Les deux Comtes Anglois soutenoient
,, que si l'on faisoit débarquer un bon
,, Corps de troupes régulières, dans le
,, même-tems qu'ils publieroient leur Ma-
,, feste, cela encourageroit beaucoup les
,, gens d'une certaine sorte, qui sans cela
,, n'oseroient se déclarer pour eux, mais
,, qui s'ils se voyoient soutenus se met-
,, troient encore de la partie & agiroient
,, avec eux. Les Espagnols se trouvérent
,, d'un avis contraire, disant pour raison
,, qu'un tel procédé leur seroit au contrai-
,, re pernicieux; que le gros de la Nation
,, Angloise, sur-tout le Peuple, avoient
,, une antipathie naturelle contre tout ce
,, qui s'apelle Etranger; que c'est un Peu-
,, ple d'ailleurs extrêmement jaloux de sa
,, liberté : qu'ainsi pour peu que les enne-
,, mis leur fissent entrevoir que ces Etran-
,, gers venoient pour faire la conquête de
,, leur Pays, en grossissant les objets com-
,, me cela ne manqueroit pas, il en arri-
,, veroit que ceux même qui sans cela au-
,, roient été portés pour la bonne cause,
,, & qui auroient embrassé votre parti,
,, loin de s'attacher à vous, ou de se te-
,, nir du moins neutres, s'uniront à vos
,, ennemis, & feront cause commune con-
,, tre ces troupes Espagnoles, qu'ils regar-
,, deront comme un ennemi commun.
,, Il y eut outre cela bien d'autres alléga-
,, tions, & des objections des plus fortes,
,, par exemple, quelles forces suffisantes on
,, auroit dans le Pays ? quelle Place ? quel
,, Fort ?

,, Fort ? quel Port sur les côtes, soit pour
,, débarquer, soit pour servir d'azile en cas
,, de besoin ? Qu'il étoit absolument né-
,, cessaire d'avoir quelque Port à leur dis-
,, position, ne fût-ce que pour avoir un
,, lieu assuré, pour s'y retirer & s'y main-
,, tenir en cas que l'événement vînt à ne
,, pas répondre à la justice de la cause qu'ils
,, soutenoient : cause d'autant plus juste,
,, que c'étoit celle de leur Souveraine, de
,, leur Reine, d'une Souveraine qu'on
,, avoit trompée, & qu'on retenoit dans
,, une étroite prison, & qui n'y étoit que
,, par la trahison & la mauvaise-foi de
,, celle qui avoit usurpé ses droits ; car
,, dans le fond il n'y avoit pas de Casuiste
,, assez hardi pour défendre les droits pré-
,, tendus d'ELISABETH contre ceux de
,, MARIE, dont la légitimité étoit si
,, autentiquement reconnue.

,, Du côté de la naissance, ELISABETH
,, ne peut former aucune prétention, puis-
,, qu'elle n'est pas née d'une couche légi-
,, time. Elle sçauroit avoir plus de droit
,, par le testament du Roi HENRI, d'au-
,, tant qu'il ne pouvoit pas disposer de la
,, couronne au préjudice de l'héritière lé-
,, gitime, qui est la Reine d'Ecosse.

,, Mais sans nous écarter de l'affaire en
,, question, si on venoit à faire au Roi
,, une proposition de cette nature, & telle
,, que la faisoient les deux Comtes, cela
,, donneroit à Sa Majesté quelque soup-
,, çon que ces Seigneurs n'eussent pas un
,, parti aussi fort qu'on le lui avoit repre-
,, senté, & qu'au contraire la Reine ELI-
,, SABETH

„ SABETH n'eût pas un si grand nombre
„ d'ennemis cachés qu'on l'avoit dit à le
„ Cour de Madrid.

„ Qu'il ne seroit pas possible d'assembler
„ un certain nombre de troupes, même
„ sur les Côtes des Domaines du Roi, sans
„ donner quelque ombrage à la Cour d'An-
„ gleterre ; à plus forte raison seroit-il
„ impraticable de les faire débarquer en
„ Angleterre. Que les mesures que la Rei-
„ ne ne manqueroit pas de prendre pour
„ empêcher une descente, feroient d'a-
„ bord avorter leurs desseins, ruineroient
„ toutes les espérances de l'infortunée
„ Reine prisonnière, occasionneroient une
„ Déclaration de guerre de la part de
„ l'Angleterre contre l'Espagne, & pro-
„ cureroient aux Rebelles des Pays-Bas
„ la protection ouverte & déclarée de la
„ Reine ELISABETH : au lieu que s'ils
„ se trouvoient par eux-mêmes assez forts,
„ non-seulement pour faire tête aux trou-
„ pes qu'ELISABETH pourroit mettre
„ sur pied, mais encore pour tirer de pri-
„ son la Reine d'Ecosse, & fortifier leur
„ part d'un Chef de cette conséquence ;
„ alors le Roi pourroit lever le masque,
„ & ne se verroit plus dans aucune néces-
„ sité de garder des ménagemens & des
„ bienséances avec ELISABETH, &
„ qu'il pourroit alors leur envoyer ouver-
„ tement toutes les troupes qu'eux-mê-
„ mes croiroient nécessaires ; quoique ce-
„ pendant, vu la jalousie naturelle des
„ Anglois contre les Etrangers, ces trou-
„ pes ne devroient jamais aller au-delà
„ d'un

„ d'un tiers, ou même d'un quatt de ce
„ à quoi se monteroient celles qu'ils au-
„ roient levées dans le Pays, & qu'ils
„ auroient assemblées, & auxquelles on
„ joindroit celles que le Roi leur enver-
„ roit.

„ Que pour ce qui étoit de l'argent
„ Sa Majesté Catholique étoit toute prê-
„ te à fournir les sommes qui seroient
„ nécessaires pour cette entreprise ; qu'el-
„ le avoit même déja fait remettre cinq
„ cens mille piéces de huit, qui devoient
„ être données aux deux Comtes là-pre-
„ sens.

„ Que peu à peu cet argent seroit trans-
„ porté secrettement dans la maison du
„ Signor Brocardo, & que les Comtes
„ n'auroient qu'à le faire chercher de la
„ manière, & par qui ils jugeroient à pro-
„ pos, avec toutes les précautions qu'ils
„ prescriroient eux-mêmes.

„ Quelques plausibles que parussent ces
„ raisons, les deux Comtes s'en accom-
„ modérent pas tout-à-fait. Ils represen-
„ térent que des troupes nouvellement le-
„ vées ne seroient ni dressées disciplinées,
„ & par conséquent qu'elles ne pourroient
„ pas servir à grand chose, & qu'il fau-
„ droit pour le moins les mêler avec des
„ hommes déja formés & faits au service.

„ On leur répondit à cela, qu'ils avoient
„ dans le Nord de l'Angleterre quantité
„ de braves Officiers, qui avoient du ser-
„ vice & de l'expérience, qui pourroient
„ conduire leurs levées, & qu'on leur
„ join-

„ joindroit Don Bernardo qui étoit là-
„ préfent : outre qu'on ne pouvoit fans
„ injuftice révoquer en doute la capacité
„ du Marquis Vitelli. Que le Roi l'avoit
„ déja envoyé à l'avance, pour prendre
„ le commandement en chef des troupes
„ qui étoient prêtes à marcher à leur fe-
„ cours, à la premiére nouvelle qu'on au-
„ roit que les Anglois auroient commen-
„ cé à remuer.

„ Ces Seigneurs Anglois tinrent après
„ cela plufieurs conférences dans la mai-
„ fon de Signor Brocardo : mais ils eurent
„ beau faire & beau dire, ils ne purent
„ jamais perfuader les Efpagnols, ni les dé-
„ terminer à hazarder de débarquer aucu-
„ nes troupes.

„ A la fin le Comte de Weftmorland,
„ qui avoit un mécontentement perfon-
„ nel & particulier contre ELISABETH,
„ qui lui avoit ôté & affermé à d'autres
„ de riches mines de cuivre, qui ayant
„ été trouvées fur fes terres lui aparte-
„ noient de droit & felon les loix du Pays :
„ le Comte, dis-je, mécontent, fe laiffa
„ emporter à fon reffentiment, & entraî-
„ na le Comte de Northumberland dans
„ fes fentimens.

„ Ils partirent pour le Nord d'Angle-
„ terre, ils emmenérent avec eux Don
„ Bernardo, on y fit tranfporter l'argent
„ qu'on avoit reçu d'Efpagne. Ils arborè-
„ rent l'étendart de la révolte plûtôt qu'il
„ n'avoient été réfolu, & même avant
„ que d'avoir bien pris toutes les mefures

„ con-

,, convenables en pareille occasion. A la
,, vérité ils se trouvérent comme forcés
,, à l'alternative, ou d'abandonner pour
,, toujours leur dessein, ou de se déclarer
,, comme ils firent ; parce qu'ELISA-
,, BETH, qui avoit découvert leurs tra-
,, mes, les avoit mandés à la Cour ; &
,, avoit sur leurs excuses, réitéré ses or-
,, dres en des termes si précis & si forts,
,, qu'ils virent à n'en pas douter, qu'ils
,, avoient été trahis par quelqu'un, &
,, que la Reine sçavoit tout.

,, Les lettres & les autres papiers de
,, Don Bernardo, qui sont entre mes
,, mains, & dont j'ai extrait la plus gran-
,, de partie de ce qui a quelque raport à
,, sa vie, contiennent un détail très-am-
,, ple & des mieux circonstanciés des sui-
,, tes de cette révolte, qui fut si fatale aux
,, Chefs que j'ai déja nommé. Mais com-
,, me cette affaire n'a rien de commun
,, avec mon principal dessein, je la passe-
,, rai sous silence, & je me contenterai
,, de dire en passant, qu'ELISABETH
,, fit transférer la Reine d'Ecosse sa riva-
,, le dans une ville forte, devant laquelle les
,, rebelles n'étoient pas en état de mettre le
,, siége, d'autant qu'ils n'avoient tout au plus
,, que quatre mille hommes d'Infanterie,
,, & cinq ou six cens de Cavalerie, &
,, encore quelles troupes ; au lieu que la
,, Reine avoit au-delà de vingt mille hom-
,, mes de troupes réglées & bien discipli-
,, nées ; ensorte que les rebelles n'osant
,, leur faire face, se retirérent plus avant

,, vers

,, vers le Nord, où ils espéroient augmen-
,, ter considérablement leur nombre, mais
,, il étoit trop tard. Non-seulement per-
,, sonne ne se joignit à eux, mais au con-
,, traire le peu de troupes qu'ils avoient
,, se fondirent peu à peu, tant par la dé-
,, sertion, que parce que la plûpart se dis-
,, persérent, chacun songeant à sa propre
,, sureté.

,, Le Comte de Northumberland & Don
,, Bernardo se réfugièrent en Ecosse ; &
,, le Comte de Westmorland se retira en
,, Flandre, où le Roi lui accorda une le-
,, gére pension pour son entretien.

,, Lorsque Don Bernardo fut arrivé à
,, Edimbourg, il y trouva un Vaisseau
,, Ecossois, qui étoit justement en char-
,, ge pour Cadiz. Il y retint une place en
,, qualité de passager. Il fit ce qu'il put
,, pour persuader au Comte de Northum-
,, berland de lui tenir compagnie & de
,, passer en Espagne, mais il ne put le dé-
,, terminer ; le Comte se laissoit encore
,, bercer de quelques lueurs d'espérance
,, de venir à bout de son premier dessein,
,, sur des lettres par lesquelles un certain
,, Gentilhomme nommé Dacres le flattoit
,, d'un promt & puissant secours, qui se
,, réduisit à quelques hommes mal disci-
,, plinés, que ce Dacres fit paroître à la
,, vérité, mais qui furent bien-tôt disper-
,, sés. Bernardo voyant l'entêtement du
,, Comte, prit congé de lui & s'embar-
,, qua pour l'Espagne. Son voyage fut
,, heureux, & il ne fut pas plûtôt à Ca-
,, diz

„ diz qu'il se rendit en poste à la Cour.
„ Il se fit annoncer au Ministre, qui don-
„ na part de son arrivée au Roi. Sa Ma-
„ jesté lui donna d'abord une longue au-
„ dience, & écouta avec attention &
„ bonté le détail qu'il lui fit de cette af-
„ faire, & de tout ce qui avoit raport à
„ la révolte de ci-dessus.

„ Au reste le Roi ne parut point éton-
„ né ni fâché. Comme il étoit d'une cons-
„ tance extraordinaire, il dit seulement
„ après avoir tout entendu avec patience
„ & sans s'émouvoir, je n'eus pas grande
„ idée de cette entreprise dès que j'apris
„ que le Duc de Norfolck étoit en pri-
„ son.

„ Pour vous Bernardo, ajouta le Roi
„ vous pouvez me servir plus utilement
„ en restant ici, qu'en retournant en Flan-
„ dre joindre votre Régiment ; je vous
„ fais Major-Général.

„ Bernardo remercia Sa Majesté, & lui de-
„ manda en même-tems la permission d'al-
„ ler mettre ordre à quelques affaires do-
„ mestiques, en cas que le service exigeât
„ qu'il ne s'éloignât point, ajoutant qu'il
„ espéroit avoir tout réglé chez lui au bout
„ d'un mois.

„ Le Roi le lui permit, mais il lui en-
„ joignit en même-tems de revenir d'abord
„ au bout de ce terme.

„ Au sortir de chez le Roi, il se ren-
„ dit chez le Ministre, qui lui fit expédier
„ son Brevet de Major-Général. De-là,
„ pour profiter du congé que Sa Majesté
„ lui

,, lui avoit donné, il se rendit en diligen-
,, ce à Estella ; il y trouva les affaires de
,, mon pere si délabrées, que pour le sou-
,, lager il nous prit chez lui ma sœur &
,, moi, & nous confia aux soins d'une bon-
,, ne vieille Douegne, qui étoit déja char-
,, gée de l'éducation de son fils.

CHAPITRE XV.

Suite du précédent.

„ Bernardo mit ordre à ses affaires du
„ mieux qu'il put, & s'en retourna à
„ la Cour. A sa première audience le Roi
„ lui dit qu'il l'avoit destiné à accompa-
„ gner en Irlande Don Juan de Mendoza,
„ & que dans une dixaine de jours il rece-
„ vroit ses instructions ; qu'en attendant il
„ vit le Ministre, qui lui parleroit plus
„ amplement là-dessus.

„ Il reçut effectivement ses ordres & ses
„ instructions dans le tems que le Roi lui
„ avoit dit ; & tout étant prêt pour le dé-
„ part, ils se rendirent Don Juan & lui à
„ Cadiz, où ils s'embarquérent à bord
„ d'une Frégate légere. Ils eurent le vent
„ favorable, le trajet fut court, leur voya-
„ ge se passa agréablement, & ils arrivé-
„ rent heureusement & en peu de jours sur
„ les côtes d'Irlande.

„ Don Bernardo couvrit les motifs de
„ ce voyage en Irlande du prétexte de voir
„ les parens de sa défunte femme, de se
„ mettre au fait des affaires de sa famille,
„ & de former ses prétentions sur la part
„ qui devoit venir à son fils pour les droits
„ de sa mere.

„ Don Juan se donna pour un ami de
„ Don Bernardo, & publia qu'il étoit ve-
„ nu pour faire compagnie à son ami, &
que

» que son voyage n'avoit d'autre motif
» que celui de voir un Royaume dont on
» dit que les anciens habitans étoient une
» colonie de Peuples originaires d'Espagne.

» Mais le vrai motif de leur voyage étoit
» un ordre secret de la Cour, de bien exa-
» miner la situation de ce Royaume, &
» la disposition des esprits parmi la Noblef-
» se Irlandoise; à combien se monteroient
» bien les forces que les Catholiques-Ro-
» mains pourroient mettre sur pié; quels
» seroient les ports de mer dont on pour-
» roit s'assurer plus aisément, & où l'on
» pourroit débarquer plus commodément
» les armes & les munitions dont leur fré-
» gate étoit chargée, pour ensuite les dis-
» tribuer en cachette parmi les anciennes
» familles du Pays.

» Le Roi voyant l'opiniâtreté des Fla-
» mans, sur qui les rigueurs & la sévérité
» du Duc d'Albe produisoient un effet tout
» oposé à ce qu'il en attendoit, comprit
» qu'il falloit qu'ils fussent assistés & ani-
» més sous main par la Reine ELISABETH.
» Là-dessus Sa Majesté se détermina à tout
» événement, en cas que cette Princesse
» vint à épouser ouvertement les intérêts
» des Flamans rebelles, & à tout préparer
» pour être en état de lui tailler de la be-
» sogne dans son propre Royaume.

» Don Bernardo & Don Juan furent très-
» bien reçus, on leur fit le meilleur accueil
» du monde. Don Bernardo sur-tout fut
» accablé de politesse de la part des pa-
» rens de sa femme.

» Ils trouvérent toutes les facilités qu'ils
» purent

» purent souhaiter pour débarquer leurs ar-
» mes & autres munitions, ils les distri-
» buérent en différentes maisons, sur-tout
» parmi les parens de Bernardo, & ils de-
» meurérent dans ce Pays jusqu'au mois
» de Janvier de mil cinq cens soixante & dix.
» Ils attendirent cette saison, & ils aimérent
» mieux s'en retourner en hiver afin d'évi-
» ter l'Escadre du Comte de la Marck,
» qui étoit forte de vingt-quatre Vaisseaux
» de guerre, & qui avoit déja fait bien
» du mal aux Espagnols. Leur commission
» étant exécutée, ils s'embarquérent pour
» retourner en Espagne. Leur voyage ne
» fut pas tout-à-fait si agréable qu'il l'avoit
» été en allant, à cause de la rigueur de la
» saison ; mais du moins il fut heureux,
» & il ne leur arriva aucun accident. Ils
» ne s'arrêtérent point à Cadiz, ils prirent
» la poste, & se rendirent en diligence à
» la Cour. Ils rendirent au Roi un comp-
« te exact de tout ce qu'ils avoient fait,
» découvert ou remarqué, & Sa Majesté
» parut très-satisfaite de la maniére dont
» ils s'étoient acquités d'une commission
» aussi délicate que celle dont ils avoient
» été chargés.

« Le Roi eut la bonté de dire à Don
» Bernardo, qu'il n'oublioit point ses ser-
» vices passés, & que son intention étoit
» de l'en récompenser d'une maniére pro-
» portionnée à ses mérites ; qu'en atten-
» dant il pouvoit aller, s'il le vouloit, se
» reposer de ses fatigues pour quelques
» mois, & qu'on se souviendroit de lui.

» Cette annnée fut remarquable par la
» Ligue

» Ligue entre le Pape, le Roi d'Espagne,
» & les Vénitiens contre les Turcs, qui
» avoient enlevé à ces derniers l'Isle de
» Cypre; par la fameuse victoire de Lé-
» pante, que les Chrétiens remportèrent
» sur les Infidèles; & par la bravoure &
» la sage conduite de DON JUAN D'AU-
» TRICHE, frere naturel du Roi, qui
» avoit le commandement en chef des Ar-
» mées de la Ligue.

» A peine Don Bernardo avoit-il été un
» mois chez lui, qu'il fut rapellé à la Cour à
» la prière de ce Prince, qui en faisoit
» grand cas, & qui le demanda au Roi
» pour cette expédition dans les termes les
» plus obligeans & les plus flâteurs.

» Il se mit en chemin en Avril. A son
» arrivée à la Cour, il alla d'abord rendre
» ses respects au Prince, qui le présenta
» au Roi. Sa Majesté le gracieusa beaucoup,
» l'éleva au rang de Lieutenant-Général,
» lui fit un présent de deux mille pistoles
» pour former ses équipages; & lui pro-
» mit en outre qu'au retour de l'expédi-
» tion où on l'envoyoit, il seroit payé de
» tous les arrérages qui lui étoient dûs, tant
» pour ses apointemens, que pour les avan-
» ces de l'habillement de son Régiment.

» Tout se trouvant disposé pour le dé-
» part de la Flotte, le rendez-vous géné-
» ral fut assigné au Fare de Messine, d'où
» l'on fit voile ensuite le dixième Septem-
» bre, pour aller contre la Flotte des Turcs.

» Cette fameuse bataille a fait tant de
» bruit, que je me dispenserai de répéter
» tout ce qu'en dit Don Bernardo dans ses
» Mé-

» Mémoires; je me contenterai d'en rapor-
» ter seulement les circonstances qui ont
» quelque raport particulier à ce qui le re-
» garde personnellement.
 » Il avoit sous ses ordres, avec deux Ma-
» jors-Généraux, le commandement de
» six grandes galéasses, sur lesquelles il
» avoit soixante piéces de canon, & dans
» chacune quatre cens hommes choisis, qui
» formoient ce qu'on apelleroit les Enfans
» perdus de l'armée. Dans le commence-
» ment de la bataille, les Infidèles eurent
» l'avantage du vent, qui portoit toute la
» fumée de leur Flotte contre les Chrétiens.
» Cet avantage dura peu, le vent cessa,
» & Don Bernardo profitant du calme, fit
» d'abord remorquer ses vaisseaux par quel-
» ques galéres; & à la faveur de cette ma-
» nœuvre il avança sur l'ennemi, & com-
» mença à le mettre en desordre. Son exem-
» ple fraya au reste de l'Armée le chemin à la
» victoire, qui fut une des plus signalées qui
« se soient jamais remportées sur mer après
» celle d'Actium, qui est à quelques milles de
» Lépante. Une action aussi éclatante que
» celle-là, lui attira après la bataille les louan-
» ges & les remercimens de tous les Géné-
» raux; outre que Don JUAN D'AUTRICHE,
» qui étoit un Prince des plus magnani-
» mes, eut une attention particuliére d'in-
« former la Cour que c'étoit principale-
» ment à la bravoure & à la prudence de
» Don Bernardo que le Monde Chrétien
» étoit redevable de cette victoire, qui avoit
» coûté aux Turcs deux cens galéres, tren-
» te mille morts, cinq mille prisonniers,

P   » &

» & qui avoit procuré la liberté à vingt
» mille Chrétiens qui gémissoient dans l'ef-
» clavage. Ce fut le septiéme Octobre que
» se passa cette glorieuse action, qui com-
» mença dès les cinq heures du matin, &
» ne finit qu'avec le jour.

» Don Bernardo reçut au ventre une
» blessure si dangereuse d'un éclat de bois,
» qu'on crut qu'il n'en pourroit réchaper,
» & qu'on désespera entiérement de sa vie.

» Don JUAN avoit déja pour lui une
» estime des plus particuliéres, qui s'accrût
» encore beaucoup par le service qu'il ve-
» noit de rendre à la Chrétienté. Ce Prin-
» ce alla d'abord lui rendre visite, & fit
» venir ses propres Chirurgiens pour le
» panser. Dès qu'ils le virent, ils en au-
» gurérent d'abord très-mal, ils épuisérent
» auprès de lui toute leur science ; enfin
» ils firent si bien qu'à force de soins, ils le
» tirérent d'affaire ; mais il se passa pour-
» tant plus de six semaines avant qu'il fût
» hors de danger, & il fut près de neuf
» mois avant que d'être en état de sortir.

» A son retour à la Cour, le Roi le re-
» çut avec toute la bienveillance imagina-
» ble. Sa Majesté lui fit l'accueil du mon-
» de le plus gracieux, & eut même la bon-
» té de lui dire que le Généralissime lui
» avoit rendu justice, dans le détail qu'il
» avoit envoyé de la bataille.

» Après de tels éloges de la part d'un
» Monarque qui n'en étoit pas prodigue,
» & qui ne les donnoit pas à faux, les Cour-
» tisans lui prodiguérent leur encens, mon-
» noye commune dans les Cours. Il reçut

» leurs

» leurs complimens avec une extrême mo-
» destie, & il songea ensuite à ses affaires,
» & sollicita le payement de ce qui lui étoit
» dû d'arrérages de ses apointemens, & des
» avances pour l'habillement dont on a
» parlé ci-devant. Il représenta dans son
» mémorial, qu'il avoit été obligé d'en-
» gager ses terres pour attendre son paye-
» ment, & pour que le service du Roi
» n'en fut pas retardé.

» Les aplaudissemens furent prodigués
» pour un zèle si desintéressé, & on lui
» promit de travailler incessamment à régler
» & à payer ses comptes. Sur de telles pro-
» messes il se rendoit assidument trois ou
» quatre fois par semaine au Bureau de la
» Guerre, & régulièrement il en tiroit des
» louanges & des promesses, mais rien de
» plus.

» A la fin, lassé de courir & de se voir
» amusé, il présenta un mémoire au Roi;
» & comme le Ministre de la Guerre sur-
» vint, le Roi lui parla en termes très
» forts. Le Ministre s'excusa sur la quan-
» tité d'affaires essentielles au service de Sa
» Majesté, & qui ne souffroient point de
» délai ; & ajouta que ce n'avoit été que
» parce qu'on ne pouvoit faire autrement,
» qu'on avoit seulement différé de quelques
» jours ce payement ; ajoutant qu'un Offi-
» cier comme Don Bernardo ne pouvoit
» ignorer l'état des affaires de la Guerre,
» qu'il auroit dû faire attention & y avoit
» égard, & se dispenser de venir impor-
» tuner Sa Majesté pour de telles bagatelles.

» Don Bernardo répondit, & il ne put
» s'em-

» s'empêcher de le faire avec quelque es-
» péce d'émotion, que de voir tout son
» bien enlevé par des créanciers, & son
» fils réduit à la misère pour avoir servi
« son Roi avec un zèle à toute épreuve,
» n'étoi pas pour lui une si petite bagatelle.

» Sa vivacité le porta plus loin qu'il ne
» convenoit à un sujet en présence de son
» Souverain. Le Roi dit au Ministre d'un
» grand sang froid, mais d'un ton sec : Qu'on
» le paye d'abord & même sans examiner
» comptes, & qu'à l'avenir je ne reçoive
» plus de tels reproches : puis tournant le
» dos il passa dans son cabinet, où il se
« fit suivre par le Ministre.

» Le lendemain Don JUAN D'AUTRI-
» CHE fit apeller Don Bernardo, & lui
» dit que Sa Majesté avoit été très-piquée
» de ce qu'il avoit parlé en sa présence avec
» tant de liberté, & qu'il avoit eu bien de la
» peine à adoucir le Roi, & empêcher que
» Bernardo ne fut remercié sur le champ de
» ses services.

Don Bernardo rendit compte à Son Altes-
» se de tout ce qui s'étoit passé, & de tous les
» refus qu'il avoit essuyés au Bureau de la
» Guerre, & lui conta la pauvre défaite dont
» le Ministre s'étoit servi en présence du Roi.

» De-là il fit au Prince un détail de tous
» ses services, de son esclavage, de sa ran-
» çon pour laquelle il avoit été obligé d'en-
» gager plus de la moitié de son bien ; des
» avances considérables qu'il avoit encore
» faites depuis cela, & qui l'avoient for-
» cé à engager le reste de ses terres. Il lui
» dit ensuite que toute la gratification qu'il
» eut

„ eut jamais obtenue, étoit un préfent de
„ deux mille piftoles, un Régiment qui
„ avoit achevé de le ruïner, & un vain ti-
„ tre de Lieutenant-Général ; qu'enfin il
„ étoit encore à recevoir le premier réal
„ de fes apointemens.

„ Il fuplia le Prince de vouloir bien re-
„ préfenter à Sa Majefté la déplorable fi-
„ tuation où il étoit réduit, perfuadé qu'un
„ Prince auffi fage & auffi éclairé trouve-
„ roit aifément le moyen de diminuer fa
„ faute, d'adoucir Sa Majefté, & d'en
„ obtenir le pardon qu'il demandoit avec
„ toute l'humilité poffible.

„ Don JUAN ne fit que hauffer les épau-
„ les : il lui dit que fa fituation étoit à plain-
„ dre, & que fon cas étoit épineux : il lui
„ promit cependant qu'il auroit la bonté
„ d'en parler à Sa Majefté, & qu'il ne né-
„ gligeroit rien pour lui rendre fervice.

„ Don Bernardo piqué, & avec raifon,
„ contre le Miniftre de la Guerre, ne vou-
„ lut plus avoir affaire avec lui, & ceffa
„ d'aller au Bureau. Il fe contenta d'atten-
„ dre le fuccès des repréfentations que le
„ Prince Don JUAN lui avoit promis de
„ faire au Roi en fa faveur.

„ Quelques huit jours après, Don JUAN
„ l'envoya chercher & lui dit que fur les
„ repréfentations qu'il avoit faites au Roi
„ touchant fon affaire, Sa Majefté avoit
„ eu la bonté de lui marquer beaucoup
„ de fenfibilité fur ce qu'il avoit fouffert, &
„ de ce que les Miniftres ne lui avoient pas
„ d'abord rendu juftice, felon les maximes
„ inviolables de Sa Majefté, qui étoient

„ de

,, de sçavoir distinguer les personnes de
,, mérite.

,, Que le Roi avoit donné de nouveaux
,, ordres pour qu'il fût payé en entier du
,, premier argent qu'il toucheroit pour le
,, payement des troupes. Le Prince lui
,, remit en même-tems cet ordre, en lui
,, disant de le porter lui-même au Minis-
,, tre, qui ne sçauroit trouver du prétexte
,, pour l'éluder, puisqu'il étoit signé du
,, Roi ; mais comme je sçai, ajouta le gé-
,, néreux Prince, en quel état est à présent
,, la Caisse, & que la situation de vos af-
,, faires ne vous permet pas d'attendre jus-
,, qu'à ce que les fonds soient rentrés, trou-
,, vez bon que je vous prête cette Lettre
,, de change sur le Banquier Pérez. Don
,, Bernardo, qui avoit l'ame extrêmement
,, haute, tâcha de s'excuser ; mais le Prin-
,, ce l'obligea, comme par force, à ac-
,, cepter la Lettre de change, qu'il ne put
,, refuser.

,, Regardez-moi, lui dit ce grand Prin-
,, ce, comme votre ami ; comptez que vous
,, m'obligerez toujours, en me mettant à
,, même de vous être bon à quelque chose
,, & en ne m'épargnant en quoi que ce
,, soit où je pourrai vous servir : en mê-
,, me tems il lui remit la Lettre de chan-
,, ge, qui étoit de mille pistoles.

,, Malgré sa répugnance, Don Bernardo
,, s'en fut avec l'ordre du Roi auprès du
,, Ministre de la Guerre. Il en eut pour
,, toute réponse, qu'il étoit bien plus aisé
,, à Sa Majesté d'ordonner des payemens,
,, que de trouver l'argent pour les faire ;

,, que

,, que pour le présent il n'y en avoit poir
,, dans la Caisse ; & que le plus pressé, dès
,, qu'il y en auroit, étoit la paye & l'ha-
,, billement des troupes, qui manquoient
,, de tout dans les Pays-Bas ; & qu'enfin
,, il falloit qu'il eût patience jusqu'à ce qu'il
,, eût de l'argent de reste.

,, En un mot, Don Bernardo n'éprouva
,, que trop pour son malheur, que le Roi
,, même n'avoit pas grand crédit auprès du
,, Ministre, & qu'on ne faisoit pas grand
,, cas de ses ordres.

,, Alors il ne sçut plus quel parti pren-
,, dre, il alla rendre compte de tout à
,, Don JUAN. Son Altesse lui conseilla de
,, ne plus importuner le Roi ; mais que le
,, Duc d'Albe avoit imposé dans le Pays-
,, Bas une Taxe du dixiéme sur toutes sor-
,, tes de marchandises, qu'un tel impôt
,, devoit fournir des sommes considérables,
,, que de gré ou de force les Flamans se-
,, roient obligés de payer, & qu'il en
,, écriroit au Duc pour qu'il le payât sur
,, cette Taxe : qu'ainsi il lui conseilloit en
,, ami de se rendre au plûtôt en Flandre,
,, où se trouvoit encore son Régiment, &
,, de profiter de l'occasion qui se présen-
,, toit d'accompagner le Duc de Médina
,, Céli, qui avoit eu ordre de s'y rendre,
,, sur les nouvelles qu'on avoit reçues que
,, le Comte de la Marck s'étoit emparé de
,, la Brille dans les Pays-Bas.

,, Comme le Duc de Médina-Céli étoit
,, prêt à s'aller embarquer, Don Bernardo,
,, à la recommandation du Prince d'AUTRI-
,, CHE, fut admis à une audience du Roi,
,, pour

,, pour prendre congé de Sa Majesté, qui
,, lui fit un accueil des plus gracieux, &
,, les plus belles promesses du monde.

,, Il s'embarqua encore à bord de la Flot-
,, te pour les Pays-Bas en compagnie du
,, Duc de Médina Céli, qui de son côté
,, fut charmé d'avoir avec lui un Officier
,, d'un mérite aussi distingué & aussi gé-
,, néralement reconnu, que Don Bernar-
,, do : c'étoit en mille cinq cens soixante
,, & douze.

,, Jusqu'ici j'ai suivi ce que j'ai trouvé
,, de la vie de Don Bernardo dans ses pro-
,, pres papiers, où je dois lui rendre la
,, justice, d'avouer qu'il parle toujours de
,, lui-même avec une extrême modestie.
,, Tout ce que j'ai là-dessus, tant de ce
,, qui est écrit de sa main, que d'autres,
,, m'a été remis par son Chapelain, de qui
,, j'ai sçu que dans la route ils rencontrérent
,, la Flotte des Alliés & l'attaquérent; qu'ils
,, perdirent la bataille, & furent entiére-
,, ment défaits; que les ennemis prirent
,, plusieurs de nos vaisseaux, du nombre
,, desquels se trouva celui où étoit Don
,, Bernardo, qui y fut dangereusement bles-
,, sé, & qui mourut de ses blessures deux
,, jours après la bataille.

,, J'ai sçu outre cela du Chapelain, qu'il
,, fut échangé au bout de quelques mois :
,, qu'à son retour à Estella il trouva que
,, les créanciers s'étoient mis en possession
,, des biens de Don Bernardo, & qu'ils
,, nous en avoient mis dehors, le fils de
,, Don Bernardo, ma sœur & moi, & que
,, quelques personnes charitables avoient

,, trou-

„ trouvé moyen de nous faire recevoir en
„ différentes Maisons des Orphelins.

„ Ainsi nous fûmes envoyés ma sœur &
„ moi à l'Hôpital de Ségura, qui étoit le
„ lieu de leur naissance, & le fils de Don
„ Bernardo fut reçu dans celui d'Estella,
„ sans que qui que ce fut de leur parenté
„ songeât le moins du monde à leur don-
„ ner du secours.

„ Après avoir ainsi parcouru la vie de
„ mon oncle Don Bernardo, issu du second
„ fils du Comte de Ximenés, je vai à pré-
„ sent vous dire quelque chose de celle de
„ mon pere.

„ L'esprit de Don Sanche étoit d'une
„ toute autre espéce; il étoit entiérement
„ livré à l'étude; mais quelle? pour son
„ malheur & pour le nôtre, c'étoit juste-
„ ment celle qu'on apelle la Philosophie
„ & la Médecine universelle, la Poudre
„ de Projection, le Grand-Oeuvre : & si
„ réduire l'or à rien est un signe certain
„ que le Philosophe est dans la bonne rou-
„ te, il est constant que mon pere étoit
„ dans la droite voye si jamais on y fut,
„ car les creusets, les fournaux, & les
„ expériences chymiques, eurent bientôt
„ englouti tout son or & son argent, &
„ peu à peu transmuant en fumée une piéce
„ de terre, & de-là une autre, il réduisit
„ à un grandissime rien tout ce qu'il avoit
„ au monde dont il pût disposer.

„ Le Trévisan, Zacharie, Ghéber, Zé-
„ non, le petit Paysan, le Cosmopolite
„ Raymond Lulle, & que sçai-je combien,
„ d'autres Sages de cette espéce! l'occu-
„ poient

„ foient jour & nuit. Ce n'étoit pas en-
„ core aſſez pour lui de ſe ruïner, de diſ-
„ ſiper tout ſon bien, il y ruïna encore ſa.
„ ſanté : s'il n'étoit pas mon pere, je dirois
„ preſque qu'à force de ſouffler, il s'étoit
„ enfin brûlé la cervelle ; tandis qu'il ſe
„ croyoit lui-même l'homme du monde le
„ plus heureux, à la veille de trouver la
„ Pierre Philoſophale, cette précieuſe Pier-
„ re qui devoit lui fournir plus de treſors
„ que n'en ont les Mines du Pérou, cette
„ Médecine Univerſelle, qui devoit pro-
„ longer le cours de ſa vie au-delà de celui
„ qu'on nous raconte que vivent le Cerf
„ & le Corbeau, & qui pour comble de
„ félicité & ſelon ſes folles eſpérances le
„ devoit maintenir durant cette longue vie
„ dans une parfaite ſanté, & exemt de
„ toutes les infirmités qui accablent le reſ-
„ te du Genre-humain.

„ A la vérité un certain Gentilhomme
„ Allemand qui travailloit & ſoufloit avec
„ mon pere, avoit bien trouvé le véritable
„ ſecret de faire de l'Or, en auſſi peu de
„ tems que mon pere faiſoit de la fumée,
„ car dès qu'il vit que le bon-homme n'avoit
„ plus rien, il ſe retira avec bien de l'or à
„ ce qu'on m'a aſſuré, ſans qu'aucun des
„ amis de mon pere eût aſſez d'aſcendant
„ ſur ſon eſprit pour lui faire comprendre
„ que ce Charlatan le trompoit.

„ Le bon homme ne pouvoit pas ſouf-
„ frir que qui que ce fût lachât la moin-
„ dre parole qui tendît ſeulement à le dé-
„ ſabuſer de l'idée qu'il s'étoit formée de
„ ſon Philoſophe, qui ſelon lui étoit non
„ ſeu-

„ seulement le plus habile mais encore le
„ plus honnête-homme du monde.

„ Ma mere, & le reste de la parenté qui
„ le voyoient prêt à être ruiné, firent
„ envain tous leurs efforts pour prévenir
„ une si dure extrémité.

„ Hélas ! la pauvre Dame n'avoit que
„ trop bien deviné ce qui arriveroit ; mais
„ par bonheur pour elle, la mort l'enleva
„ avant que Don Sanche nous eût entié-
„ rement rendus misérables. *Les dissolvans,*
„ *la révivification, la coalition, la putrefac-*
„ *tion, le changement des corps en esprits &*
„ *des esprits en corps, les subtifations, sublima-*
„ *tions, spiritualisations, oléaginités, incombus-*
„ *tibilités*, & que sçai-je combien d'autres
„ termes de l'Art ! qui lui avoient couté
„ un tems infini & un argent immense,
„ & qui étoient le seul langage, ou plû-
„ tôt l'unique barragoin qu'on entendoit
„ dans la maison, & les frais excessifs de
„ différens procès, conduisirent le pauvre
„ Philosophe dans une affreuse prison, à
„ la poursuite d'impitoyables créanciers qui,
„ peut-être n'avoient que trop abusé de sa
„ foiblesse & de son indolence. Tout ce
„ qui lui restoit de biens ne suffisant pas
„ pour payer la moitié de ses dettes, il
„ mourut insolvable, & nous laissa ma
„ sœur & moi entre les bras charitables de
„ Don Bernardo ; & à la mort de celui-ci
„ nous fûmes portés à l'Hôpital des Orphe-
„ lins de Ségura, où nous fûmes reçus sous
„ le nom de Pérez.

„ Le Chapelain de Don Bernardo étant
„ venu faire un tour à Ségura une couple

» d'années après tous ces malheurs, il re-
» mit au Curé de cette ville tous les pa-
» piers dont j'ai tiré les éclaircissemens, &
» les preuves de ce que je viens de dire.

» Le Curé me vit un jour chez un des
» Administrateurs de l'Hôpital, à qui il
» étoit venu faire visite ; ma physionomie
» lui revint. Il me demanda au Directeur,
» qui fut charmé de se débarrasser du soin
» & des frais de mon entretien ; il me prit
» chez lui, & depuis eut un soin tout
» particulier de mon éducation & de mes
« études

» D'abord que je fus en âge, je pris les
» Ordres, je reçus le Sous-Diaconat, le
« Diaconat, & je fus ensuite ordonné Prê-
» tre ; & dès que ma sœur fut en état de
« gagner sa vie, on la mit en service.

» Après que le Chanoine Pérez eut fait
« tout ce détail, il finit en disant, qu'outre
» ce qu'il avoit tiré des papiers & titres
» dont on a parlé ci-dessus, qui lui avoient
» été remis par le Curé, il avoit encore
» apris bien des choses de différentes per-
» sonnes d'âge à Ségura & à Estella.

CHAPITRE XVI.

Don Sanche délivre le Comte de Leyva d'un grand danger.

A Peine mon pere eut-il fini sa narration, que Don Pédro de Patillos arriva avec son épouse.

Les deux Avocats, en s'en retournant à Valence, avoient passé chez lui pour lui rendre visite. Comme on n'avoit point exigé d'eux de garder le secret sur la découverte qu'on venoit de faire touchant notre famille, ils s'étoient fait un plaisir de l'en instruire, & il venoit pour nous en faire compliment; & j'ose bien assurer que la part qu'il prenoit à cette bonne nouvelle étoit des plus sincéres, car il étoit fort de nos amis, & ma mere étoit alliée de fort près à sa famille.

Pendant le souper, Don Pédro proposa une partie de chasse de sanglier pour le lendemain dans la forêt de mon Patron. Mais mon pere repliqua qu'il seroit mieux que les Dames fussent de la partie, & que pour les mettre à l'abri de tout danger on fît préparer un poste, d'où sans courir aucun risque elles pussent avoir le plaisir de la chasse, & que pour cela il seroit plus à propos de remettre la partie à un autre jour.

Tout

Tout le monde fut de son avis, & la Comtesse d'Albano en particulier le remercia de son attention pour les Dames, ajoutant que pour elle elle seroit charmée de pouvoir s'y trouver.

Le lendemain matin toute la compagnie monta à cheval, les Dames même furent de la partie vêtues en Amazonnes, & nous allâmes faire un tour dans la forêt. Don Alphonse avoit donné ses ordres pour y faire trouver quelques charpentiers avec ceux de ses fermiers, & autres paysans de sa terre qui s'entendoient à cette chasse; ses propres chasseurs étoient avec nous. On chercha le lieu qui seroit le plus commode pour les Dames, & l'on ordonna d'abord qu'on le disposât de façon qu'elles pussent voir la chasse sans crainte & sans aucun risque. Ce fut-là ce qui nous occupa toute la matinée.

On vit commencer l'ouvrage, on laissa travailler les charpentiers, & nous revînmes dîner. Comme il faisoit beau nous sortîmes Don Pédro, mon frere & moi, après avoir pris le caffé, & nous allâmes nous divertir à pêcher. Le reste de la compagnie s'amusa: les uns jouérent aux Echets, les autres aux Cartes, enfin chacun chercha à ne pas s'ennuyer jusqu'à l'heure du souper.

Le jour commençoit à peine à paroître le lendemain, que je fus éveillé par le son des cors qui nous apelloient à la forêt. Tout le monde fut bientôt prêt. Les piqueurs prirent les devants, & les Dames se placérent dans l'endroit qui leur étoit des-

destiné. Il n'y avoit que peu de tems qu'elles y étoient, lorsqu'on fit passer devant elles un sanglier d'une grosseur extraordinaire. Les chasseurs & les piqueurs sçurent si bien le détourner, qu'il passa plusieurs fois devant les Dames.

C'étoit la premiére fois que je me trouvois à cette sorte de chasse. Je fus tellement animé par les cris des chasseurs, la voix des chiens, le son des cors de chasse répétés par différens échocs, que je ne croyois pas qu'on pût trouver de plaisir au dessus de celui-là.

J'avois auprès de moi un vieux chasseur, à qui on avoit ordonné de me servir de conducteur & de ne pas me quitter. Il m'impatientoit extrêmement, en me retenant fort souvent, & en m'empêchant de courir où j'aurois voulu; parce que comme je ne connoissois point cette chasse, je ne croyois pas qu'il y eut aucun danger.

J'étois d'autant plus piqué que je voyois aller mon frere dans les mêmes endroits où mon guide ne vouloit pas que j'allasse & je ne pus m'empêcher de lui en demander la raison. Il me disoit qu'il n'y avoit que très-peu de danger pour mon frere où il y en auroit beaucoup pour moi ; qu'à la vérité il n'étoit encore qu'un jeune homme, mais qu'on pouvoit le regarder comme un vieux & rusé chasseur, & des plus expérimentés.

Nous eûmes pendant deux bonnes heures tout le plaisir de la chasse, que nous courûmes grand risque de voir finir d'une maniére des plus tragiques.

On

On dit que le naturel du sanglier est de fuir ceux qui le poursuivent tant qu'il en a la force, ou qu'il n'en est pas empêché ; mais que dès qu'il voit qu'il ne peut plus échaper, il se met en défense, il s'accroupit contre quelque tronc d'arbre, afin de ne pouvoir être attaqué par derriére ; il devient furieux & souvent tue quantité de chiens, & pour l'ordinaire les meilleurs comme les premiers à l'attaque. Tant qu'il court il ne se détourne point pour attaquer ni les chasseurs ni les chiens, s'il n'est pas blessé ; mais s'il l'est, il se jette avec fureur sur celui par qui il l'a été.

Don Alphonse, qui entendoit parfaitement cette chasse, & qui à voir courir la bête connut qu'elle ne pouvoit aller loin, craignit pour ses chiens : il courut au galop sur le sanglier, & lui poussa sa lance dans l'épaule droite au moment qu'il passoit devant les Dames : mais ayant poussé la lance avec trop de force, il tomba la tête la première en glissant le long du col son cheval. Le sanglier furieux alloit se ruer sur lui, & l'auroit infailliblement déchiré si mon frere qui suivoit le Comte, n'eut percé la bête d'un coup de javelot, & ne l'eut comme clouée à la terre, au moment qu'elle étoit à peine à deux piés du Comte, & qu'elle alloit sauter sur lui. Les Dames à ce spectacle furent saisies d'horreur, & jettérent les hauts cris, la Comtesse de Leyva s'évanouit & perdit toute connoissance.

D'abord mon frere courut au ruisseau qui étoit tout proche, il aporta de l'eau dans son chapeau, & lui en jetta au visage pour la faire revenir. Le Comte qui n'étoit point blessé vint aussi au secours de sa femme, il la prit entre ses bras, & lui parla. La voix du Comte, & le plaisir de voir qu'il n'avoit aucun mal, contribuérent le plus à la faire revenir à elle; mais elle fut deux ou trois jours avant de pouvoir se remettre entiérement, tant la peur l'avoit saisie.

Dès que la Comtesse eut repris ses sens, mon frere tira son couteau de chasse & trancha la hure de l'animal, puis sonnant la mort de la bête, le son de son cors apella les autres chasseurs qui étoient plus éloignés.

A ce son, celui qui me conduisoit me dit que la bête étoit morte : nous courûmes au champ de bataille, & nous arrivâmes justement comme mon frere montoit vers les Dames, tenant au bout de sa lance cette hure qui me parut terrible.

Il s'adressa à la Comtesse de Leyva à peu près en ces termes. Permettez Madame que je mette à vos piés cette tête d'un ennemi qui vous a fait tant de peur, & il mit effectivement la hure à ses piés. La Comtesse lui sauta au col, & l'embrassant tendrement : Que ne vous dois-je pas mon cher Sanche ? lui dit-elle : Non, tout ce que je possede au monde, ma vie même, seroit trop peu de chose pour m'acquiter auprès de vous. Et moi Madame, reprit mon frere, quelles graces ne dois-je pas rendre à la Providence, de m'avoir mis en état de vous être bon à quelque chose, & de rendre ce service à mon généreux

Pa-

Patron ! Don Alphonse l'embrassa à son tour, l'apellant son libérateur.

Dès que nous fûmes instruits de ce qui s'étoit passé, nous félicitâmes unanimement le Comte de Leyva & mon frere ; celui-là d'avoir échapé un tel danger, & celui-ci de l'en avoir délivré.

Comme Madame de Leyva se trouvoit encore mal, nous retournâmes tous au château. Mon frere reçut avec une extrême modestie les complimens qu'on lui fit sur le service qu'il avoit rendu à Don Alphonse ; mais il me dit en particulier, que de ses jours il n'avoit goûté de joye si parfaite, que celle qu'il avoit sentie en sauvant notre cher Patron d'un danger auquel il auroit sûrement succombé, s'il ne l'eut secouru à tems.

On proposa à la Comtesse de Leyva de se mettre au lit, l'assurant qu'un peu de repos pourroit lui faire du bien. Elle s'en défendit par politesse, pour ne pas quitter la compagnie. Là-dessus les autres Dames dirent qu'elles avoient aussi besoin de repos, tant par la fatigue & la frayeur, que parce qu'elles s'étoient levées trop matin ; que si Madame de Leyva vouloit bien prendre un peu de repos, elles suivroient toutes son exemple, & se contenteroient d'une tasse de chocolat jusqu'au soir, qu'elles n'en souperoient que mieux.

Don Pédro passa quatre jours à Leyva avec nous. Avant de s'en retourner il invita toute la compagnie à aller passer une partie de l'Eté à sa terre ; mais sur ce qu'on lui representa que nous devions aller

à

Madrid pour des affaires, & que le jour de notre départ étoit déja fixé, il exigea que les Dames y allassent avec mon oncle & Don Scipion après notre départ, & y attendissent notre retour. Il les pressa si fort, qu'elles ne purent le refuser. Peu de jours après tout étant réglé & disposé pour le voyage, nous nous mîmes en chemin pour Madrid.

CHAPITRE XVII.

Arrivée de Don Alphonse à Madrid.

NOtre voyage se passa sans qu'il nous arrivât rien de remarquable, ni aucun accident. En arrivant nous allâmes loger dans un hôtel qui nous avoit été préparé par un domestique de Don Alphonse, que ce Seigneur avoit envoyé d'avance, afin que tout fût prêt pour nous loger commodément.

Nous restâmes trois jours au logis sans sortir, tant pour nous reposer, que pour nous arranger, & régler notre maison. Pendant ce tems-là mon pere fit venir les plus habiles Avocats, pour sçavoir comment il devroit s'y prendre pour se faire reconnoître dans les formes pour Comte de Ximenés.

Ils furent tous unanimement d'avis qu'il présentât à Sa Majesté une requête, dans laquelle il exposeroit ses titres, & la suplieroit de l'admettre au rang de Titulado, auquel il pouvoit prétendre par le droit de sa naissance.

Cette requête une fois presentée, dirent-ils, Sa Majesté la fera communiquer à l'Avocat-Général ; celui-ci consultera là-dessus avec les Conseillers du Roi, & avec les Généalogistes ; ils examineront ensemble toutes les preuves qui leur seront fournies;

nies; après cela ils en feront leur raport au Roi; & si Sa Majesté le trouve en votre faveur, elle renverra le tout à las Cortès, avec ordre de vous reconnoître en qualité de Titulado, & de vous accorder le même rang qu'ont occupé vos ancêtres.

Enfin, pour ne pas ennuyer plus longtems le lecteur du détail de cette affaire, je dirai en peu de mots, que mon pere s'adressa au Roi, qu'il fut introduit par le Duc d'Ossune à la recommandation de Don Alphonse, & qu'il présenta sa requête à Sa Majesté.

Le reste de la procédure se passa, comme les Avocats l'avoient déjà annoncé. Deux mois s'écoulérent avant qu'on eût mis au net toutes les preuves, & examiné les différens titres qui étoient dans les Archives. Ensuite le raport se fit, & tout favorisant la prétention de mon pere, il fut admis au rang & titre de Comte de Ximenés.

Lorsque mon pere fut remercier le Roi, nous fûmes aussi présentés à Sa Majesté mon frere & moi. Le Monarque eut la bonté de féliciter mon pere, & nous reçut très-gracieusement. Après cela nous reçûmes les visites & les complimens de toute la principale Noblesse de Madrid.

Le Roi qui reconnoissoit parfaitement mon pere, lui dit un jour, qu'il vouloit gratifier le Comte Ximenés de quelque marque de sa faveur Royale, & qu'il lui donneroit la Croix de l'Ordre de Calatrava.

Mon

Mon pere remercia Sa Majesté de l'honneur qu'elle vouloit bien lui faire; mais il ajouta avec beaucoup de respect, qu'il regarderoit comme la plus grande marque de la bonté Royale, si Sa Majesté daignoit accorder cet honneur à son fils; que pour lui il étoit sur la fin de sa course, & que selon l'ordre de la nature il restoit à son fils l'espérance d'une longue vie, qu'il consacreroit au service de Sa Majesté, dont il pourroit plus long-tems reconnoître les bontés.

Le Roi prit fort bien cette marque de tendresse paternelle de la part de mon pere, & lui dit qu'il donneroit la Croix à mon frere, ce qui se fit peu de jours après.

Pendant que mon pere étoit tout occupé de ses affaires, nous eûmes le tems mon frere & moi de faire des connoissances. Nous nous trouvions régulièrement au Cercle & aux Assemblées : il y avoit peu de nuits que nous ne fussions engagés à quelque partie de Jeu, de Souper, ou de Bal, au sortir de la Comédie. Une nuit, entre autres, que nous avions été chez le Comte de Torre-Léone, nous nous retirions au logis environ une heure après minuit. A peine étions-nous à vingt pas de chez nous, que nous aperçûmes à la lueur des flambeaux que nos valets portoient derriére le carosse, des gens qui se battoient & nous vîmes qu'ils étoient trois assaillans contre un homme que se défendoit vigoureusement.

Nous fîmes arrêter le carosse, & nos gens ayant ouvert la portiére, nous mîmes

mes d'abord pied à terre pour aller au secours de l'attaqué, qui alloit être accablé par le nombre. Les agresseurs voyant ce secours, se retirérent peu à peu ; deux d'entre eux commencérent à reculer ; le troisiéme, qui fit plus de résistance que les autres, fut celui que mon frere attaqua.

Comme nous étions tout proche de chez nous, un de nos laquais étoit d'abord allé y porter la nouvelle de ce qui se passoit, & demander du secours. Don Alphonse & mon pere vinrent sur le champ avec plusieurs domestiques. Comme ils venoient avec des lumiéres, deux des agresseurs prirent promptement la fuite & quittérent le champ de bataille. L'autre, ayant été blessé par mon frere dans la poitrine & à l'aine, fut bien-tôt environné & saisi : on le fit d'abord porter dans notre maison : nous y invitâmes aussi l'étranger que nous avions secouru, & qui avoit reçu une légére blessure dans le côté.

Dès que nous fûmes dans la chambre, le cavalier se trouva mal, & s'évanouit. On avoit eu la précaution d'envoyer d'abord chercher un Chirurgien ; comme il ne demeuroit pas loin, il ne tarda pas de venir ; il visita les deux blessés, mit le premier apareil à leurs blessures, & dit qu'il falloit d'abord les mettre au lit. En même-tems s'adressant à celui qui étoit le plus dangereusement blessé : Je vous conseille, Monsieur, lui dit-il, de vous disposer à quitter le monde ; je me croirois responsable de la perte de votre ame, si je manquois à vous avertir d'envoyer vîte chercher un Confesseur; car jusqu'à présent, à moins d'un miracle, je ne vois pas que vous en puissiez échaper. Puis il dit au jeune cavalier, que sa blessure n'étoit point dangereuse, mais qu'il devoit se coucher chaudement, & se garder de l'air & du froid.

On les coucha d'abord dans la maison, en deux différentes chambres. Le cavalier qui étoit encore tout jeune, & qui avoit bien l'air d'un homme de condition, nous demanda en grace de vouloir bien envoyer quelqu'un chez Don Géronimo de Hissopillo dans la Calle-Mayor, & avertir que nous l'avions retenu, qu'on ne l'attendît pas cette nuit, & qu'il ne s'en retourneroit que le lendemain, mais qu'on eût bien soin de ne rien dire de ce qui s'étoit passé; car je crains, ajouta-t-il, qu'on n'effraye ma mére; outre qu'elle viendroit d'abord, & vous donneroit plus d'embarras en venant ici à une heure si indue.

L'autre blessé pria instamment qu'on voulût bien lui faire venir promptement un Confesseur; quoique, dit-il, je craigne fort qu'un repentir au lit de la mort après avoir vécu dans le crime, ne soit pas d'un grand mérite : mais Dieu est infini dans sa miséricorde comme dans ses autres attributs. Je m'apelle Angello della Gamba; le fils du Duc d'Ossuna n'est qu'un lâche, & je meurs de la main d'un enfant.

Il fut confessé par un Pere de Saint Dominique, après cela il reçut les derniers Sacre-

Sacremens. Vers les sept heures du matin, il se sentit plus foible, il pria le laquais qui étoit près de son lit, de demander au Maître de la maison qu'il lui fît la grace de venir, qu'il avoit quelque chose à lui dire.

Don Alphonse & mon pere se rendirent auprès de son lit. Je vous remercie Messieurs, dit-il en les voyant, de la charité que vous avez exercée envers le plus grand scélérat & le plus méchant homme qu'il y eût sur la Terre; je me vois sur le point de la quitter, & j'en sortirois avec une conscience bien plus tranquile que je ne fais, si ce malheureux Don Carlos...... ne m'eût engagé à le suivre.

Je suis né à Rome, j'y ai exercé long-tems le métier de ce qu'on apelle un Bravo, c'est-à-dire, Assassin. J'avois échapé pendant bien des années aux poursuites de la Justice, parce que je n'avois point été découvert ; cependant ayant été une fois engagé à assassiner un certain Don Pédro de Patillos neveu de l'Ambassadeur d'Espagne à Rome, je fus découvert je ne sçai comment, & je fus pris & condamné.

Je fus assez heureux d'obtenir par l'intercession même de ce Seigneur, un pardon que je n'attendois point ; & que je n'avois pas mérité. Je rentrai là-dessus en moi-même, je conçus la plus vive horreur de ma vie passée, & je pris une ferme résolution d'abandonner un métier si détestable, & d'employer le reste de mes jours à me repentir de mes crimes. Hélas ! j'avois bien tenu cette résolution, jusqu'e
Q   cà

ce que, pour mon malheur, mon mauvais génie me fit connoître ce Don Carlos lorsqu'il passa à Rome. Il m'engagea à son service, je l'ai suivi, & suis venu ici comme le papillon à la chandelle... Le jeune cavalier que nous voulions assassiner hier au soir, aspiroit à épouser Doña Isabella Marquina. Don Carlos..... en est devenu amoureux. Son intention est de la débaucher, & d'en venir à bout par force, s'il ne le peut par douceur... Ah! je n'en puis plus... je me meurs!... Si Dieu me fait miséricorde... je demande... Il n'en put dire davantage, il expira.

Lorsque le Chirurgien vint pour voir le jeune homme, & lever le premier apareil, il le trouva assez bien & sans fièvre, & lui fit espérer qu'il pourroit sortir dans sept ou huit jours; car quoique sa blessure fût assez grande, elle n'étoit pourtant que dans les chairs, & n'étoit pas dangereuse.

Vers les onze heures il vint un domestique de la part de Don Géronimo Hissopillo, pour sçavoir si Don Henri son fils iroit dîner au logis.

Mon pere dit au laquais qu'il alloit lui-même voir Don Géronimo, & lui aprendre le motif pour lequel nous retenions Don Henri chez nous, qu'il espéroit que son pere ne le trouveroit pas mauvais.

Effectivement mon pere fit mettre les mules au carosse, & s'en alla droit chez Don Géronimo. Après les premières civilités, il amena insensiblement le discours sur l'avanture de la nuit précédente, &

Pag. 362.

eut grand soin de prévenir le pere que la blessure de son fils n'étoit qu'une bagatelle, & que le Chirurgien assuroit qu'en peu de jours il seroit parfaitement guéri.

Don Géronimo fit bien des remercimens à mon pere, la conversation ne fut pas longue; il étoit trop empressé à venir voir son fils; il pria mon pere de trouver bon qu'il l'accompagnât; mon pere répondit qu'il lui feroit beaucoup d'honneur. Pendant qu'il causoient ensemble, il paroissoit à mon pere d'avoir connu autrefois ce Seigneur quelque part. En descendant l'escalier, celui-ci ordonna à un de ses gens de faire atteler son carosse, & de venir le prendre chez le Comte Ximenès; mon pere étoit déja connu de tout le monde en cette qualité.

Après avoir été quelque tems dans la chambre où étoit Don Henri, & s'être beaucoup entretenu avec le Chirurgien, il fit de nouveaux remercimens à mon pere, & le pria de permettre à la Sennora Hissopillo de venir chez nous pour voir son fils.

Mon pere lui répondit qu'il étoit le maître de la maison, & qu'il pouvoit disposer de tous ceux qui y étoient, comme il feroit chez lui. Il remercia mon pere, il nous fit aussi compliment à mon frere & à moi, & nous embrassa en s'en allant. Son carosse étoit déja à notre porte. Il ne put se dispenser en arrivant chez lui, de dire à sa femme ce qui étoit arrivé à Don Henri: à la vérité il prit toutes les précautions nécessaires pour ne la point allarmer, il eut soin de lui dire que la blessure étoit legere, qu'il ne couroit aucun risque, qu'on avoit autant de soin de lui chez nous, que s'il étoit l'enfant de la maison. Toutes ces raisons ne firent que très-peu d'impression sur l'esprit de la bonne Dame : elle fut d'abord si saisie, qu'on auroit dit que son fils étoit mort.

A l'instant même elle accourut chez nous ; elle se jetta au col de son fils, elle le baignoit de ses larmes ; elle resta tout le jour auprès de lui ; & quoiqu'elle vît qu'il n'étoit point en danger, on ne pouvoit la consoler. Nous lui offrîmes un bouillon ou du chocolat, il ne fut pas possible de lui faire prendre la moindre chose. Elle auroit passé la nuit auprès de Don Henri, si le Chirurgien ne lui avoit representé que sa présence & son chagrin ne feroient que retarder la guérison de son fils. Enfin elle se rendit aux raisons des Chirurgiens & à nos representations ; elle se retira, & promit de ne pas revenir de quatre jours.

Pendant qu'elle fut chez nous, mon pere ordonna à un de nos laquais de s'informer de quelqu'un de ceux de cette Dame, si Don Géronimo n'étoit pas Catalan. Sur ce qu'on lui raporta qu'il étoit de Barcelonne, que c'étoit un des plus riches cavaliers de cette province, tant par ses grands biens, que par les bienfaits du Roi, mon pere se ressouvint de l'avoir vu fort souvent à la Cour, lorsqu'il y étoit lui-même employé aux affaires, & se rapella son histoire.

Sur

Sur ces entrefaites Don Alphonse & le Comte Ximenés donnérent part à la Justice de tout ce qui s'étoit passé.

On fit transporter le cadavre à la Conciergerie; & après quelque formalités, les Juges le condamnérent à être exposé sur une roüe proche le grand chemin, & le déclarérent indigne de la sépulture.

La Veuve d'Angelo della Gamba vint se jetter aux pieds de Don Alphonse, & le suplier d'employer son crédit pour faire révoquer la sentence contre le corps de son défunt mari.

Don Alphonse lui répondit que cela n'étoit pas en son pouvoir; mais que si elle vouloit revenir un autre jour, il auroit soin d'elle pendant notre séjour à Madrid; qu'ensuite, comme il ne doutoit pas que Don Pédro de Patillos ne fût assez charitable pour lui assurer du pain pour le reste de ses jours, il se chargeroit du soin de la faire conduire chez lui lorsque nous nous en irions.

Cette pauvre malheureuse, qui n'étoit pas d'ailleurs des plus affligées de la mort de son mari, ne s'étant pas attendue qu'il fît une autre fin, au train de vie qu'il menoit, accepta avec joye l'offre de Don Alphonse. Elle fut conduite chez Don Pédro de Patillos, qui lui fit une pension viagére, en reconnoissance du service qu'elle lui avoit rendu pendant qu'il étoit à Rome.

F I N.

www.ingramcontent.com/pod-product-compliance
Lightning Source LLC
Chambersburg PA
CBHW050308170426
43202CB00011B/1822